Dalai Lama / Harald C. Cutler

Die Regeln des Glücks

Das Buch

Eine neue Sicht auf das Leben: Alte Weisheitslehren des Ostens und neue Erkenntnisse der Hirnforschung westlicher Wissenschaftler sind Schlüssel zu einem neuen Verständnis von Glück und zeigen uns den Weg dorthin. Der erste Dalai Lama-Weltbestseller als erweiterte und aktualisierte Taschenbuchausgabe. »Ich glaube, dass Glück durch die Schulung des Geistes erlangt werden kann«, sagt der Dalai Lama, und: »Jeder Mensch hat ein Recht auf Glück.« Er verweist auf ein spirituelles Verständnis von Glück und zeigt uns den praktischen Weg dorthin. Es ist ein Weg, der aktive Arbeit, der persönliches Wachstum und Reifen verlangt und in unserer leistungs- und ergebnisorientierten Gesellschaft ein grundsätzliches Umdenken voraussetzt, aber völlig neue Perspektiven eröffnet. »Wir verbanden und integrierten das Beste von Ost und West, das heißt die westliche Wissenschaft und Psychologie auf der einen und die buddhistischen Prinzipien und Praktiken auf der anderen Seite. Unsere Überzeugung ist, dass jede und jeder von uns eine Menge tun kann, um das eigene Leben mit einem höheren Maß an Glück zu erfüllen und, was noch wichtiger ist, auf die gewaltigen inneren Ressourcen aufmerksam zu machen, die jedem von uns dafür zur Verfügung stehen.« (Der Dalai Lama in seinem neuen Vorwort): Die Basis der Glücksregeln - ein Handbuch zum Leben.

Die Autoren

Der XIV. Dalai Lama, geb. 1935, ist geistliches Oberhaupt der Tibeter. Er wurde 1989 mit dem Friedensnobelpreis ausgezeichnet. Zahlreiche Publikationen. Bei Herder zuletzt: »Das Herz der Religionen«.
Howard C. Cutler, Psychiater, Publikationen mit dem Dalai Lama u.a. »Glücksregeln für den Alltag«; »Glücksregeln für eine verunsicherte Welt«.

Dalai Lama / Howard C. Cutler

Die Regeln des Glücks

Das Handbuch zum Leben

Mit einem aktuellen Vorwort
und einer neuen Einführung

Aus dem Amerikanischen von Jürgen Manshardt
unter Mitarbeit von Kathrin Ronnefeldt,
Svenja Willkomm
und Bernardin Schellenberger

HERDER

FREIBURG · BASEL · WIEN

HERDER spektrum Band 6247

MIX
Papier aus verantwortungsvollen Quellen
FSC® C083411
FSC www.fsc.org

Titel der Originalausgabe: The Art of Happiness.

Deutsche Übersetzung mit freundlicher Genehmigung des Lübbe-Verlags.
Die neuen Vorworte wurden von Bernardin Schellenberger übertragen.

www.herder.de

Umschlagkonzeption:
R·M·E München/Roland Eschlbeck, Liana Tuchel
Umschlaggestaltung: Verlag Herder
Umschlagmotiv: © ddp images

Satz: Layoutsatz Kendlinger Mediendesign, Freiburg
Herstellung: CPI books GmbH, Leck

Printed in Germany

ISBN 978-3-451-06247-6

Dem Leser gewidmet:
Mögen Sie Glück erlangen.

Inhalt

Vorwort des Dalai Lama zur Neuauflage

Ich bin sehr froh darüber, dass zehn Jahre nach dem ersten Erscheinen von *The Art of Happiness* (deutsch: *Die Regeln des Glücks*, Bergisch Gladbach) – eine Neuausgabe erscheint. Ich hatte dieses Buch zusammen mit meinem alten Freund, dem amerikanischen Psychiater Howard Cutler, geschrieben. Wer es gelesen hat, wird wissen, dass es das Ergebnis vieler stundenlanger Diskussionen über Fragen der psychischen Gesundheit und des Wohlbefindens des Menschen war. Howard brachte dabei die heutigen wissenschaftlichen Erkenntnisse ein, ich die Einsichten aus der buddhistischen Tradition. Als dieses Buch dann bei der Öffentlichkeit auf großes Interesse stieß, empfand ich ein tiefes Gefühl der Befriedigung. Das zeigte mir, dass unsere Mühe einiges dazu beigetragen hatte, das Glück und Wohlbefinden anderer Menschen zu steigern. Obwohl wir beide ganz unterschiedliche Sichtweisen hatten, haben wir uns immer bemüht, unsere Diskussion auf die Ebene des Menschseins zu bringen, denn auf dieser Ebene hören – was Geschlecht, Rasse, Religion, Kultur und Sprache angeht – die Unterschiede zwischen uns Menschen auf. Auf dieser grundlegenden Ebene sind wir alle gleich: Jede und jeder von uns sehnt sich nach Glück und wir alle möchten nicht leiden. Das ist unsere grundlegendste Befindlichkeit. Auf dieser Ebene bleiben die Probleme, auf die wir als Menschen alle stoßen, immer die gleichen. Wann immer ich die Möglichkeit habe, mich an die Öffentlichkeit zu wenden, versuche ich aus dieser Überzeugung heraus die Aufmerksamkeit der Menschen auf diese grundlegende Gleichheit aller Mitglieder der Menschheitsfamilie zu lenken und sie darauf hinzuweisen, wie eng wir alle durch unser Dasein und Wohlergehen miteinander verbunden sind. Dabei vertrete ich meine Überzeugung, dass wir als Spezies unsere Interaktion mit unseren Mitmenschen und der uns umgebenden Welt auf die Anerkenntnis dieser tiefen, aber einfachen Wahrheiten gründen müssen.

Heute, ein Jahrzehnt nach dem Erscheinen von *The Art of Happiness*, freut es mich sehr, dass das Thema des menschlichen Glücks zunehmend mehr Interesse findet und ernsthaft untersucht wird, sogar vonseiten der Wissenschaft. Immer mehr Menschen und auch immer weitere wissenschaftliche Erkenntnisse bestätigen, dass zwischen unseren eigenen inneren Einstellungen und unserem Glück ein enger Zusammenhang besteht. Vor vielen Jahren schrieb ich: »Wenn Sie wollen, dass andere glücklich sind, dann praktizieren Sie das Mitgefühl; und wenn Sie selbst glücklich sein wollen, dann praktizieren Sie ebenfalls das Mitgefühl.« Die buddhistische Tradition hat uns genau wie auch viele andere der großen spirituellen Traditionen der Welt ermahnt, aus der Grundhaltung des Mitgefühls heraus zu leben. Diese spirituellen Traditionen leiten uns an, uns mit unseren Mitwesen und der Welt, in der wir leben, tief verbunden zu fühlen. Sie preisen den Dienst an anderen als eine der höchsten Tugenden. Diese Einsicht bestätigen heute zunehmend mehr wissenschaftliche Daten. Bei wissenschaftlichen Untersuchungen über das Glücklichsein des Menschen hat man herausgefunden, dass der mitfühlende Dienst für andere eines der wesentlichen Merkmale von vielen der glücklichsten Menschen der Welt ist. Ich finde das absolut einleuchtend. Wenn wir anderen helfen, stellt sich die Konzentration unseres Geistes auf einen umfassenderen Horizont ein, in dessen Rahmen wir unsere eigenen Probleme auf ihr realistisches Maß zusammenschrumpfen sehen. Was uns bislang entmutigend und unerträglich vorkam und oft deshalb unsere Probleme so überwältigend erscheinen ließ, neigt dann dazu, viel schwächer zu werden.

Die Frage ist: Können wir uns selbst darin üben, mitfühlender zu werden? Und wenn ja, wie geht das? Auch hier, so glaube ich, ist es von entscheidender Bedeutung, die Tatsache anzuerkennen, dass wir Mitglieder der Menschheitsfamilie alle grundsätzlich gleich sind und dass unser aller Wohlbefinden sich daraus ergibt, dass wir innerlich eng miteinander verbunden sind. Wenn man sich mit anderen verbunden fühlt, ist man fähig, sein Herz zu öffnen, das ich oft als unsere »innere Tür« bezeichne, und auf andere zuzugehen. Wer das tut, erwirbt sich ein tiefes Gefühl der Sicherheit, des Vertrauens und der echten Freiheit. Zu diesem Prozess gehört als ausschlaggebendes Element, dass man ein bestimmtes Maß an größerer Achtsamkeit bezüglich seiner eigenen mentalen Zustände kultiviert, vor allem seiner Emotionen und Stimmungen. Mittels dieser Praktiken kann man in sich ein starkes Fundament legen, eine Art Anker, der einem hilft, sich in seinem Inneren wirklich daheim zu fühlen. Das ist die Grundlage wahren inneren Glücks, eine echte Quelle der Freude. Die Wissenschaftler versuchen den Kausalzusammenhang zwischen Mitgefühl und Glück herauszufinden. Sie stellen die Frage: Werden die Menschen durch ihr Mitgefühl mit anderen glücklicher, oder sind glückliche Menschen mitfühlender? Ich vermute, auf praktischer Ebene ist es gar nicht so wichtig, was zuerst da ist. Worauf es ankommt, ist, dass wir beides kultivieren können. In meiner eigenen buddhistischen Tradition werden zahlreiche mentale Übungen dafür angeboten, um systematisch größeres Mitgefühl und Wohlbefinden zu kultivieren. Dank unserer heutigen Einsichten aus dem Gebiet der Neurowissenschaft, und vor allem seit man entdeckt hat, wie formbar unser Gehirn ist, wissen wir, dass man im Gehirn des Menschen in hohem Maß Veränderungen und Anpassungen herbeiführen kann. Dies ist sogar noch in fortgeschrittenem Alter möglich, auch wenn man wie ich schon über siebzig ist. Vom verehrten tibetischen Meister Sakya Pandita aus dem 13. Jahrhundert ist der Spruch überliefert: »Sei auf Lernen aus, selbst wenn du morgen sterben solltest.«

In unserem Buch *Glücksregeln für den Alltag* hatten wir versucht, unseren Leserinnen und Lesern eine systematische Hinführung zum Erlangen von größerem Glück und zum Überwinden der unvermeidlichen Widrigkeiten und Leiden des Lebens an die Hand zu geben. Wir verbanden und integrierten bei unserem Ansatz das Beste von Ost und West, das heißt die westliche Wissenschaft und Psychologie auf der einen und die buddhistischen Prinzipien und Praktiken auf der anderen Seite. Unser Ziel war es, an andere unsere Überzeugung weiterzugeben, dass jede und jeder von uns eine Menge tun kann, um das eigene Leben mit einem höheren Maß an Glück zu erfüllen und, was noch wichtiger ist, auf die gewaltigen inneren Ressourcen aufmerksam zu machen, die jedem von uns dafür zur Verfügung stehen. Im Hinblick auf diese zentralen Ziele ging es in diesem Buch hauptsächlich darum, dem individuellen Einzelmenschen Wege und Möglichkeiten in Richtung größeren Glücks und Frohseins aufzuzeigen.

Im Lauf der letzten zehn Jahre haben Howard Cutler und ich unsere Gespräche fortgeführt, unsere Erörterung auf die Gesellschaft insgesamt ausgeweitet und uns Gedanken darüber gemacht, wie die äußere Umwelt sich auf unser Glücklichsein auswirkt. Im Lauf dieser Gespräche haben wir eine Anzahl der maßgeblichen Prinzipien und Praktiken erörtert, die bei der persönlichen Suche des Einzelnen eine wichtige Rolle spielen können. Und was noch wichtiger ist: Wir haben einige der komplizierten Fragen besprochen, die auftauchen, wenn es darum geht, diese Prinzipien und Praktiken im Kontext der größeren Gesellschaft möglichst gut anzuwenden. Wie kann man in der heutigen problembelasteten und herausfordernden Welt das Glück aufrechterhalten? Wie kann man die Prinzipien der »Glücksregeln« im Umgang mit den Problemen und den Leiden der heutigen Welt anwenden? Was sind die Wurzeln der Gewalt sowohl auf individuellem wie sozialem Gebiet? Wie kann es uns gelingen, diese Ursprünge der Gewalt zu beseitigen? Wie kann man angesichts der Gewalttätigkeit und des Leidens vieler Menschen seine Hoffnung auf die Menschheit aufrechterhalten? Das sind einige der Fragen, die wir in unseren Diskussionen anzusprechen versuchten. Im Lauf dieses Jahrzehnts habe ich auch meine laufenden Dialoge mit Wissenschaftlern weitergeführt, vor allem solchen aus den Gebieten der kognitiven und affektiven Neurowissenschaft sowie der Psychologie, um die Annäherung zwischen den uralten Einsichten meiner eigenen buddhistischen Tradition und der modernen Wissenschaft zu fördern. Ich hoffe, die Früchte dieser Erkundung sowie auch meine fortlaufenden Gespräche mit Howard werden schließlich zu einem neuen Buch führen, damit andere an diesem Austausch teilhaben können, den ich persönlich als zutiefst bereichernd empfunden habe.

Einführung von Howard C. Cutler in die Neuauflage

Wie die Idee zu diesem Buch entstand

Wenn ich über die Ereignisse nachdenke, die vor über einem Jahrzehnt zur Herausgabe dieses Buchs führten, schweift meine Erinnerung ich bis zum Anfang der 1990er Jahre zurück, als ich erstmals den Gedanken fasste, gemeinsam mit dem Dalai Lama ein Buch über das Glücklichsein herauszubringen. Zur damaligen Zeit war der Name des Dalai Lama den meisten Amerikanern vertraut, aber außerhalb der buddhistischen Gemeinschaft hatten nur wenige eine Vorstellung von ihm als realem Menschen. Das allgemeine öffentliche Bild von ihm war oft eher eine ziemlich undeutliche Karikatur voller falscher Vorstellungen: der Dalai Lama als fröhlich kichernder Buddha, »der buddhistische Papst«, »der Gottkönig von Tibet«. Wenn man zur damaligen Zeit den Namen des Dalai Lama nannte, weckte er im Kopf des durchschnittlichen Amerikaners am ehesten das Bild, das von einer kurzen Episode im Film *Caddyshack* bei Unzähligen hängen geblieben war. Darin erzählte der strubbelige Golf-Platzwart Carl Spackler von seinem Einsatz als Caddyfahrer des Dalai Lama: »Wir werden also auf dem achtzehnten Feld fertig und da will er mir doch tatsächlich nichts geben! Ich sage: ›He, Lama, wie wär's mit einer kleinen Anerkennung für meine Mühe, du weißt schon.‹ Und er sagt: ›O, ach, Geld hab ich keins. Aber wenn du stirbst, auf dem Sterbebett, da kriegst du dafür die totale Bewusstheit.‹ Na ja, so hab ich mich halt damit zufrieden gegeben, ist ja auch ganz schön.«

Natürlich gab es auch andere, die ein etwas anspruchsvolleres Bild des Dalai Lama im Kopf hatten, von ihm also wussten, dass der Friedensnobelpreisträger ein unermüdlicher Anwalt der Menschenrechte war. Ihnen war bekannt, dass er sich unwiderruflich der Gewaltlosigkeit verschrieben hatte, obwohl er schon fünfzig Jahre im Exil leben musste, weil chinesische Streitkräfte Tibet brutal überfallen und besetzt hatten. Aber selbst unter den besser Informierten war die Wahrnehmung des Dalai Lama oft eindimensional: Manche sahen ihn zum Beispiel im Wesentlichen als politische Figur und waren sich nicht im Klaren darüber, dass er einer der führenden buddhistischen Gelehrten und ein spiritueller Lehrer von profunder Tiefe und Weisheit ist. Und die meisten Menschen wären damals überrascht gewesen, wenn man ihnen gesagt hätte, dass er sich keineswegs als großer Weltführer verstand, sondern die persönliche Identität des Dalai Lama ganz eng mit seiner Rolle als einfacher buddhistischer Mönch verknüpfte – und er allmorgendlich um 3.30 Uhr aufstand, um vier oder fünf Stunden in Gebet und Meditation zu verbringen.

So kam mir Anfang der 1990er Jahre der Gedanke, ein Buch zu schreiben, das diese falschen Vorstellungen, ja diese landläufige Karikatur von ihm beheben und ihn als Mensch aus Fleisch und Blut bekannt machen sollte. Aber das war nicht der Hauptzweck meines Buchs. Mein viel wichtigeres Ziel war es, seine Gedanken darüber vorzustellen, wie man glücklich wird.

Wie dieses Buch zustande kam

Ich entsinne mich noch lebhaft meines Treffens mit dem Dalai Lama, bei dem ich ihm zum ersten Mal die Idee zu diesem

Buch unterbreitete. Ich machte mir gar keine großen Hoffnungen, denn im Lauf der Jahre hatte ich festgestellt, wie geschickt er solche Vorschläge immer wieder abzuweisen pflegte. So war ich durchaus darauf gefasst, dass er meine Bitte ablehnen würde und hatte mich gut darauf vorbereitet, mein Anliegen mit überzeugenden Argumenten zu erklären.

Ich begann: »Ihre Heiligkeit, ich weiß, dass Sie bereits zwei Dutzend Bücher geschrieben haben, aber das soll ein Buch von ganz anderer Art werden. Es soll darum gehen, die wesentlichen Grundsätze herauszuarbeiten, nach denen Sie leben und durch die Sie es geschafft haben, ein glückliches Leben zu führen. Selbst wenn diese Grundsätze auf dem Buddhismus beruhen, hoffe ich, dass ich Ihre Überzeugungen auf eine Weise vermitteln kann, die alle Menschen anwenden können, ganz gleich welchen Hintergrund oder welche Tradition sie haben. Ich will versuchen zu zeigen, wie sich diese Grundsätze auch in ihrem Leben anwenden lassen, um größeres Glücklichsein zu kultivieren …«

»O, das klingt gut!« erwiderte er begeistert.

Ich fuhr fort: »Außerdem möchte ich aus meiner Sicht als Psychiater Ihre Ansichten über das Glück und darüber, was das Leben lebenswert macht, im Kontext der westlichen Psychologie genauer beleuchten und zudem nach wissenschaftlichen Beweisen suchen, die Ihre Ansichten bestätigen könnten.«

»Ja, großartig!«, gab er entschieden zur Antwort und nickte zu meinem Vorschlag zustimmend mit dem Kopf.

Ich holte kaum Atem, sondern redete unverzüglich weiter, angetrieben von meiner vorgefassten Überzeugung, dass er mir nicht so leicht zustimmen würde. Mein Kopf war derart darauf konzentriert, ihn zu überzeugen und so angestrengt damit beschäftigt, ihn mit meinen Argumenten herumzukriegen, dass ich gar nicht mehr wirklich in der Lage war, auf das zu hören, was er erwiderte oder seine Reaktion wahrzunehmen.

Der Dalai Lama blickte mich etwas verwundert an und unterbrach mich plötzlich. »Howard«, sagte er und fing an zu lachen, »Ich habe doch schon zugestimmt. Warum bringen Sie immer noch weitere Argumente dafür?«

Als ich endlich begriffen hatte, dass er meinem Vorschlag zugestimmt hatte, stieg in mir ein Hochgefühl auf, denn unter meinen Absichten und Gründen dafür, den Vorschlag zu diesem Buch zu machen, war auch ein selbstsüchtigeres Motiv gewesen, das ich praktischerweise vergessen hattezu nennen: Ich wollte von ihm lernen, wie auch ich selbst glücklicher werden könnte.

Wir begannen 1993 an diesem Buch zu arbeiten, während des ersten Besuchs des Dalai Lama in meinem Heimatstaat Arizona. In dieser Woche hatte er ein intensives Seminarprogramm, in dessen Rahmen er einen brillanten Kommentar über einen klassischen Text des großen indischen buddhistischen Gelehrten Shantideva aus dem 8. Jahrhundert lieferte. Trotz seines langen täglichen Seminarprogramms gelang es uns, einige Zeit für unser Vorhaben zu finden, vor allem dank des Umstands, dass er direkt dort wohnte, wo er seine öffentlichen Seminare hielt, nämlich in einem Urlaubshotel in der Sonora-Wüste außerhalb von Tucson. So setzten wir uns allmorgendlich nach dem Frühstück und auch an manchen Nachmittagen in seiner Suite zusammen und ich stellte ihm Fragen über Fragen, erkundigte mich gründlich nach seinen Ansichten über das Leben, über die Dinge, die das Leben wirklich lebenswert machen und die grundlegenden Lebensfragen bezüglich des menschlichen Glücklichseins und Leidens.

Während der Monate vor unseren Unterredungen hatte ich ziemlich viel Zeit damit verbracht, einen ganzen Katalog von Fragen zusammenzustellen und diese anhand eines straff konzipierten thematischen Rahmens in eine sorgfältige Reihenfolge zu bringen; er füllte einen dicken Aktenordner. So fühlte ich mich gut gewappnet, als ich zu unserem ersten Treffen ging. Aber der Dalai Lama brauchte nur einige Minuten, um mir jegliche Illusion zu nehmen, ich könne den Verlauf unserer Diskussion genau lenken. Ich hatte vorgehabt, sorgfältig anhand meines vorgefassten Themenkatalogs vorzugehen und eine Frage um die andere abzuhaken, so ähnlich wie man Dominosteine hintereinander umkippt. Aber ich merkte rasch, dass er sich offensichtlich nicht gezwungen fühlte, sich an meinen Themenkatalog zu halten. Seine Antworten auf meine Fragen kamen oft ganz unerwartet und lenkten das Gespräch in völlig andere Richtungen. Es konnte sein, dass ich einem Gedanken wie auf einem Bahngleis nachging, aber dieser Zug plötzlich entgleiste, wenn er an einer unerwarteten Weiche aus der Spur sprang. So fand ich unsere Diskussionen zeitweise recht mühsam. Zugleich jedoch hielten der rasche Geist des Dalai Lama und sein robuster Sinn für Humor die Gespräche lebendig und fesselten durchweg meine Aufmerksamkeit.

Diese Gespräche, ergänzt mit Material aus seinen öffentlichen Vorträgen, ergaben den Kern des Materials für das Buch, der dann später noch auf Grund weiterer Diskussionen in seinem indischen Wohnort erweitert wurde. Dieses Projekt nahm mich rasch derart in Beschlag, dass ich beschloss, meine psychiatrische Praxis vorübergehend zu schließen und mich ganz darauf zu konzentrieren, die Fragen um das Glücklichsein des Menschen zu erforschen und nach einem Ansatz zu suchen, der eine Brücke zwischen Ost und West baute. Ich schätzte, dass ich wohl sechs Monate bis zur Vollendung des Buchs brauchen würde, und da der Dalai Lama der Mitverfasser war, war ich zuversichtlich, dass ich dafür leicht einen Verlag finden würde.

Es stellte sich jedoch heraus, dass ich mich getäuscht hatte. Fünf Jahre später arbeitete ich immer noch an diesem Buch. Und der hohe Briefstapel mit Absagen von Literaturagenten und Verlegern auf meinem Schreibtisch wurde zunehmend zum Beleg für die damals im Verlagsgeschäft vorherrschende Überzeugung, dass Bücher des Dalai Lama keine nennenswerte Leserschaft finden würden. Zusätzlich behauptete man noch, die Öffentlichkeit sei am Thema des menschlichen Glücklichseins einfach nicht interessiert.

Im Jahr 1998 sah ich nach Jahren ständiger Ablehnung und dem endgültigen Versiegen meiner finanziellen Reserven meine Möglichkeiten ziemlich erschöpft. Aber ich war immer noch fest entschlossen, wenigstens einigen wenigen Lesern die Weisheit des Dalai Lama zu erschließen und hatte vor, meine letzten, für meinen Ruhestand vorgesehenen Rücklagen dafür zu verwenden, eine kleine Anzahl von Exemplaren dieses Buches im Selbstverlag herauszugeben. Eigenartiger Weise ließ genau zu dem Zeitpunkt die Mutter eines engen Freundes von mir in einer New Yorker U-Bahn einem Fremden gegenüber spontan eine Bemerkung darüber fallen. Es stellte sich heraus, dass dieser Fremde im Verlagsgeschäft tätig war, und daraus entstand eine Reihe von Verbindungen, die schließlich zu Vereinbarungen sowohl mit einem Literaturagenten als auch dem Verleger eines großen Verlags führten. Und so kam dieses Buch in einer ersten kleinen Auflage und mit bescheidenen Erwartungen heraus.

Der unerwartete Erfolg

Das war vor zehn Jahren. Der Dalai Lama, der Verleger und ich hätten uns im Traum nicht vorstellen können, was dann passierte. Schnell wurden sehr viele Menschen auf dieses

Buch aufmerksam, mehr dank der Mundpropaganda als durch Werbung und Öffentlichkeitsarbeit. Eine derart überwältigende positive Reaktion hatte ich nicht erwartet. Ich sah mit Staunen zu, wie das Buch schon bald auf der Bestsellerliste der *New York Times* auftauchte, auf der es dann zwei Jahre lang blieb. Es dauerte nicht lange, bis uns der Beweis vor Augen geführt wurde, dass dieses Buch tatsächlich zum Bestandteil der kulturellen Szene Amerikas geworden war. Es tauchte plötzlich im Fernsehen auf, in Unterhaltungssendungen, Spielshows und sogar auf MTV, also in den Aushängeschildern der Popkultur des damaligen Amerikas. Die Grundbotschaft des Dalai Lama wirkte ganz offensichtlich auf unzählige Menschen äußerst anziehend: Ja, das Glücklichsein ist möglich. *Wir können das Glücklichsein tatsächlich auf weithin die gleiche Weise einüben, wie wir uns in jeder anderen Fertigkeit üben*, können es also direkt durch Bemühen und Praxis kultivieren. Der Dalai Lama erklärt uns, dass wir das Glücklichsein erlangen können, indem wir unsere Einstellungen und Ansichten von Grund auf ändern. Damit zeigt er uns, dass wir den Schlüssel zum Glücklichsein selbst in der Hand haben. Um das Glücklichsein zu erlangen, müssen wir nicht länger auf das Glück oder eine Gelegenheit warten, bei der es uns in den Schoß fällt. Wir können und dürfen uns auch nicht bloß darauf beschränken, einfach nur den Tag herbeizusehnen, an dem sich endlich alle äußeren Bedingungen unseres Lebens glücklich fügen – also den Tag, an dem wir endlich unser Übergewicht los sind, reich werden, heiraten (oder die Scheidung schaffen!) oder die lang ersehnte Beförderung erleben.

Seine fundamentale Hoffnungsbotschaft schien eine Saite in den Menschen zum Klingen zu bringen, die tief in den Herzen der Einzelnen, nicht nur in Amerika, sondern auf der ganzen Welt, ihre Resonanz fand – bei Menschen, die vielleicht einen völlig unterschiedlichen Hintergrund hatten, aber alle gemeinsam den grundlegenden menschlichen Wunsch nach Glücklichsein teilten, sich also nach einem besseren Leben sehnten. Schließlich wurde dieses Buch in fünfzig Sprachen übersetzt und auf der ganzen Welt von Millionen gelesen.

Eine Glücksrevolution

Die Vorstellung, das Glücklichsein sei ein erreichbares Ziel, das wir vorsätzlich durch Praxis und Bemühen kultivieren können, ist für das buddhistische Glücksverständnis grundlegend. Tatsächlich war ja die Überzeugung, dass man seinen Geist schulen müsse, Jahrtausende lang der Grundstein der buddhistischen Praxis. Zufällig begann kurz nach der Veröffentlichung von *The Art of Happiness* der gleiche Gedanke in der Gesellschaft von einer ganz anderen Richtung her – nämlich als »neue« wissenschaftliche Entdeckung – an Einfluss zu gewinnen und führte in der Wahrnehmung vieler Menschen zu einer grundlegenden Verlagerung des Glücksverständnisses.

In der Anfangszeit meiner Arbeit an *The Art of Happiness* in den frühen 1990er Jahren gab es noch relativ wenig wissenschaftliche Untersuchungen über das Glück und die positiven Emotionen des Menschen. Das waren für die Forschung keine gängigen Themen. Zwar gab es damals schon eine Handvoll von Wissenschaftlern, die das menschliche Glück und positive Emotionen untersuchten, aber das waren Außenseiter. Doch dann wurde das Glück des Menschen plötzlich zum Gegenstand intensiven Interesses, sowohl unter den Wissenschaftlern als auch in einer breitender Öffentlichkeit, denn die Menschen begannen ihre bisherigen Vorstellungen abzulegen, das Glück sei ungreifbar, geheimnisvoll und unvorhersehbar, und setzten an diese Stelle die Überzeugung, das Glück sei man wissenschaftlich erforschbar. Und als im Lauf des letzten Jahrzehnts mehr und mehr Menschen die Vorstellung vom Glück als lediglich einem Nebenprodukt unserer äußeren Umstände ablegten und es stattdessen als etwas zu sehen begannen, das sich systematisch entwickeln lässt, wurden wir Zeugen des sprunghaften Wachstums einer neuen Bewegung: einer *Glücksrevolution.*

Das für diese neue Bewegung bahnbrechende Ereignis war die offizielle Einrichtung eines neuen Felds der Psychologie, auf dem es um die Erforschung des menschlichen Glücks geht. Zur offziellen Geburt dieses neuen Zweigs der Psychologie kam es 1998, als der äußerst einflussreiche Psychologe Dr. Martin Seligman in seiner Eigenschaft als neugewählter Präsident des Amerikanischen Psychologenverbands *(American Psychological Association)* beschloss, seine Amtszeit der Einrichtung dieses neuen Forschungsfelds zu widmen, das er »positive Psychologie« taufte. Er wies darauf hin, dass man sich im letzten halben Jahrhundert in der klinischen Psychologie ausschließlich auf das psychische Kranksein und die Schwächen und Dysfunktionen des Menschen konzentriert habe und appellierte an seine Kollegen, fortan in die psychologische Forschung auch die Untersuchung positiver Emotionen, menschlicher Stärken und dessen, »was das Leben lebenswert macht« einzubeziehen.

Seligman tat sich mit einem anderen brillanten Forscher, Mihaly Csikszentmihalyi, im Team zusammen, um die Grundlagen für dieses neue Forschungsgebiet zu schaffen. Ihnen schloss sich bald eine Kerngruppe von Spitzenforschern aus Universitäten in Amerika und Europa an und so startete die positive Psychologie mit gewaltigem Schwung. *Endlich war* –

zum ersten Mal in der Menschheitsgeschichte – das Glück zum legitimen Feld der wissenschaftlichen Untersuchung geworden.

Seit dieser Zeit gewann die »Glücksrevolution« in allen Schichten der Gesellschaft an wachsendem Einfluss. In den öffentlichen Medien erschien eine Fülle von Beiträgen zum Thema »Glück« und die akademischen Kurse über positive Psychologie erhielten in den USA und weltweit an den Universitäten regen Zulauf. An der Harvard Universität zum Beispiel hat der »Kurs über das Glück« die Einführung in die Wirtschaftswissenschaft als beliebtestes Studienfach abgelöst; die Zahl der Einschreibungen schnellte auf über 1400 Studenten pro Semester hoch. Diese Wirkung lässt sich weltweit sogar auf Regierungsebene beobachten. Das Land Bhutan zum Beispiel begann, als wichtigsten Erfolgsmaßstab für den Staat nicht mehr das Bruttosozialprodukt zu betrachten, sondern das »Bruttonationalglück«. In vielen Ländern machen sich die führenden Politiker jetzt sogar ernsthaft Gedanken darüber, ob sie ihrer Politik nicht Erkenntnisse der Glücksforschung zugrunde legen sollten. Ein Regierungsbeamter in Schottland äußerte im Schwung seiner Begeisterung: »Falls wir diese neue Wissenschaft der positiven Psychologie übernehmen können, eröffnet uns das die Möglichkeit, ein neues Zeitalter der Aufklärung herbeizuführen.«

Die positiven Wirkungen des Glücks

Einer der Faktoren, die der »Glücksrevolution« Schwung verliehen, waren die verblüffenden Forschungsergebnisse des letzten Jahrzehnts, die uns vor Augen führten, wie viele positive Auswirkungen das Glück hat. Sie gehen weit darüber hinaus, sich einfach bloß »hervorragend zu fühlen«.

Tatsächlich erweist sich das Kultivieren größeren Glücks für alle, die in jedem wichtigeren Bereich ihres Lebens auf größeren Erfolg aus sind, als universales Erfolgsmittel auf allen Gebieten. Wissenschaftliche Untersuchungen haben gezeigt, dass glückliche Menschen mit höherer Wahrscheinlichkeit einen Partner anziehen, sich soliderer und befriedigenderer Ehen erfreuen und bessere Eltern sind. Glückliche Menschen sind gesünder, verfügen über ein besseres Immunsystem und haben weniger Herz- und Kreislauferkrankungen. Es gibt sogar Belege dafür, dass glückliche Individuen bis zu zehn Jahre länger leben als ihre weniger glücklichen Altersgenossen! Zudem führt das Glücklichsein zu besserer mentaler Gesundheit, größerer Widerstandsfähigkeit und zur Steigerung der Fähigkeit, mit Widrigkeiten und Traumata umzugehen.

Manche glauben, dass glückliche Menschen dazu neigen, oberflächlich und etwas dumm zu werden. Das vertrat schon der französische Romanschriftsteller Gustave Flaubert, der einmal schrieb: »Die drei Voraussetzungen für das Glücklichsein sind: dumm, selbstsüchtig und guter Gesundheit zu sein. Aber wenn die Dummheit wegfällt, ist das Glück ganz dahin.« Doch die jüngste Forschung hat erwiesen, dass diese Vorstellung ein reiner Mythos ist. Sie hat herausgefunden, dass das Glücklichsein zu größerer Kreativität führt und die kognitiven Fähigkeiten steigert.

Die positiven Auswirkungen des Glücks erstrecken sich auch auf den Arbeitsplatz, denn glückliche Menschen bringen bessere Leistungen und erfreuen sich auf allen Ebenen eines größeren persönlichen Erfolgs, darunter auch eines höheren Einkommens. Tatsächlich zeigen Studien, dass höheres Einkommen direkter mit dem Grad an Glücklichsein zusammenhängt als mit dem Grad der Ausbildung. Umfangreiche Untersuchungen haben zudem erwiesen, dass Organisationen mit glücklichen Angestellten erfolgreicher und durchweg profitabler sind. Das wundert nicht, denn natürlich sind glückliche Arbeiter produktiver, der Firma gegenüber loyaler, melden sich weniger krank, kommen regelmäßiger zur Arbeit, haben weniger Konflikte mit Kollegen, kündigen seltener und sorgen für zufriedenere Kunden.

So ist es außer Frage, dass das Glücklichsein gewaltige persönliche Vorteile mit sich bringt. Aber es ist wichtig, darauf hinzuweisen, dass *man von der Kultivierung größeren Glücks nicht nur selbst profitiert, sondern dass auch die eigene Familie, Gemeinschaft und Gesellschaft etwas davon hat.* Tatsächlich ist dies eines der grundlegenden Prinzipien in *The Art of Happiness*, und es wird von einer zunehmenden Fülle von wissenschaftlichen Beweisen bestätigt. So hat zum Beispiel eine verblüffende neuere Untersuchung gezeigt, dass Glücklichsein höchst ansteckend ist und sich in sozialen Netzwerken wie ein Virus ausbreitet. Andere Anhaltspunkte weisen darauf hin, dass Glücklichsein und positive Emotionen als Gegenmittel gegen Vorurteile wirken, weil sie im Gehirn Veränderungen hervorrufen, die die instinktive Abneigung gegen diejenigen unterbinden, die wir als anders wahrnehmen. Letztlich werden damit also die Grenzen zwischen »uns« und »denen« abgerissen! Die heilsamen Auswirkungen des Glücklichseins erstrecken sich in breitestem Umfang auf die Gesellschaft. So fand man zum Beispiel bei einer anderen Untersuchung heraus, dass die Hebung des durchschnittlichen Glückspegels bei der Bevölkerung eines Landes dazu führt, dass sich in diesem Land Freiheit und Demokratie ausbreiten!

Die »Glücksrevolution« hat eine zunehmende Zahl von Menschen dazu angeregt, das Glücklichsein auf systematischere und direktere Weise zu suchen. Es gab manche Kritiker der Bewegung der positiven Psychologie, die von deren

Bemühungen behaupteten, es handle sich dabei nicht um mehr als einen mit sich selbst beschäftigen, dem eigenen Ich dienenden Luxus, bei dem es bloß um die persönliche Befriedigung gehe. Aber angesichts der oben genannten Beweise ließe sich dagegen ins Feld führen: Wem wirklich daran liegt, dass es anderen gut geht und wir eine bessere Welt aufbauen, dessen *Pflicht* ist es, glücklich zu sein oder alles zu tun, um glücklicher zu werden.

Buddhistische Weisheit und moderne Wissenschaft: Eine Brücke zwischen Ost und West

Dass der Buddhismus in den Westen gekommen ist, könnte sich als wichtigstes Ereignis des 20. Jahrhunderts erweisen. Das schreibt der einflussreiche britische Historiker Arnold J. Toynbee.

Eines der Ziele des Buchs *The Art of Happiness* ist es, für das Bemühen um das Glück des Menschen einen Ansatz zu bieten, der das Beste aus Ort und West miteinander verbindet, also die traditionelle buddhistische Weisheit mit der modernen westlichen Wissenschaft verknüpft. Unlängst stellte mir nach einem Vortrag über diesen Ansatz jemand aus dem Publikum die Frage:

»Wenn Wissenschaftler Untersuchungen über das Glücklichsein angestellt haben und es jetzt wissenschaftliche Erkenntnisse darüber gibt, wie man glücklich werden kann, wozu brauchen wir dazu dann noch die buddhistischen Theorien oder die Ansichten des Dalai Lama? Reicht da nicht der wissenschaftliche Beweis dafür?«

Das sind gute Fragen. Als großer Bewunderer des wissenschaftlichen Ansatzes zum Glücklichwerden bin ich der Ansicht, es lasse sich mit Sicherheit sagen, dass die Kontrollmechanismen der wissenschaftlichen Methode im Allgemeinen zu sehr zuverlässigen und nützlichen Informationen führen. Dennoch führen alle wissenschaftlichen Erkenntnisse zu keiner Art von absoluter Wahrheit oder ewigem Gesetz. Die Wissenschaft mit ihren Einsichten ist etwas Dynamisches, Lebendiges; wissenschaftliche Methoden werden anhand neuer Daten, die wir gewinnen, ständig weiter verfeinert, modifiziert oder revidiert. Zudem kann es bei der Einschätzung der Gültigkeit jeder Untersuchung immer dazu kommen, dass man auf methodologische Irrtümer stößt, Schwachstellen in der Versuchsanordnung oder statistischen Analyse erkennt usw. Zudem muss man immer in Betracht ziehen, wie viele Versuchspersonen untersucht wurden und ob die Untersuchung mehrmals wiederholt wurde. Angesichts all dessen muss man zugeben, dass die Wissenschaft vom Glücklichsein des Menschen immer noch in ihren Kinderschuhen steckt. Wir haben zwar schon eine Menge gelernt, aber es gibt vieles, das wir immer noch nicht wissen.

Die zentrale Frage ist: Kann der Buddhismus irgendetwas zur wissenschaftlichen Untersuchung des Glücklichseins beitragen?

Angesichts dieser Frage ist das Verständnis wichtig, dass der Buddhismus kein auf Glauben beruhendes System im traditionellen Sinn ist. Als der Buddha mit Lehren anfing, legte er seinen Schülern ausdrücklich ans Herz, seine Lehren nicht einfach gläubig anzunehmen, sondern die Gültigkeit seiner Theorien zu überprüfen und seine Methoden persönlich auszuprobieren. Dieses Vertrauen auf die empirische Überprüfung, das kompromisslose Suchen nach der Wahrheit und das leidenschaftliche Bemühen darum, die Natur der Wirklichkeit zu entdecken, sind Elemente, die Buddhismus und Wissenschaft gemeinsam haben. Tatsächlich hat der Dalai Lama klar und deutlich gezeigt, dass er sich voll und ganz diesen Prinzipien verschrieben hat, als er sagte: »Sollte die

Wissenschaft schlüssig beweisen, dass einige Teile der buddhistischen Schriften oder Grundüberzeugungen nicht wahr sind, dann müssten sich die buddhistischen Schriften und Überzeugungen entsprechend ändern.« Dass eine derart schockierende Aussage von irgendeinem anderen religiösen oder spirituellen Führer in der Welt bezüglich seiner eigenen Tradition getroffen würde, ist fast unvorstellbar!

Die Buddhisten praktizieren bereits seit 2500 Jahren Techniken zum »Trainieren des Geistes« und entwickeln ihre inneren Ressourcen. Man sollte meinen, nach über zwei Jahrtausenden hätte man Methoden, die sich als ineffektiv erwiesen hätten, nach und nach aufgegeben, so dass nur die wirksamsten und verlässlichsten Methoden überlebt hätten. Von daher erscheint die Annahme vernünftig, dass der Buddhismus viel dazu beitragen könnte, dass wir das Glücklichsein besser verstehen und Wege finden, es zu erlangen. Einige bemerkenswerte jüngere Entwicklungen lassen mit Gewissheit annehmen, dass dies der Fall ist. Als *The Art of Happiness* erstmals erschien, waren erst wenige wissenschaftliche Untersuchungsergebnisse bezüglich der Grundansichten des Dalai Lama über das Glücklichsein des Menschen verfügbar. Mich hat es sehr befriedigt, mit ansehen zu dürfen, wie explosionsartig die Anzahl der Untersuchungen seit damals angestiegen ist. Noch mehr habe ich mich darüber gefreut, dass die wachsende Anzahl von wissenschaftlichen Beweisen durchgängig die Ansichten bestätigte, die der Dalai Lama in diesem Buch geäußert hatte. Ein Beispiel, das dies veranschaulicht, ist die oben beschriebene Untersuchung über Glück und Mitgefühl.

Eine weitere faszinierende Beweislinie beruht auf einigen bahnbrechenden Forschungen, die der hochgeachtete Neurowissenschaftler an der Universität von Wisconsin in Madison, Dr. Richard Davidson, durchgeführt hat. Dr. Davidson und seine Kollegen entdeckten unter Verwendung der neuesten Technologie einen bestimmten Bereich in der linken präfrontalen Gehirnrinde, der speziell mit Glückszuständen zusammenhängt. Hierauf maß er den durchschnittlichen Aktivitätspegel dieser »Glücks«-Region bei einer großen Gruppe durchschnittlicher Amerikaner. Später lud er einige tibetische Mönche in sein Laboratorium ein und führte an ihnen die gleichen Untersuchungen durch. Zu seiner Überraschung stellte er fest, dass ihr Aktivitätspegel in der Glückszone des Gehirns der höchste war, den er je gesehen hatte. Er lag sogar mit derart weitem Abstand über demjenigen der anderen, dass er im Wesentlichen über die Skala hinausging! Natürlich muss damit nichts *bewiesen* sein, aber derart extreme Ergebnisse legen zumindest mit hoher Wahrscheinlichkeit die Vermutung nahe, dass die buddhistischen Praktiken bei der Suche nach effektiven Methoden zur Steigerung des individuellen Glücks von hohem Wert sein können.

Liebevolle Güte, Mitgefühl und das Streben nach Glück

Ein Grundsatz in *The Art of Happiness* dürfte ganz besonders das Potenzial in sich bergen, einen signifikanten Beitrag zur neuen Wissenschaft über das menschliche Glücklichsein zu leisten, nämlich:

Es gibt eine unauflösliche Verknüpfung zwischen dem eigenen persönlichen Glücklichsein und liebevoller Güte, Mitgefühl und Sorge um andere. Diese Beziehung ist wechselseitig: Größeres Glück führt zu mehr Mitgefühl und gesteigertes Mitgefühl führt zu mehr Glück.

Mit anderen Worten: Untersuchungen haben herausgefunden, dass glücklichere Menschen nicht nur stärker dazu neigen, auf andere zuzugehen, sich um sie zu kümmern und ihnen zu helfen, sondern dass der Mensch, indem er mehr liebevolle Güte und Mitgefühl kultiviert, auch ein höheres Maß an Glück erfährt.

Es lässt sich leicht sehen, wie tief sich diese Grundsätze auf jede Gesellschaft auswirken könnten, wenn die Menschen sie auf breiter Ebene anwenden würden. Da es jedoch unwahrscheinlich ist, dass sich die meisten Menschen im Westen zum Buddhismus als ihrem primären spirituellen Weg »bekehren« werden, muss man diese Grundsätze in einem säkularen Kontext vermitteln. Nur dann haben sie die Chance, im Westen weithin übernommen zu werden. Das heißt aber, dass man sie im Allgemeinen aus wissenschaftlicher Sicht vorstellen muss. Aus diesem Grund werden Sie auf den folgenden Seiten den experimentellen Beweis dafür finden, dass glückliche Menschen dazu neigen, liebevoller und mitfühlender zu sein als andere. Allerdings konnte ich zum Zeitpunkt, als ich dieses Buch schrieb, noch keine Untersuchungen finden, die auch den umgekehrten Grundsatz als richtig erweisen: dass das Kultivieren von mehr Mitgefühl die Menschen glücklicher macht – eine Überzeugung, die dem Dalai Lama sehr am Herzen liegt. Aber heute liegen Beweise vor, die zeigen, dass die Praxis von liebevoller Güte und Mitgefühl eine wirksame Strategie darstellt, um das eigene Glücklichsein zu steigern.

Bei einem der in meinen Augen wichtigsten Experimente holt Dr. Davidson einen tibetischen Mönch aus Frankreich in sein Labor, um an ihm die Auswirkungen des Mitgefühls zu überprüfen. Dieser Mönch war ein hervorragend ausgebildeter Meister, der viele Jahre im Himalaya-Gebiet mit der Meditation über das Mitgefühl verbracht hatte (und es auch praktiziert hatte, indem er sein Leben karitativen Einsätzen in der Region gewidmet hatte). Davidson untersuchte zunächst mit dem Monitor die Gehirnfunktion des Mönchs im Ruhezustand, um die Basislinie seiner Gehirnaktivität zu ermitteln. Sodann bat er ihn, eine intensive buddhistische Meditation über das Mitgefühl zu halten. Die Ergebnisse zeigten, dass sich die Funktion seines Vorderhirns während seiner Meditation über das Mitgefühl dramatisch nach links verlagerte, also die »Glücksregion« des Gehirns stark aktivierte. Daraus schloss Davidson: »Schon allein der Akt des sich Sorgens um das Wohlbefinden anderer schafft ein stärkeres Gefühl des Wohlbefindens in einem selbst.« Könnte es einen noch schlüssigeren Beweis für die Verknüpfung von persönlichem Glücklichsein und Mitgefühl geben?

Bei einer anderen Untersuchung, dieses Mal in der »realen Welt« außerhalb des Labors, forderte Dr. Sonja Lyubomirsky von der University of California in Riverside eine Gruppe von Personen auf, sich jede Woche einen Tag auszuwählen, an dem sie fünf »kleine Akte gütiger Zuwendung« ausführen sollten. Nach sechs Wochen verspürten die Teilnehmer an dieser Untersuchung einen signifikanten Anstieg ihres allgemeinen Grads an Glücklichsein und Zufriedenheit mit ihrem Leben.

Die Zukunft von der Regeln des Glücks

Für mich war einer der lohnendsten Aspekte des Erfolgs dieses Buches die Fülle an wunderbaren und bewegenden Briefen, in denen uns Menschen beschrieben, wie die Worte des Dalai Lama ihnen geholfen hatten und wie positiv sich *The Art of Happiness* auf ihr Leben ausgewirkt habe. In einigen dieser Briefe bekundeten die Leser ihr Interesse an einem Folgeband und wiesen darauf hin, dass in diesem Buch etliche Themen nicht behandelt worden seien. Nachdem der Dalai Lama erfahren hatte, wie vielen Menschen dieses erste Buch geholfen hatte, stimmte er der Mitarbeit an einem weiteren Buch zu. Daraufhin sah ich noch einmal die Leserbriefe durch und stellte daraus eine Themenliste zusammen. Aber uns wurde schnell klar, dass das mehr Themen waren, als sich in einem einzigen Buch behandeln ließen, und so teilten wir die Themen in eine ganze Reihe von Büchern auf. Unser erstes Nachfolgebuch, *The Art of Happiness at Work*, erschien 2003 (deutsch *Glücksregeln für den Alltag*, Freiburg 2007). Es wurde wie der erste Band sehr gut aufgenommen und gelangte in die Bestsellerliste – und was noch wichtiger war: Das Feedback der Leser bestätigte, dass es von großem praktischem Wert war, weil es ihnen tatsächlich half, bei ihrer Arbeit größeres Glück zu empfinden, also bei der Tätigkeit, die den größten Teil unserer Stunden des Wachseins einnimmt.

Die ersten zwei Bände hatten sich auf die innere Entwicklung konzentriert und richteten sich im Wesentlichen an jeden Einzelnen. Aber uns ging auf, dass wir menschliche Individuen nicht in einem luftleeren Raum leben, sondern in ständiger Interaktion mit einer Gemeinschaft, einer Gesellschaft und der Welt sind. Unsere Welt aber hat mit vielem zu kämpfen: mit Gewalttätigkeit, Terrorismus, Krieg, Vorurteilen und Hass, Armut – diese Liste ist lang. So ergab sich die Frage: Wie können wir in einer so problembelasteten Welt leben und trotzdem glücklich bleiben? Und was kann der oder die Einzelne zur Überwindung dieser ungeheuren Probleme beitragen? Diese Fragen versuchten wir im nächsten Band dieser Reihe mit dem Titel *The Art of Happiness in a Troubled World* (deutsch: *Glücksregeln für eine verunsicherte Welt*, Freiburg 2011) zu beantworten.

Allem Anschein nach ist *The Art of Happiness* heute immer noch genauso relevant wie bei seiner ersten Veröffentlichung vor zehn Jahren. In den Jahren seit damals haben wir in der Wissenschaft vom Glücklichsein des Menschen gewaltige

Entwicklungen erlebt. Und je weiter die Forschungsergebnisse zunehmen, desto mehr beginnen sich allem Anschein nach die buddhistischen Grundsätze in vieler Hinsicht mit den Erkenntnissen der westlichen Wissenschaft zu decken. Aber unabhängig davon, ob man sich dem Thema »Glücklichsein« von der traditionellen buddhistischen Weisheit oder von der modernen wissenschaftlichen Forschung her annähert, ist das Anliegen auf den folgenden Seiten immer noch das gleiche: Wir hoffen, dass Sie die in diesem Buch vorgestellten Anregungen auf Ihr eigenes Leben anwenden und es ihnen hilft, einen Weg zu entdecken, auf dem Sie Leid und Widrigkeiten überwinden und so zu einem Leben echten und dauerhaften Glücklichseins finden können.

Vorwort

Ich traf den Dalai Lama allein in einem leeren Basketball-Umkleideraum, kurz bevor er an der Arizona State University vor sechstausend Zuhörern sprechen sollte. Er trank völlig gelassen eine Tasse Tee. »Eure Heiligkeit, wenn ihr bereit seid ...«

Er erhob sich schwungvoll, verließ ohne Zögern den Raum und begab sich hinter den Kulissen in eine dichte Schar von Lokalreportern, Fotografen, Sicherheitspersonal und Studenten – zu den Suchenden, Neugierigen und Skeptikern. Mit breitem Lächeln schritt er durch die Menge und grüßte die Menschen im Vorübergehen. Schließlich gelangte er durch einen Vorhang auf die Bühne, verneigte sich, faltete die Hände und lächelte. Er wurde mit tosendem Applaus begrüßt.

Auf seine Bitte hin wurde die Beleuchtung im Saal nicht gedämpft, damit er sein Publikum deutlich sehen konnte, und für einige Momente stand er nur da, die Zuhörerschaft ruhig mit einem unverkennbaren Ausdruck von Wärme und Wohlwollen anschauend. Auf jene, die den Dalai Lama nie zuvor erblickt hatten, mag seine kastanienbraune und safranfarbene Mönchsrobe einen etwas exotischen Eindruck gemacht haben; doch als er sich hinsetzte und mit seinem Vortrag begann, wurde seine bemerkenswerte Fähigkeit, ein enges Verhältnis zu seinem Publikum zu knüpfen, rasch offenbar.

»Ich glaube, den meisten von Ihnen begegne ich heute das erste Mal. Aber für mich besteht kein großer Unterschied darin, ob ich einen alten oder einen neuen Freund treffe, denn wir alle sind gleich: Wir alle sind menschliche Wesen. Natürlich gibt es Unterschiede des kulturellen Hintergrundes oder der Lebensweise, wir unterscheiden uns vielleicht in unserem Glauben oder nach unserer Hautfarbe, aber wir sind menschliche Wesen mit einem menschlichen Körper und Geist. Unsere physische Struktur ist dieselbe, wie auch unser Bewusstsein und unsere emotionale Natur. Wo immer ich mit anderen zusammenkomme, habe ich stets das Gefühl, einen anderen Menschen zu treffen, der so ist wie ich selbst. Sich auf dieser Ebene mit anderen auszutauschen erscheint mir wesentlich einfacher. Heben wir aber spezifische Wesensmerkmale hervor, wie ›Ich bin Tibeter‹ oder ›Ich bin Buddhist‹, treten Unterschiede auf, die jedoch zweitrangig sind. Lassen wir sie beiseite, können wir auf einfache Weise kommunizieren und Ideen und Erfahrungen miteinander austauschen.«

Mit diesen Worten begann der Dalai Lama 1993 eine einwöchige Reihe von öffentlichen Vorträgen in Arizona. Die Pläne für seinen Besuch wurden über ein Jahrzehnt zuvor erstmals erwogen. Damals lernten wir einander kennen. Ich besuchte gerade Dharamsala in Indien, um auf der Grundlage eines kleinen Forschungsstipendiums die traditionelle tibetische Medizin zu studieren.

Dharamsala ist eine schöne und ruhige, an einem Hang der Vorgebirge des Himalaya gelegene Kleinstadt. Seit der Dalai Lama nach der brutalen Invasion der chinesischen Streitkräfte vor vierzig Jahren zusammen mit hunderttausend anderen Tibetern aus seiner Heimat floh, ist dieser Ort der Sitz der tibetischen Exilregierung. Während meines dortigen Aufenthalts hatte ich einige Familienmitglieder des Dalai Lama kennen gelernt, und durch sie wurde mein erstes Treffen mit ihm arrangiert.

In seiner Rede von 1993 sprach er darüber, wie wichtig es sei, als menschliches Wesen eine Beziehung zu anderen aufzunehmen. Es war ebendiese Qualität, die den auffälligen Grundzug unseres ersten Gesprächs in seinem Domizil im

Jahre 1982 ausmachte. Er schien die ungewöhnliche Fähigkeit zu besitzen, schnell und mühelos eine ungezwungene Verbindung zu seinen Mitmenschen aufzubauen. Unser erstes Gespräch dauerte etwa fünfundvierzig Minuten, und wie so viele andere vor mir ging auch ich höchst inspiriert aus dieser Begegnung hervor – mit dem Gefühl, gerade einen wahrhaft außerordentlichen Mann getroffen zu haben.

Als meine Kontakte zum Dalai Lama in den nächsten Jahren immer enger wurden, wuchs allmählich auch meine Wertschätzung seiner vielen einzigartigen Merkmale: Er verfügt über eine scharfsinnige Intelligenz, der jede Verstellung fehlt; über Güte ohne überzogene Sentimentalität; über einen ausgeprägten Humor ohne jegliche Frivolität; und – wie viele entdeckt haben – über die Fähigkeit, andere eher zu inspirieren als ihnen Ehrfurcht einzuflößen.

Mit der Zeit gelangte ich zu der Überzeugung, dass der Dalai Lama gelernt hatte, wie man mit einem unvergleichlichen Sinn für Erfüllung und einem besonderen Maß an Heiterkeit lebt. Ich war entschlossen, die Prinzipien zu ergründen, die ihm diese Haltung ermöglichen. Obgleich der Dalai Lama ein buddhistischer Mönch ist und sein Leben lang den Buddhismus studiert und ausgeübt hat, fragte ich mich, ob eine Reihe seiner Glaubenssätze oder Praktiken auszumachen sei, dass sie auch von Nicht-Buddhisten aufgegriffen werden könnte – Praktiken, die sich direkt auf unser Leben anwenden lassen und uns in einfacher Weise helfen, glücklicher, stärker und vielleicht weniger ängstlich zu werden.

Als wir uns während seines Aufenthalts in Arizona täglich trafen und später in seinem indischen Domizil ausgiebige Gespräche führten, konnte ich seine Ansichten intensiver erforschen. Bald merkte ich, dass wir einige Hürden in dem Bemühen zu überwinden hatten, unsere Sichtweisen miteinander in Einklang zu bringen: die seinen eines buddhistischen Mönches und die meinen eines westlichen Psychiaters.

Eine der ersten Sitzungen eröffnete ich zum Beispiel damit, ihm bestimmte allgemein menschliche Probleme darzulegen, die ich mit einigen ausführlichen Fallbeispielen illustrierte. Ich beschrieb eine Frau, die ihr selbstzerstörerisches Verhalten trotz des gewaltigen negativen Einflusses, der davon auf ihr Leben ausging, nicht beenden konnte, und fragte ihn dann, ob er eine Erklärung für dieses Verhalten habe und welchen Rat er geben könne. Ich war überrascht, als er nach einer langen Pause der Überlegung einfach erwiderte: »Ich weiß nicht«, ganz ungezwungen lachte und die Achseln zuckte.

Als er bemerkte, wie erstaunt und enttäuscht ich darüber war, keine konkrete Antwort erhalten zu haben, sagte er: »Manchmal ist es sehr schwierig zu erklären, warum Menschen etwas tun ... Oft wird man feststellen, dass es keine einfachen Erklärungen dafür gibt. Wenn wir in die Einzelheiten des individuellen Lebens eindringen, wird es recht mühsam zu verstehen, was dort vor sich geht, denn das Bewusstsein eines menschlichen Wesens ist so überaus komplex.«

Ich dachte, er weiche aus. »Aber als Psychotherapeut ist es meine Aufgabe herauszufinden, warum die Menschen etwas tun ...« Wieder brach er in sein Lachen aus, das viele so außergewöhnlich finden – ein Lachen, das von Humor und Wohlwollen durchdrungen ist, ungekünstelt, ohne Verlegenheit. Es beginnt mit tiefer Resonanz, erklimmt dann spielend mehrere Oktaven, um in schrillen Tönen der Freude zu enden.

»Ich glaube, es ist extrem schwierig zu durchschauen, wie der Geist von fünf Milliarden Menschen funktioniert«, sagte er, immer noch lachend. »Es wäre eine unmögliche Aufgabe! Vom buddhistischen Standpunkt aus gibt es zahlreiche Faktoren, die zu jeder Situation und jedem Ereignis beitragen ... Es können so viele Faktoren im Spiel sein, dass man manchmal zu keiner vollständigen Erklärung des Vorgangs gelangt, zumindest nicht im herkömmlichen Sinne.«

Da er mein Unbehagen spürte, fuhr er fort: »Bei dem Versuch, die Ursachen eines Problems zu erkennen, scheint die westliche Methode in mancher Hinsicht von der buddhistischen abzuweichen. Allen Formen der westlichen Analyse liegt eine sehr starke rationale Tendenz zugrunde – die Annahme, dass es für alles eine Erklärung gebe. Zudem existieren Beschränkungen, die durch bestimmte Prämissen geschaffen werden.

Zum Beispiel traf ich mich vor kurzem mit einigen Ärzten in einer medizinischen Hochschule. Sie behaupteten, Gedanken und Empfindungen seien das Resultat verschiedener chemischer Reaktionen und Veränderungen im Gehirn. Also warf ich die Frage auf: Kann man sich auch die umgekehrte Abfolge vorstellen, bei der die Gedanken die chemischen Vorgänge im Gehirn entstehen lassen?

Am interessantesten war für mich folgende beharrliche Antwort eines der Wissenschaftler: ›Wir gehen von der Prämisse aus, dass alle Gedanken Ergebnisse oder Funktionen von chemischen Reaktionen innerhalb des Gehirns sind.‹ Es handelt sich mithin einfach um eine Art von Sturheit, um den Entschluss, die eigene Denkungsart nicht zu hinterfragen.« Er schwieg einen Moment lang. »Anscheinend gibt es in der modernen westlichen Gesellschaft eine machtvolle, auf der Wissenschaft fußende kulturelle Konditionierung. Aber in einigen Fällen können diese grundlegenden, von der westlichen Wissenschaft aufgestellten Prämissen und Rahmenbedingungen unsere Fähigkeit begrenzen, mit bestimmten Realitäten umzugehen. So ergibt beispielsweise die Vorstellung, dass alles im Rahmen eines einzigen Lebens erklärbar sei, eine gewisse Einengung, insbesondere wenn man diese mit dem Gedanken verbindet, dass alles nachvollziehbar und plausibel sein müsse. Dann tritt bei unerklärlichen Phänomenen eine beinahe qualvolle Spannung auf.«

Obwohl ich die seinen Worten innewohnende Wahrheit spürte, fiel es mir zunächst schwer, sie zu akzeptieren. »Wenn wir in der westlichen Psychologie auf ein nicht leicht zu deutendes menschliches Verhalten stoßen, können wir bestimmte Modelle nutzen, um den Vorgang zu verstehen. Doch spielt die Vorstellung vom unbewussten oder unterbewussten Anteil des Bewusstseins eine herausragende Rolle. Wir meinen, dass unser Verhalten manchmal das Resultat von psychologischen, uns nicht bewussten Prozessen sein kann. Beispielsweise wird man vielleicht auf eine bestimmte Weise agieren, um einer tieferliegenden Angst auszuweichen. Ohne dass wir uns dessen gewahr werden, können Verhaltensweisen von dem Wunsch motiviert sein, solche Ängste nicht in den bewussten Teil des Geistes gelangen zu lassen, damit wir das Unbehagen nicht wahrnehmen.«

Nach einem Moment des Nachdenkens sagte er: »Im Buddhismus gibt es die Vorstellung von Veranlagungen und Eindrücken, die durch bestimmte Erfahrungen hinterlassen werden; dies entspricht etwa der Idee des Unbewussten in der westlichen Psychologie. Zum Beispiel kann ein frühes Kindheitserlebnis eine sehr starke Prägung in unserem Geist hinterlassen haben, welche verborgen bleibt, uns jedoch später beeinflusst. Jedenfalls denke ich, dass der Buddhismus viele der von westlichen Theoretikern zur Sprache gebrachten Faktoren akzeptieren kann, darüber hinaus aber zusätzliche Aspekte einbezieht, wie die Konditionierungen und Eindrücke aus einem vorherigen Leben.

In der Psychologie des Westens mag jedoch die Tendenz vorherrschen, die Rolle des Unbewussten bei der Suche nach den Ursachen eines Problems überzubewerten. Dies scheint mir von einigen Grundannahmen der westlichen Psychologie herzurühren, etwa von der Vorstellung, dass Eindrücke unmöglich aus einem früheren Leben stammen können. Und gleichzeitig setzt man voraus, dass alles im Rahmen einer Lebensspanne zu erklären sei. Kann man dann nicht aufzeigen, was ein spezifisches Verhalten oder ein Problem verursacht, wird man stets geneigt sein, es dem Unbewussten zuzuschreiben. Das ist etwa so, als ob man etwas verloren hat und sich darauf versteift, dass sich der Gegenstand in diesem Raum befindet. Und sobald man sich darauf festgelegt hat, sind auch die eigenen Rahmenbedingungen fixiert; man wird von vornherein die Möglichkeit ausschließen, dass der Gegenstand außerhalb des Zimmers oder in einem anderen Raum ist. Deshalb sucht man ohne Erfolg weiter und bleibt dennoch bei der Annahme, der Gegenstand sei irgendwo im selben Raum verborgen!«

Als ich dieses Buch konzipierte, schwebte mir der übliche Selbsthilfe-Ratgeber vor. Darin sollte der Dalai Lama klare und einfache Lösungen für alle Probleme des Lebens präsentieren. Ich dachte, als Psychiater könne ich seine Ansichten systematisch in einer Reihe einfacher Anweisungen zur täglichen Lebensführung zusammenfassen. Gegen Ende unserer Gespräche verwarf ich diese Idee jedoch. Ich entdeckte, dass sein Ansatz ein viel weiteres und komplexeres Gebiet umfasste, das alle Nuancen und die gesamte Fülle des Lebens einschloss.

Allmählich vernahm ich jedoch den stets von ihm ausgehenden Grundtenor: den der Hoffnung, die sich auf den Glauben gründet, dass ein echtes und dauerhaftes Glück zwar nicht mühelos zu erlangen, aber dennoch möglich sei. Die vom Dalai Lama gelehrten Methoden stützen sich auf gewisse Grundüberzeugungen, von denen all seine Handlungen ausgehen: auf den Glauben an die elementare Milde und Güte der Menschen, den Glauben an den Wert des Mitgefühls, den Glauben an Aufgeschlossenheit und Gemeinschaftlichkeit unter allen Lebewesen.

Während sich seine Botschaft entfaltete, wurde immer klarer, dass seine Glaubenssätze nicht auf blindem Vertrauen oder religiösen Dogmen beruhen, sondern vielmehr auf stichhaltigen Argumenten und direkter Erfahrung. Seine Kenntnisse des menschlichen Geistes und Verhaltens basieren auf einem lebenslangen Studium; die Ansichten des Dalai Lama wurzeln in einer Tradition, die sich über zweitausendfünfhundert Jahre zurückverfolgen lässt und die durch einen gesunden Menschenverstand und Einfühlungsvermögen in die modernen Probleme ergänzt wird.

Seine Einsicht in zeitgenössische Fragen ist das Resultat seiner einzigartigen Position als Gestalt der Weltgeschichte, die ihm erlaubt hat, häufig um die Welt zu reisen, viele Kulturen und Menschen unterschiedlicher Herkunft kennen zu lernen, Ideen mit hochrangigen Wissenschaftlern sowie religiösen und politischen Führern auszutauschen. Was letztlich aus all dem erwächst, ist ein weiser Umgang mit menschlichen Problemen, der ebenso optimistisch wie realistisch ist.

In diesem Buch versuche ich darzustellen, wie der Dalai Lama auf eine vornehmlich westliche Zuhörerschaft eingeht. Ich habe umfangreiche Auszüge aus seinen öffentlichen Vorträgen und unseren privaten Unterhaltungen berücksichtigt. Im Einklang mit meiner Absicht, das hervorzuheben, was direkt auf unser tägliches Leben anzuwenden ist, habe ich mich entschieden, manche Teile der Erörterungen des Dalai Lama auszulassen, die eher die philosophischen Aspekte des tibetischen Buddhismus betreffen.

Der Dalai Lama hat bereits eine Reihe ausgezeichneter Bücher über vielfältige Aspekte des buddhistischen Weges geschrieben. Ein Verzeichnis seiner Werke findet sich am Schluss des Buches, und jene, die an einer tiefer gehenden Erforschung des tibetischen Buddhismus interessiert sind, werden viel Wertvolles in diesen Büchern entdecken.

* * *

In diesem Buch werden ausführliche Gespräche mit dem Dalai Lama wiedergegeben. Die privaten Begegnungen mit dem Dalai Lama in Arizona und Indien, auf denen dieses Werk beruht, fanden zu dem ausdrücklichen Zweck statt, gemeinsam ein Buch zu erarbeiten, das seine Ansichten über die Gestaltung eines glücklicheren Lebens vorstellen sollte, erweitert durch meine eigenen Bemerkungen und Kommentare aus der Sicht eines westlichen Psychiaters. Der Dalai Lama ließ mir großzügigerweise alle Freiheit darin, wie ich dieses Buch gestalten wollte, um seine Vorstellungen am geeignetsten zu vermitteln. Ich war der Ansicht, die für diese Seiten gewählte Gesprächsform lese sich am besten. Zugleich zeigt sie, wie der Dalai Lama seinen Vorstellungen gemäß das eigene Alltagsleben gestaltet. Mit der Gutheißung des Dalai habe ich dieses Buch nach Themen geordnet und mich deswegen zuweilen entschieden, Material aus mehreren verschiedenen Gesprächen miteinander zu verbinden und zusammenfließen zu lassen. Ebenso habe ich mit Zustimmung des Dalai Lama dort, wo es mir um der Klarheit oder Verständlichkeit willen geraten schien, Material aus einigen seiner öffentlichen Vorträge in Arizona eingefügt. Der Übersetzer des Dalai Lama, Dr. Thupten Jinpa, sah das Endmanuskript freundlicherweise noch einmal durch, um sicherzustellen, dass keine Idee des Dalai Lama im Lauf des Redaktionsprozesses ungewollt verfälscht worden war.

Zur Veranschaulichung der zur Diskussion gestellten Gedanken finden sich etliche Beispielgeschichten und persönlichen Anekdoten angeführt. Da es mir ein Anliegen war, die Vertraulichkeit und persönliche Privatsphäre zu wahren, habe ich in jedem Fall die Namen sowie bestimmte Einzelheiten oder zu deutliche Erkennungsmerkmale geändert, damit niemand persönlich zu erkennen ist.

Howard C. Cutler, M. D.

I

Der Sinn des Lebens

Das Recht auf Glück

Ich bin davon überzeugt, dass der eigentliche Sinn unseres Lebens im Streben nach Glück besteht. Das ist ganz klar! An welche Religion er auch glaubt, jeder hält Ausschau nach etwas Besserem im Leben. Daher meine ich, dass unser Leben auf das Glück hin ausgerichtet ist ...«

Mit diesen Worten – vor einer großen Zuhörerschaft in Arizona geäußert – dringt der Dalai Lama zum Kern seiner Botschaft vor. Seine Behauptung jedoch, dass Glück den Sinn und Zweck des Lebens ausmache, ließ eine Frage in mir aufkommen. Später, als wir unter uns waren, erkundigte ich mich: »Sind *Sie* glücklich?«

»Ja«, sagte er. Er hielt einen Augenblick inne und fügte dann hinzu: »Ja ... ganz bestimmt.« In seiner Stimme lag ein ruhiger Ernst, der keinen Zweifel gestattete – ein Ernst, der sich auch in seiner Miene und in seinen Augen ausdrückte.

»Aber ist Glück denn ein vernünftiges Ziel für die meisten von uns?«, fragte ich. »Ist es tatsächlich erreichbar?«

»Ja. Ich glaube, dass Glück durch die Schulung des Geistes erlangt werden kann.«

Auf einer grundlegenden menschlichen Ebene gefiel mir die Idee sehr, dass Glück ein erreichbares Ziel sei. Als Psychiater war ich jedoch durch Freuds Ansicht vorbelastet, dass »das Ziel, der Mensch solle ›glücklich‹ sein, nicht im ›Schöpfungsplan‹ enthalten ist«. Unsere Ausbildung hat viele in meinem Beruf zu dem düsteren Schluss veranlasst, man könne bestenfalls auf »die Umwandlung der hysterischen Misere in gewöhnliches Leid« hoffen.

Von diesem Standpunkt aus scheint die Behauptung, es

gebe einen klar umrissenen Weg zum Glück, Recht radikal zu sein. Als ich die Jahre meiner psychiatrischen Ausbildung Revue passieren ließ, konnte ich mich kaum daran erinnern, dass das Wort »Glück« als therapeutisches Ziel auch nur erwähnt wurde. Natürlich redete man oft davon, die Symptome der Depression oder Angst abzubauen und innere Konflikte oder Beziehungsprobleme zu lösen, aber niemals mit der erklärten Absicht, den Patienten glücklich zu machen.

Die Vorstellung, dass wahres Glück möglich sei, scheint im Westen immer unklar definiert und schwer fassbar gewesen zu sein. Sogar *happy*, das englische Wort für »glücklich«, leitet sich von dem isländischen Wort *happ* ab, das einen »glücklichen Zufall« bezeichnet. Die meisten von uns teilen offenbar diese Auffassung von der mysteriösen Natur des Glücks. In jenen Augenblicken der Freude, die das Leben mit sich bringt, scheint Glück etwas aus heiterem Himmel Entstandenes zu sein. Für meinen westlich geprägten Geist gehört Glück nicht zu jenen Dingen, die man einfach durch eine »Schulung des Geistes« entwickeln und aufrechterhalten kann.

Auf meinen Einwand hin ließ der Dalai Lama nicht mit einer Erklärung auf sich warten. »Wenn ich von ›Schulung des Geistes‹ spreche, beziehe ich ›Geist‹ nicht nur auf unsere kognitive Fähigkeit oder unseren Intellekt. Vielmehr benutze ich den Begriff im Sinne des tibetischen Wortes *sem*, das eine umfassendere Bedeutung hat und eher den Begriffen ›Psyche‹ oder ›Gewahrsein‹ entspricht. Es schließt Intellekt und Gefühl, Herz und Verstand ein. Mit einer gewissen inneren Disziplin können wir unsere gesamte Lebenseinstellung umwandeln.

Diese innere Disziplin kann sich natürlich auf viele Dinge und Methoden erstrecken. Im Allgemeinen beginnt man jedoch mit der Identifizierung der Faktoren, die zu Glück führen, und jener, die Leid hervorbringen. Danach eliminiert man die Letzteren schrittweise und pflegt die Ersteren. Das ist der Weg.«

Der Dalai Lama behauptet, ein gewisses Maß an persönlichem Glück gefunden zu haben. Während seines einwöchigen Aufenthalts in Arizona kam dies häufig in seiner Bereitschaft zum Ausdruck, sich anderen mitzuteilen und ein Gefühl der Nähe und des Wohlwollens zu erzeugen – und das selbst bei kürzesten Begegnungen.

Am Morgen nach seinem Vortrag ging der Dalai Lama mit seinem üblichen Gefolge über eine Außenterrasse zu seinem Hotelzimmer zurück. Als er eine Angehörige des Reinigungspersonals bei den Fahrstühlen bemerkte, blieb er stehen und fragte: »Woher kommen Sie?« Einen Moment lang schien die Frau über diesen fremd wirkenden Mann in der kastanienbraunen Robe und über die respektvolle Behandlung durch seine Begleiter verwirrt zu sein. Dann aber lächelte sie und entgegnete scheu: »Mexiko.« Er verweilte kurz, plauderte einige Minuten mit ihr und ging dann weiter, während sie mit aufgeregter und freudiger Miene zurückblieb.

Pünktlich am nächsten Morgen erschien sie wieder an derselben Stelle mit jemand anderem vom Personal, und beide begrüßten den Dalai Lama herzlich, während er in den Lift trat. Trotz der Kürze des Austausches schienen die beiden von Glück erfüllt zu sein, als sie wieder an die Arbeit zurückkehrten. An den folgenden Tagen schlossen sich ihnen noch andere vom Hauspersonal an, bis gegen Ende der Woche Dutzende von Zimmermädchen in ihren adretten grauweißen Uniformen die gesamte Wegstrecke bis zu den Fahrstühlen Spalier standen.

Unsere Tage sind gezählt. In ebendiesem Moment werden Tausende in die Welt hineingeboren, von denen manche nur wenige Tage oder Wochen leben, bevor sie tragischerweise einer Krankheit oder einem anderen Unglück erliegen. Einigen ist es dagegen vergönnt, die Jahrhundertgrenze zu erreichen oder vielleicht sogar zu überschreiten und voll auszukosten, was das Leben zu bieten hat: Triumph, Verzweiflung, Freude, Hass und Liebe. Vorhersehbar ist es niemals! Aber ganz gleich, ob wir nur einen Tag oder ein ganzes Jahrhundert leben, eine zentrale Frage bleibt bestehen: Was ist der Zweck unseres Lebens? Was verleiht unserem Leben einen Sinn?

Der Sinn unserer Existenz liegt in dem Streben nach Glück. Diese Idee scheint dem gesunden Menschenverstand zu entsprechen, und auch westliche Denker, von Aristoteles bis hin zu William James, stimmen ihr zu. Aber ist ein Leben, das auf dem Streben nach persönlichem Glück beruht, nicht von Natur aus egozentrisch, vielleicht sogar zügellos? Nicht unbedingt! Vielmehr hat eine Umfrage nach der anderen gezeigt, dass es gerade *unglückliche* Leute sind, die dazu neigen, extrem selbstbezogen zu sein, sich abzukapseln, vor sich hin zu brüten und sogar feindselig zu agieren. Dagegen sind glückliche Personen im Allgemeinen aufgeschlossener, flexibler, kreativer und fähiger, die Frustrationen des täglichen Lebens zu ertragen. Und was am wichtigsten ist: Sie sind liebevoller und versöhnlicher als unglückliche Menschen.

Die Forscher haben einige interessante Experimente entwickelt, die demonstrieren, dass glückliche Leute eine gewisse Offenheit an den Tag legen – eine Bereitschaft, auf andere zuzugehen und ihnen zu helfen. Beispielsweise gelang es, eine Testperson in eine glückliche Stimmung zu versetzen, indem man sie unerwarteterweise Geld in einer Telefonzelle finden ließ. Dann ließ einer der Versuchsleiter in der Rolle eines Unbekannten »versehentlich« einen Stapel Papiere fallen, um zu sehen, ob der Betreffende dem Fremden helfen würde.

In einem anderen Szenario wurde die Stimmung der Versuchsperson angehoben, indem man ihr eine humoristische Aufnahme vorspielte. Dann wandte sich ein »Bedürftiger« (der auch zu den Versuchsleitern gehörte) an den Betreffenden, um sich Geld zu leihen. Die Leiter entdeckten, dass die Versuchspersonen, die sich glücklich fühlten, eher jemandem halfen oder Geld verliehen als eine andere »Kontrollgruppe«, deren Stimmung zuvor nicht angehoben worden war.

Während solche Experimente der Auffassung widersprechen, dass das Erlangen von persönlichem Glück Egoismus und Selbstbezogenheit zur Folge habe, können wir alle unsere eigenen Experimente im Labor unseres täglichen Lebens durchführen. Angenommen, wir stecken in einem Verkehrsstau. Nach zwanzig Minuten kommt er endlich wieder in Fluss, sodass man sich schrittweise fortbewegen kann. Wir sehen jemanden in einem anderen Auto, der anzeigt, er wolle vor uns auf unsere Spur wechseln. Sind wir guter Dinge, mögen wir eher bereit sein, langsamer zu fahren und ihn einzuwinken. Wenn wir uns miserabel fühlen, werden wir möglicherweise einfach beschleunigen, um die Lücke vor uns zu schließen. »Schließlich habe ich festgesessen und die ganze Zeit gewartet; warum sollte ein anderer nun vorfahren ...?«

Wir beginnen also mit der Prämisse, dass es der Sinn des Lebens sei, nach Glück zu streben. Es ist die Vision von Glück als einem realen Ziel, das wir durch positive Schritte erreichen können. Und wenn wir die Faktoren bestimmen, die zu einem erfüllteren Leben führen, werden wir erfahren, dass die Suche nach Glück nicht nur für den einzelnen Vorteile mit sich bringt, sondern auch für die Familie des Betreffenden und ebenso für die Gesellschaft als Ganzes.

Die Quellen des Glücks

Vor zwei Jahren erlebte eine Bekannte von mir einen unverhofften Glücksfall. Achtzehn Monate zuvor hatte sie ihre Arbeit als Krankenschwester gekündigt, um für zwei Freunde zu arbeiten, die einen kleinen Pflegedienst gegründet hatten. Der Erfolgskurs der Firma verlief kometenhaft, und innerhalb von achtzehn Monaten wurde sie von einem großen Konsortium für eine Riesensumme aufgekauft. Von den ersten Anfängen der Firma dabei, ging meine Bekannte aus dieser Auszahlung überreich an Aktienkapital hervor – genug, um sich im Alter von zweiunddreißig Jahren zur Ruhe zu setzen.

Ich traf sie vor nicht allzu langer Zeit und fragte sie, wie ihr der Ruhestand gefalle. »Na ja«, sagte sie, »es ist wunderbar, zu reisen und Dinge zu unternehmen, die ich mir schon immer gewünscht habe. Aber es ist merkwürdig, nachdem ich die Aufregung über das viele Geld verkraftet hatte, hat sich alles wieder normalisiert. Ich meine, die Situation hat sich geändert, ich habe ein neues Haus und neue Sachen gekauft, aber im Großen und Ganzen glaube ich nicht, dass ich viel glücklicher bin als vorher.«

Ungefähr zu der Zeit, als meine Bekannte aus ihrem Glücksfall Kapital schlug, fand ein Freund desselben Alters heraus, dass er HIV-positiv ist. Wir sprachen darüber, wie er mit seinem HIV-Status fertig wird. »Natürlich war ich zunächst niedergeschmettert«, sagte er. »Ich brauchte fast ein Jahr, um mich allein mit der Tatsache abzufinden, dass ich das Virus habe. Aber während des letzten Jahres haben sich die Dinge gewandelt. Es scheint, dass ich aus jedem Tag mehr herausholе als je zuvor. Und auf einer Augenblicksbasis fühle ich mich glücklicher denn je. Ich weiß das Alltägliche mehr zu schätzen, bin dankbar dafür, dass bisher keine ernsthaften Aids-Symptome aufgetreten sind. Ich kann mich wirklich an den Dingen erfreuen, die ich habe. Und obwohl es mir lieber wäre, nicht HIV-positiv zu sein, muss ich zugeben, dass es in gewisser Weise mein Leben verändert hat – in einem positiven Sinne …«

»In welcher Hinsicht?«, fragte ich.

»Zum Beispiel weißt du, dass ich immer ein überzeugter Materialist war. Aber dadurch, dass ich mich während des letzten Jahres mit meiner Sterblichkeit abgefunden habe, hat sich mir eine völlig neue Welt eröffnet. Ich habe zum ersten Mal in meinem Leben damit angefangen, die Spiritualität zu erforschen. Ich habe eine Menge Bücher zu diesem Thema gelesen und mit Leuten darüber geredet … und habe so viele Dinge entdeckt, die mir nie zuvor in den Sinn gekommen sind. Es ist spannend, einfach nur am Morgen aufzustehen – und zu erleben, was der Tag bringt.«

Beide Personen verdeutlichen den entscheidenden Punkt: dass *Glück eher durch die eigene Geistesverfassung denn durch äußere Ereignisse bestimmt wird.* Erfolg mag uns zeitweilig in eine gehobene Stimmung versetzen, eine Tragödie mag eine Periode der Depression hervorrufen, aber früher oder später wird sich unser Gesamtmaß an Glück wieder auf ein gewisses Grundniveau einpendeln.

Die Psychologen nennen diesen Prozess *Adaptation*, und wir können prüfen, wie dieses Prinzip in unserem Alltagsleben funktioniert. Eine Gehaltserhöhung, ein neues Auto oder die Anerkennung durch Kollegen mögen unsere Stimmung für eine Weile heben, aber wir werden schnell wieder zu unserem gewöhnlichen Maß an Glück zurückkehren. Ebenso können uns ein Streit mit einem Freund, ein Auto in der

Werkstatt oder eine kleinere Verletzung missmutig stimmen, aber innerhalb von Tagen wird unser Geist sich wieder aufschwingen.

Diese Tendenz ist nicht auf die trivialen Ereignisse des Alltags beschränkt, sondern bleibt sogar unter extremen Bedingungen von Triumph oder Katastrophen bestehen. Wissenschaftler, die die Gewinner der staatlichen Lotterie in Illinois und in Großbritannien in einer Untersuchung befragten, fanden heraus, dass das anfängliche Hoch sich allmählich verlor und dass die Gewinner zu ihrem üblichen Maß an Glück zurückkehrten. Und andere Studien haben gezeigt, dass jene, die von katastrophalen Krankheiten wie Krebs, Blindheit oder Lähmung ereilt wurden, nach einer Periode der Anpassung typischerweise wieder ihre normale oder fast normale Ebene der Zufriedenheit erlangten.

Wenn wir also dazu neigen, wieder zu dem für uns charakteristischen Grundpegel an Glück zurückzukehren, ganz gleich welche äußeren Bedingungen vorherrschen, was bestimmt dann diesen Grundpegel? Und, was wichtiger ist, kann er modifiziert und auf ein höheres Niveau gebracht werden?

Einige Forscher vertreten seit jüngerer Zeit den Standpunkt, das individuell charakteristische Maß an Glücksempfinden oder Wohlergehen sei zumindest bis zu einem gewissen Grad genetisch festgelegt. Studien, die ergaben, dass eineiige Zwillinge (mit derselben genetischen Veranlagung) eine sehr ähnliche Ebene des Wohlempfindens besitzen – unabhängig davon, ob sie zusammen oder getrennt aufwachsen –, haben diese Forscher zu der Annahme veranlasst, dass ein biologisches Quantum an Glück genetisch ins Gehirn einprogrammiert ist.

Aber selbst wenn der genetische Zustand eine Rolle in Bezug auf das Glück spielt – wobei die Frage, wie gewichtig diese Rolle ist, noch offen bleibt –, stimmen die Psychologen dahingehend überein, dass wir, ganz gleich mit welchem Grad an Glück uns die Natur ausgestattet hat, Schritte unternehmen können, um unser Glücksempfinden mittels des »Geistfaktors« zu steigern. Das liegt daran, dass unser augenblickliches Glück vorwiegend durch unsere Sichtweise bestimmt wird. Ob wir uns zu einem beliebigen Zeitpunkt glücklich oder unglücklich fühlen, hat meist sehr wenig mit unseren absoluten Bedingungen zu tun, sondern vielmehr damit, *wie wir unsere Situation wahrnehmen, wie sehr wir mit dem, was wir haben, zufrieden sind.*

Der vergleichende Geist

Was formt unsere Wahrnehmung und legt unseren Grad an Befriedigung fest? *Unsere Zufriedenheit wird stark von unserer Neigung zu vergleichen beeinflusst.* Wenn wir unsere derzeitige Situation mit der Vergangenheit vergleichen und befinden, dass es uns jetzt besser geht, fühlen wir uns glücklich. Das geschieht beispielsweise, wenn unser Jahresgehalt plötzlich von 30000 € auf 50000 € hinaufschnellt. Aber es ist nicht der *absolute* Betrag des Einkommens, der uns glücklich macht. Denn sobald wir uns an unser neues Gehalt gewöhnt haben, merken wir, dass wir erst dann wieder glücklich sein werden, wenn wir auf ein Jahreseinkommen von 60000 € kommen.

Zudem schauen wir umher und vergleichen uns mit anderen. Ganz gleich wie viel wir verdienen, wir tendieren dazu, mit unserem Gehalt unzufrieden zu sein, wenn unser Nachbar noch mehr verdient. Profisportler beklagen sich bitter über ein Jahreseinkommen von zwei, drei oder vier Millionen und rechtfertigen ihre Unzufriedenheit mit dem höheren Gehalt anderer Mannschaftsmitglieder. Dies scheint H. L. Menckens Definition eines reichen Mannes zu stützen: jemand, dessen Jahreseinkommen um 200 € höher ist als das seines Schwagers.

Unsere Zufriedenheit im Leben hängt also oft davon ab, mit wem wir uns vergleichen. Natürlich stellen wir auch über andere Dinge als das Gehalt Vergleiche an. Unaufhörliche Vergleiche mit denen, die klüger, schöner, erfolgreicher sind als wir, bringen Neid, Frustration und Verdrossenheit hervor. Wir können dasselbe Prinzip jedoch positiv anwenden, indem wir uns mit denen vergleichen, die weniger vom Glück begünstigt sind, und indem wir uns all das vor Augen führen, was wir besitzen.

Wissenschaftler haben eine Reihe von Experimenten durchgeführt, die zeigen, dass der Grad der Zufriedenheit mit dem Leben einfach dadurch angehoben werden kann, dass man seine Sichtweise ändert und darüber nachsinnt, dass die Lage schlechter sein könnte. In einer Studie wurden Frauen an der University of Wisconsin in Milwaukee Bilder von den extrem harten Lebensbedingungen um die Jahrhundertwende gezeigt, oder man bat sie, sich persönliche Tragödien wie Verbrennungen oder Entstellungen vorzustellen und zu beschreiben. Nach dieser Übung wurden die Frauen aufgefordert, die Qualität ihres eigenen Lebens einzuschätzen, was zu einem gehobenen Gefühl der Zufriedenheit mit ihrem Leben führte.

In einem anderen Experiment an der State University of New York in Buffalo wurden Versuchspersonen gebeten, den Satz »Ich bin froh, dass ich nicht ein/e … bin« zu vervollständigen. Nach fünf Wiederholungen dieser Übung erhöhte sich das Zufriedenheitsgefühl der Versuchspersonen. Eine andere Gruppe wurde von den Experimentsleitern aufgefordert, den Satz »Ich wünschte, ich wäre ein/e …« zu vervollständigen. Diesmal erzeugte die Übung bei den Kandidaten ein Gefühl der Unzufriedenheit mit ihrem Leben.

Diese Experimente, die demonstrieren, dass wir das Gefühl der Zufriedenheit je nach Perspektive erhöhen oder verringern können, weisen deutlich auf den Vorrang unserer geistigen Einstellung für ein glückliches Leben hin.

Der Dalai Lama erklärt: »Obwohl es möglich ist, Glück zu erlangen, ist Glück keine einfache Angelegenheit. Es gibt viele verschiedene Ebenen. Im Buddhismus gibt es zum Beispiel vier Faktoren der Erfüllung oder des Glücks: Reichtum, weltliche Befriedigung, Spiritualität und Erleuchtung. Zusammen machen sie die Gesamtheit der Suche eines Individuums nach Glück aus.

Lassen wir für einen Augenblick die letztgültigen religiösen oder spirituellen Bestrebungen nach Vollkommenheit und Erleuchtung beiseite, und betrachten wir Freude und Glück im alltäglichen oder weltlichen Sinne. In diesem Rahmen gibt es bestimmte Schlüsselelemente, die nach allgemeiner Auffassung zu Freude und Glück beitragen. Zum Beispiel betrachten wir Gesundheit als einen für ein glückliches Leben erforderlichen Faktor. Ein anderer notwendiger Aspekt, den wir als Quelle des Glücks ansehen, sind unsere materiellen Möglichkeiten oder der Reichtum, den wir anhäufen. Ein weiterer Faktor sind Freunde und Gefährten. Um uns an einem erfüllten Leben zu erfreuen, brauchen wir einen Freundeskreis, dem wir vertrauen und mit dem wir uns emotionell verbunden fühlen.

Nun sind all diese Faktoren tatsächlich Ursprünge des Glücks, aber bei der Frage, wodurch ein Individuum fähig wird, sie vollständig zum Ziele eines glücklichen und erfüllten Lebens zu nutzen, *erweist sich der Geisteszustand als entscheidend.*

Wenn wir die günstigen Umstände wie unsere Gesundheit oder unseren Wohlstand durch tätige Zuwendung positiv nutzen, können sie einem glücklicheren Leben förderlich sein. Und natürlich sollten wir uns an diesen Dingen erfreuen, an unseren materiellen Möglichkeiten, unserem Erfolg und so weiter. Aber ohne die richtige Geisteshaltung, ohne Berücksichtigung des geistigen Faktors, haben diese Dinge nur einen sehr geringen Einfluss auf dauerhaftes Glück. Wenn wir beispielsweise tiefen Hass oder starken Ärger in uns bergen, wird unsere Gesundheit ruiniert und somit einer dieser Faktoren zerstört. Auch wenn wir geistig unglücklich oder frustriert sind, ist körperliches Wohlbefinden wenig hilfreich. Wenn man andererseits jedoch einen ruhigen, friedvollen Geisteszustand bewahrt, kann man selbst bei schwacher Gesundheit eine sehr glückliche Person sein. Oder selbst wenn man im Besitz wundervoller Dinge ist, würde man sie in Momenten von starkem Hass oder Ärger am liebsten wegwerfen oder zerbrechen. In einem solchen Augenblick bedeuten Besitztümer gar nichts.

Heutzutage gibt es materiell hoch entwickelte Gesellschaften, in denen jedoch viele Menschen unglücklich sind. Knapp unter der glanzvollen Oberfläche des Wohlstands verbirgt sich eine Art geistiger Unruhe, die zu Frustration, unnötigen Streitigkeiten, Drogen- oder Alkoholabhängigkeit und im schlimmsten Fall zu Selbstmord führen kann. Mithin besteht keine Garantie dafür, dass Reichtum allein die ersehnte Freude und Erfüllung schenkt. Das Gleiche gilt auch für Freunde, denn wenn man voller Ärger und Hass ist, kommt einem sogar ein sehr enger Freund abweisend, fern und recht lästig vor.

All das lässt auf den gewaltigen Einfluss schließen, den die mentale Verfassung, der ›Geistfaktor‹, auf unsere Erfahrungen im Alltagsleben ausübt und den wir deshalb sehr ernst nehmen müssen.

Selbst wenn man den Aspekt der spirituellen Übung in weltlicher Hinsicht oder bezogen auf ein glückliches Alltagsleben außer Acht lässt, gilt Folgendes: Je größer das Maß an Ruhe in unserem Geist, je größer unser geistiger Frieden ist, desto eher werden wir ein glückliches und freudvolles Leben genießen können.«

Der Dalai Lama hielt einen Moment inne, so, als wolle er diese Idee nachwirken lassen, und fuhr dann fort: »Ich sollte erwähnen, dass ein ruhiger, friedlicher Geisteszustand nicht mit einer ganz unempfänglichen, apathischen Geistesverfassung zu verwechseln ist. Einen ruhigen oder friedvollen Geist zu besitzen bedeutet nicht, total ›high‹ oder völlig leer zu sein. Gelassenheit oder ein ruhiger Bewusstseinszustand basiert auf Zuneigung und Mitgefühl und ist mit einem hohen Maß an Empfindsamkeit verbunden.«

Er fasste zusammen: »Solange es an innerer Disziplin mangelt, die eine Ruhe des Geistes hervorbringt, werden äußere Ausstattungen oder Bedingungen, welcher Art sie auch sein mögen, niemals das erwünschte Gefühl von Freude und Glück erzeugen. Falls man andererseits aber über diese innere Qualität der Ruhe des Geistes und der Stabilität verfügt, ist es möglich, ein glückliches und freudvolles Leben zu führen, selbst wenn einem viele äußere Mittel fehlen, die man normalerweise für das Glück als notwendig erachtet.«

Innere Zufriedenheit

Als ich eines Nachmittags den Hotelparkplatz auf meinem Weg zu einem Treffen mit dem Dalai Lama überquerte, blieb ich stehen, um einen nagelneuen Toyota Land Cruiser zu bewundern – ein Auto, das ich mir schon lange wünschte.

Immer noch an das Auto denkend, eröffnete ich unsere Sitzung mit der Frage: »Manchmal hat es den Anschein, als wäre unsere gesamte westliche Kultur auf materielle Bereicherung ausgerichtet; wir werden bombardiert mit Werbung, die uns zum Kauf der neuesten Dinge, der modernsten Autos und so fort verleiten soll. Es ist schwierig, nicht davon beeinflusst zu werden. Und es gibt so viele Sachen, nach denen wir verlangen. Können Sie etwas über dieses Verlangen sagen?«

»Meiner Meinung nach gibt es zwei Arten von Verlangen«, entgegnete der Dalai Lama. »Bestimmte Formen von Verlangen sind positiv. Der Wunsch nach Glück zum Beispiel. Das Verlangen nach Frieden oder nach einer harmonischeren, freundlicheren Welt. Manche Wünsche sind sehr nützlich.

Aber ab einem bestimmten Punkt wird Verlangen unvernünftig, was dann gewöhnlich zu Schwierigkeiten führt. Ich schaue mir beispielsweise gern die vielen schönen Sachen in Supermärkten an. Dann kommt in mir ein Gefühl von Verlangen auf, und mein anfänglicher Impuls ist vielleicht: ›Oh, ich möchte dies; ich möchte das!‹ Aber mein zweiter Gedanke ist: ›Brauche ich das wirklich?‹ Die Antwort lautet meistens: ›Nein.‹ Wenn wir dem ersten Verlangen folgen, diesem anfänglichen Impuls, dann wird unser Geldbeutel bald leer sein. Die andere Ebene des Verlangens nach den Grundbedürfnissen an Essen, Kleidung und Unterkunft ist jedoch vernünftiger.

Ob ein Wunsch überzogen oder negativ ist, hängt manchmal von den Umständen oder der Gesellschaft ab, in der wir leben. Wenn man zum Beispiel in einer wohlhabenden Gesellschaft lebt, in der man ein Auto zur Bewältigung des Alltags benötigt, ist natürlich nichts falsch daran, sich ein Fahrzeug zu wünschen. Aber angenommen, Sie leben in einem armen Dorf in Indien, wo man gut ohne Auto auskommt, und Sie wünschen sich dennoch eines, so kann das Probleme aufwerfen, selbst wenn Sie genügend Geld für den Kauf haben. Es kann Neid unter den Nachbarn und Ähnliches heraufbeschwören. Oder wenn Sie in einer wohlhabenderen Gesellschaft leben und schon ein Auto besitzen, jedoch den Wunsch nach immer teureren Fahrzeugen hegen, können sich die gleichen Probleme einstellen.«

»Aber ich verstehe nicht, warum das Verlangen nach einem teureren Auto oder dessen Kauf zu Problemen für den Einzelnen führt, solange er es sich leisten kann«, warf ich ein. »Einen teureren Wagen zu besitzen als die Nachbarn mag Neid wecken, aber es würde einem selbst doch Befriedigung und Freude verschaffen.«

Der Dalai Lama schüttelte den Kopf und antwortete entschieden: »Nein! Selbstzufriedenheit allein kann nicht den Ausschlag dafür geben, ob ein Verlangen oder eine Handlung positiv oder negativ ist. Ein Mörder mag ein Gefühl der Befriedigung empfinden, wenn er einen Mord verübt, aber das rechtfertigt seine Handlung nicht. All die unheilsamen Handlungen – Lügen, Diebstahl, sexuelles Fehlverhalten und so weiter – werden von Leuten begangen, die dabei ein Gefühl der Befriedigung empfinden können. Die Grenze zwischen positivem und negativem Verlangen oder Handeln hat nichts damit zu tun, ob es eine momentane Befriedigung hervorruft, sondern damit, ob seine Auswirkungen positiv oder negativ sind. Wenn das Verlangen nach teureren Sachen auf Unersättlichkeit basiert, dann wird man schließlich an eine Grenze, an die Realität, stoßen. Und hat man die Grenze erreicht, wird man alle Hoffnung verlieren, in Depression verfallen und so weiter. Das ist eine Gefahr, die dieser Art von Verlangen innewohnt.

Ich glaube also, dass diese Form von exzessivem Verlangen zu Gier führt – einer übersteigerten Art des Verlangens, die auf unrealistischen Erwartungen fußt. Und wenn Sie über die Exzesse der Gier nachdenken, werden Sie entdecken, dass sie den Einzelnen in Frustration, Enttäuschung und in ein gehöriges Maß an Verwirrung und Problemen hineinführt. Obwohl die Gier aus dem Wunsch hervorgeht, etwas zu erlangen, ist sie charakteristischerweise nicht befriedigt, wenn man das Gewünschte bekommt. Dadurch wird sie grenzen- und bodenlos. Das eigentliche Mittel gegen Gier ist Zufriedenheit. Wenn Sie ein hohes Maß davon besitzen, spielt es keine Rolle, ob Sie ein Objekt erhalten oder nicht – Sie werden immer zufrieden sein.«

Wie können wir nun innere Zufriedenheit erlangen? Es gibt zwei Methoden: Eine wäre, all das zu erlangen, was wir uns wünschen und begehren – eine Menge Geld, Häuser und Autos, den perfekten Partner und den vollkommenen Körper. Der Dalai Lama hat bereits auf die Nachteile dieses Verfahrens hingewiesen: Wenn unsere Wünsche und Begierden ungehemmt sind, werden wir früher oder später auf etwas stoßen, das wir nicht haben können. Die zweite und verlässlichere Methode besteht darin, das zu wollen und wertzuschätzen, was wir haben.

Vor ein paar Tagen schaute ich mir ein Fernsehinterview mit Christopher Reeve an, dem Schauspieler, der 1994 von einem Pferd abgeworfen wurde und eine Rückenmarkverletzung erlitt, die ihn vom Hals abwärts völlig lähmte und darüber hinaus eine Apparatur zur künstlichen Beatmung notwendig machte. Vom Interviewer befragt, wie er mit den von seiner Behinderung verursachten Depressionen umgehe, antwortete Reeve, er habe auf der Intensivstation des Krankenhauses eine kurze Periode völliger Verzweiflung durchlebt. Dieses Gefühl sei jedoch relativ schnell vorübergegangen, und nun halte er sich wirklich für einen »vom Glück begünstigten Mann«.

Er sprach dankbar von seiner liebevollen Frau und seinen Kindern, aber auch dankbar von den raschen Fortschritten der modernen Medizin (die, wie er meint, innerhalb der nächsten zehn Jahre eine Heilmethode für Rückenmarkverletzungen finden wird). Hätte er seinen Unfall einige Jahre früher erlitten, wäre er wahrscheinlich an seinen Verletzungen gestorben. Während sich Reeve auf seine Lähmung einstellte, hatte sich seine Verzweiflung zwar gelegt, doch er wurde zunächst von Anfällen von Neid gepeinigt, wenn beiläufige Bemerkungen wie »Ich lauf mal eben nach oben, um was zu holen« fielen.

Inzwischen hat er diese Gefühle bewältigt. »Ich erkannte, dass ich, um das Leben zu meistern, meine Möglichkeiten neu einschätzen musste. Zum Glück habe ich keine Gehirnverletzung, sodass ich meinen Geist noch benutzen kann.«

Nach dieser Einschätzung seiner Möglichkeiten hatte Reeve sich entschieden, seinen Geist zu nutzen, um die Öffentlichkeit über Rückenmarkverletzungen aufzuklären und anderen zu helfen. Außerdem plant er, weiterhin Vorträge zu halten sowie zu schreiben und Filme zu inszenieren.

Innerer Wert

Wir haben erfahren, dass unsere geistige Einstellung ein wirksameres Mittel zur Erlangung von Glück darstellt als äußere Hilfsmittel wie Reichtum, soziale Stellung oder sogar körperliche Gesundheit. Eine andere innere Quelle des Glücks – eng verbunden mit einem inneren Gefühl der Befriedigung – ist der Sinn für den eigenen Wert.

Bei der Beschreibung der verlässlichsten Basis zur Stärkung dieses Selbstwertgefühls erklärte der Dalai Lama: »Hätte ich kein tiefes menschliches Gefühl, keine Fähigkeit, leicht Freunde zu gewinnen, dann wäre es sehr schwierig für mich gewesen, mein eigenes Land, meine politische Stellung in Tibet zu verlieren und Flüchtling zu werden. In Tibet brachte man dem Amt des Dalai Lama aufgrund der Struktur des politischen Systems ein bestimmtes Maß an Respekt entgegen, und die Menschen haben sich mir gegenüber dementsprechend verhalten, unabhängig davon, ob sie mir wirklich zugetan waren oder nicht. Aber wäre dies die einzige Basis für die Beziehung der Menschen zu mir gewesen, hätte es extreme Schwierigkeiten gegeben, als ich mein Land verlor.

Es gibt jedoch eine andere Quelle der Würde und Wertschätzung, die uns ermöglicht, eine Beziehung zu unseren Mitmenschen zu knüpfen. *Wir können eine Beziehung zu ihnen aufbauen, da wir stets menschliche Wesen innerhalb einer Gemeinschaft von Menschen sind. Das verbindet uns. Und jene menschliche Bindung ist ausreichend, um ein Gefühl von Wert und Würde entstehen zu lassen. Sie kann zu einer Quelle des Trostes werden, wenn wir alles andere verlieren.*«

Der Dalai Lama hielt einen Moment inne, um einen Schluck Tee zu sich zu nehmen, schüttelte den Kopf und fügte hinzu: »Wenn man die Geschichte studiert, findet man leider Fälle von Königen oder Herrschern der Vergangenheit, die ihren Status durch politische Unruhen verloren haben und gezwungen waren, ihr Land zu verlassen, und deren späteres Schicksal nicht so positiv verlief. Ich glaube, das Leben wird ohne dieses Gefühl der Zuneigung und Verbundenheit mit anderen Mitmenschen sehr hart.

Allgemein kann es zwei Arten von Individuen geben: einerseits jemanden, der wohlhabend, erfolgreich, von Verwandten umgeben ist und so weiter. Wenn der Ursprung der Würde und des Wertgefühls solch eines Menschen nur materiell ist, dann kann er sich vielleicht, solange sein Vermögen existiert, ein Gefühl der Sicherheit bewahren. Sobald sich sein Vermögen jedoch verringert, wird er leiden, denn es gibt keine andere Zuflucht für ihn.

Andererseits mag es jemanden geben, der sich eines vergleichbaren ökonomischen und finanziellen Erfolgs erfreut, aber gleichzeitig Mitgefühl besitzt, warmherzig und liebevoll ist. Da sich die Würde und das Selbstwertgefühl dieses Menschen aus einer anderen Quelle speisen, besteht auch weniger Gefahr, dass er depressiv wird, falls er sein Vermögen einbüßt. Durch diese Art der Argumentation erkennt man den sehr praktischen Nutzen von menschlicher Wärme und Zuneigung für die Entwicklung eines inneren Wertgefühls.«

Glück gegen Vergnügen

Mehrere Monate nach den Vorträgen des Dalai Lama in Arizona besuchte ich ihn in seinem Heim in Dharamsala. Es war ein besonders heißer und schwüler Nachmittag im Juli, und ich erreichte nach einer nur kurzen Wanderung schweißgebadet sein Domizil. Da ich aus einem trockenen Klima angereist war, empfand ich die Feuchtigkeit an diesem Tage als nahezu unerträglich. Ich befand mich also nicht gerade in bester Stimmung, als wir uns hinsetzten, um mit unserer Konversation zu beginnen. Der Dalai Lama hingegen schien bester Laune zu sein. Nach kurzer Zeit wandten wir uns dem Thema Freude und Vergnügen zu. An einer Stelle der Diskussion machte er eine entscheidende Bemerkung:

»Manchmal verwechselt man Glück mit Vergnügen. Zum Beispiel sprach ich kürzlich vor indischem Publikum in Rajpur. Ich sagte, dass Glück der Sinn des Lebens sei. Einer der Anwesenden meinte, dass wir nach Rajneesh[1] unsere glück-

[1] Besser bekannt als der 1990 verstorbene Bhagwan (Shree Raj-neesh) oder, wie er sich selbst nannte, als Osho. (Anm. d. Übers.)

lichsten Momente beim sexuellen Verkehr hätten, dass man durch Sex zu höchstem Glück kommen könne«, erzählte der Dalai Lama mit herzlichem Lachen. »Er wollte wissen, was ich von dieser Idee hielte. Ich antwortete, dass von meinem Standpunkt aus das höchste Glück im Erreichen der Befreiung bestehe, in der es kein Leiden mehr gibt. Das ist echtes, dauerhaftes Glück. Wahres Glück bezieht sich auf den Geist und das Herz. Glück, das vornehmlich von physischem Vergnügen abhängt, ist instabil – an einem Tag ist es da, am nächsten vielleicht nicht.«

Oberflächlich betrachtet scheint dies eine recht offensichtliche Feststellung zu sein; natürlich sind Glück und Vergnügen zwei verschiedene Dinge. Und doch gelingt es uns Menschen häufig, die beiden miteinander zu verwechseln. Kurz nach meiner Rückkehr nach Hause wurde mir während einer Therapiesitzung mit einem Klienten konkret vor Augen geführt, wie wirksam diese schlichte Erkenntnis sein kann.

Heather war eine junge ledige Frau, die als Beraterin in der Gegend von Phoenix arbeitete. Obwohl ihr die Arbeit mit schwierigen Jugendlichen Spaß machte, war sie seit einiger Zeit zunehmend unzufrieden mit den Lebensverhältnissen in der Umgebung von Phoenix. Sie beklagte sich des Öfteren über die wachsende Bevölkerung, den Verkehr und die drückende Sommerhitze. Dann wurde ihr eine Arbeit in einer schönen Kleinstadt in den Bergen angeboten. Sie hatte die Stadt schon etliche Male besucht und immer davon geträumt, dorthin zu ziehen. Es war ein perfektes Angebot. Das einzige Problem bestand darin, dass sie mit Erwachsenen würde arbeiten müssen. Wochenlang hatte sie um eine Entscheidung gerungen, ob sie den neuen Posten annehmen solle oder nicht; aber sie konnte einfach keinen Entschluss fassen. Sie versuchte, eine Liste mit den Vor- und Nachteilen anzulegen, doch die Aufstellung war leider ausgeglichen.

Sie erklärte: »Ich weiß, dass mir die Arbeit nicht so sehr gefallen würde wie mein Job hier, aber das würde mehr als wettgemacht werden durch das reine Vergnügen, dort zu leben! Ich liebe die Stadt wirklich. Dort fühle ich mich einfach wohl. Die Hitze hier habe ich so satt. Ich weiß nicht, was ich tun soll.«

Ihre Erwähnung des Begriffs »Vergnügen« erinnerte mich an die Worte des Dalai Lama, und ich hakte nach: »Glauben Sie, ein Umzug dorthin würde Ihnen größeres Glück oder nur mehr Vergnügen bereiten?«

Sie zögerte einen Augenblick lang, bevor sie antwortete: »Ich weiß nicht ... Ich glaube, es würde mir mehr Vergnügen als Glück bereiten ... Letztendlich wäre ich wohl nicht wirklich glücklich, mit dieser Klientel zu arbeiten. Es verschafft mir wirklich eine große Befriedigung, mich den Kindern hier zu widmen ...«

Es schien eine gewisse Klärung zu bringen, ihr Dilemma einfach in einen neuen Rahmen zu stellen – im Sinne von »Wird es mir mehr Glück bereiten?« Plötzlich fiel ihr die Entscheidung viel leichter. Sie entschloss sich, in Phoenix zu bleiben. Natürlich beklagt sie sich immer noch über die Sommerhitze. Aber nachdem sie auf der Grundlage dessen, was sie letztendlich glücklicher machen würde, die bewusste Entscheidung gefällt hatte, in Phoenix zu bleiben, war irgendwie auch die Hitze erträglicher geworden.

Jeden Tag stehen wir vor zahlreichen Entscheidungen. Und bei allem Bemühen wählen wir oft nicht das, von dem wir eigentlich wissen, dass es »gut für uns« ist. Teilweise hängt dies mit dem Umstand zusammen, dass die »richtige Wahl« oft die schwierigere ist – diejenige, welche unser Vergnügen ein wenig einengt.

In jedem Jahrhundert haben sich Männer und Frauen

darum bemüht, eine Definition für die angemessene Rolle der Lust und des Vergnügens in unserem Leben zu finden – Scharen von Philosophen, Theologen und Psychologen haben unsere Beziehung zum Vergnügen untersucht. Im 3. Jahrhundert v. Chr. baute Epikur sein System der Ethik auf der kühnen Behauptung auf, dass »Vergnügen der Anfang und das Ende eines gesegneten Lebens« sei. Aber selbst Epikur erkannte die Bedeutung des gesunden Menschenverstands und der Mäßigung an, denn er wusste, dass die ungezügelte Hingabe an Sinnesfreuden manchmal Schmerz hervorrufen kann.

In den letzten Jahren des 19. Jahrhunderts war Sigmund Freud damit beschäftigt, seine eigenen Theorien über Lust und Vergnügen zu formulieren. Laut Freud besteht die grundlegende Motivation für den gesamten physischen Apparat in dem Wunsch, die Spannungen abzubauen, die durch unerfüllte instinkthafte Triebe verursacht werden. Mit anderen Worten, unser grundlegendes Bestreben ist das nach Lust und Vergnügen.

Im 20. Jahrhundert haben sich viele Forscher dafür entschieden, die philosophischen Spekulationen zu umgehen und stattdessen nach den Punkten zu suchen, die durch elektrische Stimulation Lust erzeugen. So hat sich eine Heerschar von Neuroanatomen aufgemacht, mit Elektroden um den Hypothalamus und die limbischen Regionen des Gehirns herumzustochern.

Keiner von uns bedarf wirklich der Hilfe der alten griechischen Philosophen, der Psychoanalytiker des 19. oder der Wissenschaftler des 20. Jahrhunderts, um Vergnügen zu verstehen. Wir erkennen es, wenn wir es spüren. Wir erkennen es in der Berührung oder dem Lächeln einer geliebten Person, in der Schönheit eines Sonnenuntergangs. Aber viele von uns erleben Vergnügen auch in der frenetischen Rhapsodie eines

Kokain-Trips, der Ekstase eines Heroin-High, dem Taumel eines Alkoholrausches, der Glückseligkeit eines ungehemmten sexuellen Exzesses, dem Hochgefühl einer Gewinnsträhne in Las Vegas. Auch das sind sehr reale Arten des Vergnügens, mit denen sich viele in unserer Gesellschaft abfinden müssen.

Obwohl es keine Patentlösungen dafür gibt, diese destruktiven Arten des Vergnügens zu vermeiden, haben wir glücklicherweise einen Ausgangspunkt: die simple Vergegenwärtigung dessen, dass wir im Leben Glück anstreben. Wie der Dalai Lama betont, ist dies eine unmissverständliche Tatsache. Wenn wir sie bei unseren Entscheidungen im Leben berücksichtigen, ist es einfacher, die Dinge aufzugeben, die uns letztlich Schaden zufügen, selbst wenn sie uns zeitweilig Vergnügen bereiten. Der Grund, warum es gewöhnlich so schwer ist, »einfach Nein zu sagen«, liegt in dem Wort »nein«. Dieses Unterfangen ist mit dem Gefühl verbunden, etwas zu verwerfen, etwas aufzugeben, uns etwas zu versagen.

Es gibt jedoch ein besseres Verfahren: Vor jeder Entscheidung sollten wir uns fragen: »Wird sie mir Glück bereiten?« Nicht nur dabei, ob wir Drogen nehmen oder uns das dritte Stück Sahnetorte gönnen sollten, kann uns diese simple Frage als wirkungsvolles Hilfsmittel dienen, alle Bereiche unseres Lebens geschickt zu meistern. Sie gibt den Dingen einen neuen Anstrich.

Wenn wir uns mit dieser Frage unseren täglichen Entscheidungen und Wahlmöglichkeiten nähern, verschiebt sich unser Konzentrationspunkt: von dem, was wir uns vorenthalten, zu dem hin, was wir erstreben – nämlich höchstes Glück. Eine Qualität des Glücks, die, wie der Dalai Lama sie definiert, stabil und dauerhaft ist. Einen Zustand des Glücks, der trotz der Höhen und Tiefen des Lebens und der normalen

Gemütsschwankungen als Teil der eigentlichen Matrix unseres Wesens bestehen bleibt.

Aus dieser Perspektive ist es einfacher, die »richtige Entscheidung« zu treffen. Denn wir handeln so, dass wir uns selbst etwas geben, statt uns etwas zu versagen. Wir bewegen uns auf etwas zu, nicht von ihm fort, wir bejahen das Leben, statt es abzulehnen. Dieses elementare Gefühl, sich auf das Glück zuzubewegen, kann eine sehr tiefe Wirkung haben; es macht uns aufnahmebereiter, offener für die Freude am Leben.

Die Schulung des Geistes für das Glück

Der Weg zum Glück

Indem man seinen eigenen Geisteszustand als Hauptfaktor zum Erlangen von Glück erkennt, leugnet man natürlich nicht, dass unsere grundlegenden körperlichen Bedürfnisse nach Essen, Kleidung und Unterkunft erfüllt werden müssen. Aber sobald dies geschehen ist, lautet die klare Botschaft: *Wir brauchen nicht noch mehr Geld, wir benötigen keinen weiteren Erfolg oder Ruhm, wir brauchen keinen perfekten Körper oder den vollkommenen Partner – jetzt, in genau diesem Moment, haben wir einen Geist, der die gesamte Ausrüstung darstellt, die wir benötigen, um vollständiges Glück zu erlangen.*

Seine Herangehensweise an die Bewusstseinsarbeit schilderte der Dalai Lama folgendermaßen: »Wenn von ›Geist‹ oder ›Bewusstsein‹ die Rede ist, gibt es viele verschiedene Varianten. Genau wie im Fall von äußeren Bedingungen oder Objekten sind manche Dinge sehr nützlich, einige sehr schädlich und andere wiederum neutral. So werden wir im Umgang mit äußerer Materie gewöhnlich zunächst herauszufinden versuchen, welche dieser verschiedenen Substanzen oder Chemikalien hilfreich sind, damit wir uns dann bemühen können, diese zu kultivieren, zu vermehren und zu gebrauchen. Und der schädlichen Substanzen werden wir uns entledigen. Wenn wir vom Geist sprechen, gibt es in ähnlicher Weise Tausende von unterschiedlichen Gedanken oder ›Geistesarten‹. Unter ihnen sind einige sehr hilfreich; diese sollten wir pflegen. Andere sind negativ, sehr schädlich; diese sollten wir abzubauen versuchen.

So ist der erste Schritt im Streben nach Glück das Lernen. Zunächst müssen wir begreifen, wie sich negative Emotionen und Verhaltensweisen schädlich und wie sich positive förderlich für uns auswirken. Und wir müssen erkennen, wie diese negativen Emotionen nicht nur für uns persönlich sehr schlecht und schädigend sind, sondern ebenso für die Gesellschaft und die Zukunft der gesamten Welt. Solche Art der Einsicht erhöht unsere Entschlossenheit, ihnen entgegenzutreten und sie zu überwinden.

Hinzu kommt die Erkenntnis der vorteilhaften Aspekte der positiven Emotionen und Verhaltensweisen. Mit der Erkenntnis dieser Vorteile wächst unsere Entschlossenheit, die positiven Empfindungen unter allen Umständen zu hegen, zu entfalten und zu vermehren. Es tritt eine Art innerer spontaner Bereitschaft auf. So entwickeln wir durch das Lernen und die Analyse dessen, welche Gedanken und Emotionen uns zuträglich und welche für uns schädlich sind, schrittweise eine feste Entschlusskraft zum Wandel in dem Gefühl: ›Jetzt befindet sich das Geheimnis meines eigenen Glücks, meiner eigenen guten Zukunft in meinen eigenen Händen. Diese Gelegenheit darf ich nicht verpassen!‹

Im Buddhismus gilt das Prinzip der Kausalität als ein Naturgesetz. Wenn Sie sich mit der Wirklichkeit befassen, müssen Sie dieses Gesetz in Betracht ziehen. Wenn Sie beispielsweise bei Ihren alltäglichen Erfahrungen bestimmte Ereignisse nicht wünschen, dann lässt sich am besten sicherstellen, dass diese Ereignisse nicht eintreten, wenn Sie die ursächlichen Bedingungen, die gewöhnlich dazu Anlass geben, ausräumen. Gleichermaßen ist es nur logisch, wenn Sie das Auftreten besonderer Ereignisse oder Erfahrungen wünschen, die Ursachen und Bedingungen, die dazu führen, zu verstärken und zu vermehren.

Das verhält sich genau so auf dem Gebiet der Geisteszustände und geistigen Erfahrungen. Wenn Sie nach Glück verlangen, dann sollten Sie die Ursachen, die dazu Anlass geben, anstreben; und wenn Sie kein Leid wünschen, müssen Sie gewährleisten, dass die Ursachen und Bedingungen, die dazu führen, nicht länger auftreten. Es ist wichtig, dieses kausale Prinzip anzuerkennen.

Wir haben von der überragenden Bedeutung des geistigen Faktors für das Erlangen von Glück gesprochen. Unsere nächste Aufgabe besteht nun darin, die Vielfalt unserer mentalen Zustände zu untersuchen. Wir müssen die verschiedenen Geisteszustände klar identifizieren und eine Unterscheidung vornehmen, indem wir sie danach klassifizieren, ob sie zu Glück führen oder nicht.«

»Können Sie einige spezifische Beispiele unterschiedlicher Geisteszustände geben und beschreiben, wie Sie diese klassifizieren?«, fragte ich.

Der Dalai Lama erläuterte: »Nun, zum Beispiel sind Hass, Eifersucht, Zorn und so weiter schädlich. Wir betrachten sie als negative Zustände des Bewusstseins, weil sie unsere geistige Gesundheit zerstören. Wenn Sie jemand anderem gegenüber Hassgefühle oder negative Emotionen hegen, sind Sie selbst erst einmal von Hass oder negativen Gefühlen erfüllt, und auch andere Personen werden Ihnen als feindselig erscheinen. Und in der Folge werden immer größere Angst, eine stärkere Hemmung, ein Zögern und ein Gefühl von Unsicherheit auftreten. All das wird anwachsen, ebenso wie die Einsamkeit inmitten einer Welt, die als feindselig wahrgenommen wird. Diese negativen Faktoren werden aufgrund von Hass aufkommen. Auf der anderen Seite sind solche Geisteszustände wie Güte und Mitgefühl gewiss sehr positiv und nützlich ...«

»Da bin ich neugierig«, unterbrach ich ihn. »Sie erwähnten, es gebe Tausende von verschiedenen Zuständen des Bewusstseins. Was wäre Ihre Definition einer psychisch gesunden oder ausgeglichenen Person? Wir könnten eine solche Definition vielleicht als Richtlinie für die Bestimmung derjenigen Geisteszustände, die zu pflegen, und jener, die zu eliminieren sind, verwenden.«

Er lachte und antwortete dann mit seiner charakteristischen Bescheidenheit: »Als Psychiater können Sie vielleicht mit einer besseren Definition für eine geistig gesunde Person aufwarten.«

»Aber ich möchte Ihren Standpunkt wissen.«

»Nun, ich erachte eine mitfühlende und gutherzige Person als gesund. *Wenn Sie Mitgefühl und liebende Güte pflegen, öffnet sich automatisch Ihre innere Tür. Dadurch können Sie viel leichter mit anderen Leuten kommunizieren. Und das Gefühl der Wärme schafft eine Art Offenheit. Sie werden feststellen, dass alle menschlichen Wesen genauso sind wie Sie; so werden Sie fähig sein, sich mit ihnen auf einfachere Weise zu verbinden.* Das beschwört einen Geist der Freundschaft herauf, und es gibt weniger Anlass dazu, Dinge zu verbergen. Infolgedessen zerstreuen sich automatisch Gefühle der Furcht, des Selbstzweifels und der Unsicherheit. Zudem wird es in anderen ein Gefühl des Vertrauens erzeugen.

Sonst könnte man eine sehr kompetente Person finden und zwar wissen, dass man ihrer Kompetenz vertrauen kann, aber spüren, dass diese Person keine Güte besitzt und dass man etwas vor ihr verbergen muss. Man denkt: ›Oh, ich weiß, dass diese Person vieles vollbringen kann, aber kann ich ihr wirklich trauen?‹ So wird man immer eine bestimmte Angst beibehalten, die eine Art Distanz den anderen gegenüber hervorruft.

Wie dem auch sei, ich glaube, das Kultivieren von positiven Geisteszuständen wie Güte und Mitgefühl führt unweigerlich zu einer besseren geistigen Gesundheit und zu Glück.«

Während der Dalai Lama sprach, empfand ich seine Methode, Glück zu erlangen, als sehr anziehend. Sie war absolut pragmatisch und rational: Bestimme und entfalte positive Geisteszustände; bestimme und eliminiere negative Geisteszustände. Obgleich mir sein Vorschlag, die Vielfalt der Geisteszustände, die wir erfahren, systematisch zu analysieren, zunächst ein wenig trocken vorkam, ließ ich mich allmählich von der Kraft seiner Logik und Argumentation überzeugen. Und mir gefiel die Tatsache, dass er Emotionen einfach danach als positiv oder negativ unterschied, ob sie letztlich zu unserem Glück führen, statt Geisteszustände, Emotionen oder Wünsche auf der Grundlage äußerlicher, aufgesetzter Moralurteile wie »Gier ist eine Sünde« oder »Hass ist böse« zu klassifizieren.

Als wir unsere Unterhaltung am folgenden Nachmittag fortsetzten, fragte ich den Dalai Lama: »Wenn Glück eine Angelegenheit der Pflege von positiven Geisteszuständen wie Güte und so weiter ist, warum sind dann so viele Menschen unglücklich?«

»Das Erlangen von echtem Glück kann eine Veränderung unserer Einstellung, unserer Denkweise erfordern, und das ist keine einfache Sache«, sagte er. »Es setzt die Anwendung so vieler verschiedener Faktoren aus unterschiedlichen Bereichen voraus. Man sollte bloß nicht meinen, es bedürfe nur eines einzigen Schlüssels oder der Entdeckung eines Geheimnisses, und schon wäre alles in Ordnung. Es verhält sich eher so wie im Falle der richtigen Versorgung des physischen Körpers: Man benötigt eine Vielfalt von Vitaminen und Nährstoffen, nicht nur ein oder zwei. Um Glück zu erreichen, bedarf es in ähnlicher Weise einer Vielfalt von Vorgehensweisen und Methoden, um mit den unterschiedlichen und komplexen negativen Geisteszuständen umzugehen und sie zu überwinden. Und wenn Sie versuchen, eine bestimmte negative Denkungsart zu bezwingen, ist dies nicht einfach dadurch zu erreichen, dass Sie ein- oder zweimal einen speziellen Gedanken aufgreifen oder eine Technik ein- oder zweimal anwenden. Wandel braucht Zeit.

Selbst körperlicher Wandel braucht Zeit. Wenn Sie beispielsweise von einem Klima in ein anderes wechseln, benötigt der Körper Zeit, um sich an die neue Umgebung zu gewöhnen. Und in derselben Weise nimmt auch die Transformation Ihres Bewusstseins Zeit in Anspruch. Es gibt eine Menge von negativen geistigen Zügen, und Sie müssen jedem davon entgegenwirken. Das ist nicht einfach. Es erfordert die wiederholte Anwendung vielfältiger Techniken, und es bedarf Zeit, um sich mit diesen Praktiken vertraut zu machen. Es ist ein Prozess des Lernens.

Aber ich glaube, Sie können im Laufe der Zeit positive Veränderungen erzielen. Jeden Tag können Sie direkt nach dem Aufstehen eine aufrichtige, positive Motivation entwickeln, indem Sie denken: ›Ich werde diesen Tag auf positivere Weise nutzen. Ich sollte den heutigen Tag nicht vergeuden.‹ Und dann, bevor Sie zu Bett gehen, überprüfen Sie, was Sie getan haben, indem Sie sich selbst befragen: ›Habe ich diesen Tag meinen Plänen entsprechend genutzt?‹ Wenn ja, sollten Sie sich darüber freuen. Wenn es falsch gelaufen ist, bedauern Sie Ihr Tun, und betrachten Sie den Tag kritisch. Durch derartige Methoden können Sie schrittweise die positiven Aspekte des Bewusstseins stärken.

Als buddhistischer Mönch vertraue ich auf den Buddhismus, und durch meine eigenen Erfahrungen weiß ich, dass die buddhistischen Übungen sehr hilfreich für mich sind. Allerdings können aufgrund von Gewöhnung während vieler vorheriger Lebenszeiten gewisse Dinge wie Zorn oder Verfestigung auftreten. Was ich dann tue, ist Folgendes: Zunächst studiere ich den positiven Wert der Praktiken; dann stärke ich meine Entschlossenheit, und daraufhin versuche ich, die entsprechenden Gegenmittel anzuwenden. Zu Beginn ist die Auswirkung der positiven Übungen sehr gering, während die negativen Einflüsse stark bleiben. Aber schließlich, wenn man die positiven Praktiken allmählich stärkt, wird sich das negative Verhalten automatisch verringern. So ist die Übung von Dharma[2] ein steter innerer Kampf darum, frühere negative Konditionierungen oder Gewohnheiten durch neue, positive Verhaltensmuster zu ersetzen.«

Er fuhr fort: »Ganz gleich, welche Aktivität oder Praxis wir verfolgen, es gibt nichts, das nicht durch stete Übung und Vertrautheit leichter würde. Durch Übung können wir uns ändern; wir können uns selbst umwandeln. Innerhalb der buddhistischen Praxis gibt es vielfältige Methoden, um beim Auftreten störender Vorkommnisse einen ruhigen Geist zu bewahren. Durch wiederholte Übung dieser Methoden können wir einen Punkt erreichen, an dem einige Störungen auftreten mögen, während die negativen Auswirkungen auf unseren Geist an der Oberfläche bleiben – wie Wellen, die

---

[2] Der Begriff *Dharma* hat viele Konnotationen, aber keine präzise deutsche Entsprechung. Meistens wird er in Bezug auf die Unterweisungen und die Lehre des Buddha verwendet, welche die schriftliche Tradition genauso einschließen wie die Lebensführung und die spirituellen Erkenntnisse, die aus der Anwendung dieser Lehren hervorgehen. Manchmal benutzen Buddhisten dieses Wort in einem allgemeineren Sinne – um spirituelle oder religiöse Praktiken, ein universelles spirituelles Gesetz oder aber die wahre Natur der Phänomene zu bezeichnen – und verwenden den Begriff *Buddha-Dharma*, um sich spezieller auf die Prinzipien und die Übungen des buddhistischen Pfades zu beziehen. Das Sanskritwort Dharma leitet sich etymologisch von dem Begriff »halten« ab, was in diesem Zusammenhang eine breitere Bedeutung erhält: jedes Verhalten oder Verständnis, das dazu dient, »einen davon zurückzuhalten« oder davor zu schützen, Leiden oder dessen Ursachen zu erfahren.

sich auf der Meeresoberfläche kräuseln, aber in tieferen Schichten ihre Wirkung verlieren. Und obwohl meine Erfahrungen sehr gering sein mögen, habe ich dies während meiner eigenen dürftigen Praxis als wahr erkannt.

Wenn tragische Neuigkeiten an mich herangetragen werden, mag ich anfänglich einige Störungen in meinem Geist erleben, aber diese vergehen sehr schnell wieder. Oder ich bin vielleicht irritiert und werde ein wenig ärgerlich, aber das geht sehr bald vorbei. Es hat keine Wirkung auf die tieferen Ebenen des Bewusstseins. Kein Hass entsteht. Das ist durch allmähliche Übung erzielt worden, es ist nicht über Nacht gekommen.«

Gewiss nicht. Der Dalai Lama beschäftigt sich seit seinem vierten Lebensjahr damit, seinen Geist zu schulen.

Die systematische Schulung des Geistes – die Entfaltung von Glück, die echte innere Wandlung durch die absichtliche Auswahl von positiven Geisteszuständen und die Ausrichtung darauf einerseits sowie das Herausfordern der negativen mentalen Zustände andererseits – ist aufgrund der Struktur und der Funktion des Gehirns möglich. Wir werden mit einem Gehirn geboren, das genetisch eng mit bestimmten instinktiven Verhaltensmustern verknüpft ist; wir sind geistig, emotionell und physisch dazu veranlagt, so auf unsere Umwelt zu reagieren, dass wir überleben können.

Diese grundlegenden Instruktionen sind in zahllose zellinterne Aktivierungsmuster eincodiert, in spezifische Verbindungen von Gehirnzellen, die auf einen Vorfall, einen Gedanken oder eine Erfahrung reagieren. Aber die Vernetzung in unserem Gehirn ist nicht statisch, nicht unwiderruflich festgelegt. Unser Gehirn ist ebenfalls anpassungsfähig. Neurowissenschaftler haben die Tatsache dokumentiert, dass das Gehirn neue Muster, neue Kombinationen von Nervenzellen und Neurotransmittern (chemische Verbindungen, die Botschaften zwischen den Nervenzellen vermitteln) als Antwort auf neue Reize entwerfen kann. Unser Gehirn ist formbar; es kann sich stets verändern, seine Vernetzung infolge neuer Gedanken und Erfahrungen umgestalten. Als Resultat des Lernens verändert sich die Funktion der individuellen Neuronen und erlaubt somit elektrischen Signalen, sich noch schneller an ihnen entlang zu bewegen. Wissenschaftler nennen die dem Gehirn innewohnende Fähigkeit zur Veränderung *Plastizität*.

Diese Fähigkeit, die Vernetzung des Gehirns zu ändern und neue neurale Verknüpfungen entstehen zu lassen, ist durch Experimente wie das von Dr. Avi Karni und Leslie Underleider am National Institute of Mental Health nachgewiesen worden. In diesem Experiment haben die Wissenschaftler die Versuchspersonen eine einfache motorische Aufgabe ausführen lassen, nämlich eine Fingerübung, und die daran beteiligten Gehirnteile identifiziert, indem sie eine MRI-Gehirn-Ultraschalluntersuchung vornahmen. Die Kandidaten führten diese Übung vier Wochen lang täglich durch und wurden dabei schrittweise immer effizienter und schneller.

Am Ende der vierwöchigen Zeitspanne wurde die Ultraschalluntersuchung wiederholt; sie zeigte, dass sich der an der Aufgabe beteiligte Abschnitt im Gehirn vergrößert hatte. Dies deutete darauf hin, dass die regelmäßige Übung und Wiederholung neue Nervenzellen vereinnahmt und die neuralen Verbindungen, die urspünglich an der Aufgabe beteiligt waren, verändert hatte.

Dieser bemerkenswerte Grundzug des Gehirns scheint die physiologische Basis für die Möglichkeit darzustellen, unseren Geist zu verändern. Indem wir unsere Gedanken mobilisieren und neue Denkweisen praktizieren, können wir unsere Nervenzellen neu formen und die Arbeitsweise unseres Gehirns ummodeln. Das ist auch die Grundlage für die Vorstellung, dass innerer Wandel mit Lernen (neuer Input) beginnt und die Disziplin einschließt, allmählich unsere »negativen Konditionierungen« (entsprechend unseren gegenwärtigen Mustern zur Aktivierung der Nervenzellen) durch »positive Konditionierungen« (Formung von neuen Nervenverbindungen) zu ersetzen. So wird die Idee, den Geist im Hinblick auf Glück zu schulen, eine sehr reale Möglichkeit.

Ethische Disziplin

In einer späteren Diskussion, die sich auf die Geistesschulung zur Erlangung von Glück bezog, stellte der Dalai Lama fest:

»Ich glaube, dass ethisches Verhalten eine weitere Fassette der inneren Disziplin darstellt, die zu einer glücklicheren Existenz führt. Man kann dies ›ethische Disziplin‹ nennen. Große spirituelle Lehrer wie der Buddha haben uns angewiesen, heilsame Handlungen zu vollführen und unheilsame Handlungen zu vermeiden. Welche unserer Handlungen heilsam oder unheilsam sind, hängt davon ab, ob die Aktion aus einem disziplinierten oder undisziplinierten Geisteszustand hervorgeht. Man nimmt an, dass ein disziplinierter Geist zu Glück und ein undisziplinierter zu Leid führt, und es heißt sogar, dass es *die Essenz der Lehren des Buddha sei, im eigenen Geist Disziplin aufzubringen.*

Wenn ich von Disziplin spreche, beziehe ich mich auf Selbstdisziplin, nicht auf eine von außen auferlegte Disziplin. Weiterhin beziehe ich mich auf die Disziplin, die angewendet wird, um negative Eigenschaften zu überwinden. Eine Gaunerbande mag Disziplin zum Ausführen eines erfolgreichen Raubs benötigen, aber diese Disziplin ist nutzlos.«

Der Dalai Lama hielt einen Moment inne, um seine Gedanken zu sammeln. Vielleicht suchte er aber auch nur nach einem englischen Wort. Ich wusste es nicht. Aber während er an jenem Nachmittag eine Zeit lang schwieg und ich über unsere Unterhaltung nachdachte, empfand ich all diese Reden über die Bedeutung des Lernens und der Disziplin als langweilig, verglichen mit den erhabenen Zielen des wahren Glücks, des spirituellen Wachstums und des vollständigen inneren Wandels. Mir schien, dass die Suche nach Glück ein spontanerer Prozess zu sein habe.

Ich griff diesen Punkt auf: »Sie beschreiben die negativen Emotionen und Verhaltensweisen als ›unheilsam‹ und die positiven als ›heilsam‹. Des Weiteren sagen Sie, ein ungeübter, undisziplinierter Geist führe gemeinhin zu einem negativen oder unheilsamen Verhalten, weshalb wir lernen und uns darin üben müssten, unsere positiven Verhaltensweisen zu mehren. So weit, so gut.

Aber mich stört, dass Ihre Definition von negativem und unheilsamem Verhalten lautet: Es ist ein Verhalten, das zu Leid führt. Und Sie definieren ein heilsames Verhalten als eines, das zu Glück führt. Zudem gehen Sie von der Prämisse aus, dass alle Wesen von Natur aus Leid meiden und Glück erlangen wollen. Dieser Wunsch sei angeboren, er müsse nicht erlernt werden.

Damit stellt sich die Frage: Wenn es in unserer Natur liegt, Leiden meiden zu wollen, warum werden wir dann mit fortschreitendem Alter nicht zunehmend auf spontane und natürliche Weise von den negativen und unheilsamen Verhaltensweisen abgestoßen? Und wenn wir natürlicherweise Glück erlangen möchten, warum werden wir dann nicht auf spontane und natürliche Weise immer stärker zu heilsamen Verhaltensweisen hingezogen und so im Verlauf unseres Lebens immer glücklicher? Ich meine, wenn diese heilsamen Verhaltensweisen naturgemäß zu mehr Glück führen und wir uns Glück wünschen, sollte dies dann nicht im Rahmen eines natürlichen Prozesses auftreten? Warum sollten wir für den Prozess so viel Ausbildung, Übung und Disziplin benötigen?«

Der Dalai Lama schüttelte den Kopf und entgegnete: »Selbst nach herkömmlichen Begriffen – in unserem alltäglichen Leben – betrachten wir die Ausbildung als einen sehr wichtigen Faktor für ein erfolgreiches und glückliches Leben. Und Wissen ergibt sich nicht automatisch. Wir müssen üben und ein systematisches Ausbildungsprogramm durchlaufen. Und wir halten die herkömmliche Ausbildung und die Übung für recht schwierig. Warum sonst sehnen sich Studenten so sehr nach den Ferien? Und doch wissen wir, dass diese Form der Ausbildung entscheidend für ein glückliches und erfolgreiches Leben ist.

Auf ähnliche Weise mögen heilsame Handlungen nicht natürlich gegeben sein, sondern müssen bewusst geübt werden. Das trifft besonders auf moderne Gesellschaften zu, denn dort gibt es eine Tendenz, die Frage nach heilsamen und unheilsamen Taten – danach, was zu tun und was zu unterlassen sei – dem Aufgabenbereich der Religion zuzuordnen. Traditionell wird es als Pflicht der Religion betrachtet vorzuschreiben, welche Verhaltensweisen heilsam seien und welche nicht.

In der heutigen Gesellschaft hat die Religion einerseits einiges von ihrem Ansehen und Einfluss verloren. Andererseits ist sie durch keine Alternative, etwa eine säkulare Ethik, ersetzt worden. Darum scheint man der Notwendigkeit einer heilsamen Lebensführung weniger Aufmerksamkeit zu schenken. Daher denke ich, dass wir einige besondere Anstrengungen auf uns nehmen und bewusst darauf hinarbeiten sollten, ein derartiges Wissen zu erlangen. Obwohl ich zum Beispiel persönlich davon überzeugt bin, dass unsere menschliche Natur grundsätzlich freundlich und mitfühlend ist, reicht das nicht aus. *Wir müssen zudem eine Wertschätzung und Wahrnehmung dieser Tatsache entwickeln. Und das Lernen und Verstehen der Art und Weise, wie wir uns selbst betrachten, kann einen sehr direkten Einfluss darauf haben, wie wir aufeinander einwirken und unser tägliches Leben gestalten.*«

Ich spielte den Advocatus Diaboli und konterte: »Sie benutzen immer noch den Vergleich mit einer konventionellen akademischen Ausbildung. Und wenn Sie von bestimmten Verhaltensweisen sprechen, die Sie als ›heilsam‹ oder ›positiv‹ bezeichnen und die zu Glück führen, und von anderen, die zu Leid führen, warum bedarf es dann einer so gründlichen Schulung, um die positiven Verhaltensweisen anzuwenden und die negativen auszuschalten? Ich meine, wenn man die Hand ins Feuer legt, verbrennt man sich. Man zieht die Hand zurück und hat gelernt, dass dieses Verhalten zu Leid führt. Man benötigt kein ausführliches Studium oder Übungsprogramm, um das Feuer nicht wieder anzurühren.

Warum sind also nicht alle Verhaltensweisen und Emotionen, die zu Leid führen, von derselben Art? Sie behaupten beispielsweise, dass Zorn und Hass eindeutig negative Emotionen seien und letztendlich zu Leid führten. Aber warum muss man über die schädlichen Auswirkungen von Zorn und Hass unterrichtet werden, um sie auszuschalten? Da Zorn sofort eine unangenehme emotionale Verfassung verursacht und es leicht ist, dieses Unbehagen direkt zu empfinden, warum vermeidet man es dann in Zukunft nicht spontan und ganz natürlich?«

Während der Dalai Lama meinen Ausführungen konzentriert zuhörte, weiteten sich seine intelligenten Augen ein wenig, als wäre er erstaunt oder sogar belustigt über die Naivität meiner Fragen. Dann sagte er mit einem kräftigen, wohlwollenden Lachen:

»Wenn Sie von Wissen sprechen, das zur Befreiung und zur Lösung eines Problems führt, müssen Sie verstehen, dass es viele verschiedene Ebenen gibt. Nehmen wir an, die Menschen der Steinzeit wussten noch nicht, wie man Fleisch kocht; da sie aber biologisch zum essen gezwungen waren, aßen sie einfach wie wilde Tiere. Als sich die Menschen weiterentwickelten, lernten sie zunächst zu kochen und später, wie man verschiedene Gewürze hinzugibt, um das Essen schmackhafter zu machen. Nun konnten sie mit einer größeren Vielfalt von Gerichten aufwarten. Und selbst bis in unser gegenwärtiges Zeitalter hinein wissen wir aufgrund unserer Erfahrung, welche Nahrung uns bei einer bestimmten Krankheit nicht gut tut, weshalb wir darauf verzichten, auch wenn wir den Wunsch verspüren, sie zu uns zu nehmen. So wird deutlich: Je höher der Grad unseres Wissens ist, desto effektiver wird unser Umgang mit der natürlichen Welt.

Man benötigt auch die Fähigkeit, die kurz- und langfristigen Konsequenzen unseres Verhaltens zu beurteilen und sie gegeneinander abzuwägen; zum Beispiel in Bezug auf das Überwinden von Zorn. Obwohl Tiere Zorn empfinden, können sie nicht verstehen, dass er destruktiv ist. Im Falle des Menschen jedoch gibt es eine andere Ebene, eine Wahrnehmung, die ihn zu reflektieren und zu beobachten befähigt, dass Zorn ihm schadet. Daher gelangt er zu dem Urteil, dass Zorn destruktiv ist. Man muss fähig sein, diese Schlussfolgerung zu ziehen.

Das ist nicht einfach so, als würde man die Hand ins Feuer legen, sich verbrennen und daraus für die Zukunft lernen, es nie wieder zu tun. Je höher der Grad an Bildung und an Wissen darüber ist, was zu Glück führt und was Leid verursacht, desto geschickter wird man beim Erlangen von Glück sein. Deshalb halte ich Ausbildung und Wissen für entscheidend.«

Wahrscheinlich bemerkte der Dalai Lama meinen anhaltenden Widerstand gegen die Vorstellung, dass die Ausbildung ein Mittel zum inneren Wandel sei, und er setzte hinzu: »Ein Problem der heutigen Gesellschaft besteht darin, dass wir die Ausbildung als etwas betrachten, das uns einfach nur klüger und findiger macht. Manchmal sieht es so aus, als wären diejenigen, die keine so hohe Ausbildung genossen haben und deren Schulung nicht so weit fortgeschritten ist, unschuldiger und ehrlicher. Selbst wenn unsere Gesellschaft dies nicht betont, sollen Kenntnisse und Ausbildung uns in erster Linie verstehen helfen, wie wichtig es ist, heilsamer zu handeln und unseren Geist zu disziplinieren. Der angemessene Gebrauch unserer Intelligenz und unseres Wissens besteht darin, von innen her Güte zu entwickeln.«

Zurück zu unserem angeborenen Glückszustand

Unsere eigentliche Natur

»Wir sind dazu geschaffen, nach Glück zu streben. Und es steht außer Zweifel, dass Empfindungen wie Liebe, Zuneigung, Nähe und Mitgefühl glücklich machen. Ich bin davon überzeugt, dass jeder von uns die Anlage besitzt, glücklich zu sein und zu den warmherzigen sowie mitfühlenden Geisteszuständen Zugang zu finden«, erklärte der Dalai Lama. »Es ist eine meiner Grundüberzeugungen, dass wir nicht nur ein angeborenes Potenzial für Barmherzigkeit besitzen, sondern dass Freundlichkeit die elementare oder tiefer liegende Natur der Menschen ist.«

»Worauf gründen Sie diesen Glauben?«

»Die buddhistische Lehre von der ›Buddha-Natur‹[3] liefert einige Argumente dafür, dass die eigentliche Natur aller fühlenden Wesen darin besteht, freundlich und nicht aggressiv zu sein. Man kann diese Position sogar vertreten, ohne auf die buddhistische Lehre von der ›Buddha-Natur‹ zurückzugreifen. Darüber hinaus gibt es weitere Gründe, die diese Annahme stützen. Menschliche Zuneigung und Mitgefühl sind keine rein religiösen Angelegenheiten, sondern ein unverzichtbarer Bestandteil unseres täglichen Lebens.

Wenn wir unser Augenmerk zunächst auf die Grundmuster unserer Existenz richten – von der Jugend bis hin zum

---

[3] In der buddhistischen Philosophie bezieht sich »Buddha-Natur« auf die tiefer liegende, fundamentale und subtilste Natur des Geistes. Dieser in allen Menschen vorhandene Geisteszustand ist völlig ungetrübt durch negative Emotionen oder Gedanken.

Tod –, können wir erkennen, wie entscheidend die Zuneigung anderer für uns ist. Es beginnt mit der Geburt. Unsere allererste Handlung ist es, die Milch unserer Mutter oder einer anderen Person zu saugen. Dies ist ein Akt der Zuneigung, des Mitgefühls, ohne den wir nicht überleben können. Das ist klar. Und diese Handlung kann nicht vollzogen werden, wenn es an dem Gefühl der gegenseitigen Zuneigung mangelt. Hat das Kind kein Vertrauen, keine Bindung zu der Person, welche die Milch gibt, wird es möglicherweise nicht saugen. Und ohne Zuwendung durch die Mutter oder eine andere Person wird die Milch nicht ungehindert fließen. So ist das Leben, die Realität.

Zudem scheint sich unsere körperliche Struktur am besten für Empfindungen wie Liebe und Mitgefühl zu eignen. Wir können beobachten, dass sich ein ruhiger, liebevoller und heilsamer Geisteszustand zuträglich auf unsere Gesundheit und unser physisches Wohlergehen auswirkt. Im Gegensatz dazu können Frustration, Furcht, Zerrissenheit und Zorn unseren Gesundheitszustand beeinträchtigen.

Offensichtlich stärken Gefühle der Zuneigung unsere emotionale Ausgeglichenheit. Wir brauchen nur darüber nachzudenken, wie wir uns fühlen, wenn andere uns mit Wärme und Zuwendung begegnen. Oder betrachten Sie, wie unsere eigenen liebevollen Emotionen oder Gedanken uns von innen her beeinflussen, wie sie sich auf unsere Gefühle auswirken. Diese sanfteren Empfindungen und die sie begleitenden positiven Verhaltensweisen führen zu einem glücklicheren Familien- und Gemeinschaftsleben.

Daraus meine ich schließen zu können, dass unser eigentliches Wesen von Freundlichkeit geprägt ist. Deshalb ist es umso sinnvoller, ein Leben zu führen, das mit der grundlegenden Freundlichkeit unseres Wesens stärker übereinstimmt.«

»Angenommen, Güte und Mitgefühl seien die eigentliche Natur des Menschen«, warf ich ein, »dann frage ich mich nur, wie Sie die vielen Konflikte und aggressiven Verhaltensweisen in unserer Umgebung erklären.«

Der Dalai Lama nickte nachdenklich, bevor er entgegnete: »Natürlich können wir nicht leugnen, dass Konflikte und Spannungen sowohl im Geist des Einzelnen als auch innerhalb der Familie auftreten, ebenso auf gesellschaftlicher, nationaler oder globaler Ebene. Daraus schließen manche, die menschliche Natur sei grundlegend aggressiv. Sie verweisen auf die Geschichte der Menschheit und folgern, dass sich der Mensch, verglichen mit anderen Säugetieren, bei weitem aggressiver verhalte.

Oder sie räumen vielleicht ein: ›Ja, Mitgefühl ist ein Aspekt unseres Bewusstseins, aber Hass ebenso. Sie sind beide gleichermaßen Teil unserer Natur und halten sich mehr oder minder die Waage.‹ *Trotzdem bin ich immer noch der festen Überzeugung, dass die Natur des Menschen im Wesentlichen mitfühlend und freundlich ist*«, sagte der Dalai Lama entschieden. »Das ist der Grundzug der menschlichen Natur. Gewiss können Zorn, Gewalt und Aggression aufkommen, aber ich denke, das geschieht auf einer eher sekundären, oberflächlichen Ebene. Denn sie treten immer dann auf, wenn wir in unserem Bemühen um Liebe und Zuneigung enttäuscht werden. Zorn, Gewalt und Aggression sind nicht Teil unserer grundlegenden, tieferen Natur.

Obwohl Aggression aufkommen kann, glaube ich, dass Konflikte nicht unbedingt von der menschlichen Natur verursacht werden, sondern vielmehr vom menschlichen Intellekt – vom Missbrauch unserer Intelligenz und Vorstellungskraft. Im Hinblick auf die menschliche Evolution scheint mir unser physischer Körper, verglichen mit dem einiger anderer Tiere, sehr schwach gewesen zu sein. Aber durch die Entfaltung unserer menschlichen Intelligenz waren wir fähig, viele Geräte zu benutzen und mannigfaltige Mittel zu entwickeln, um widrige Umweltbedingungen zu meistern. Mit der zunehmenden Komplexität der menschlichen Gesellschaft und der Umweltbedingungen kam unserer Intelligenz und unseren kognitiven Fähigkeiten eine immer größere Bedeutung zu, damit wir den stets wachsenden Erfordernissen dieser vielschichtigen Umwelt begegnen konnten.

Deshalb glaube ich, dass unsere tiefergehende oder fundamentale Natur auf Freundlichkeit beruht und Intelligenz eine spätere Erscheinung ist. Und wenn sich die Intelligenz nicht ausgewogen entwickelt, ohne den ausgleichenden Faktor des Mitgefühls, kann sie destruktiv werden und ins Unglück führen.

Wir müssen jedoch erkennen, dass wir Konflikte, die durch Missbrauch der menschlichen Intelligenz verursacht werden, mit derselben Verstandeskraft bewältigen können. Wenn Intelligenz und Güte oder Zuneigung im Einklang sind, wird das gesamte menschliche Handeln konstruktiv. Verbinden wir ein gütiges Herz mit Wissen und Bildung, können wir lernen, die Ansichten und Rechte anderer zu respektieren. So entsteht die Grundlage für einen Geist der Versöhnung, der zur Überwindung von Aggression und zur Lösung unserer Konflikte dienlich sein kann.«

Der Dalai Lama hielt einen Moment inne und blickte auf seine Armbanduhr. »Ganz gleich, durch wie viel Gewalt oder widrige Umstände wir hindurchgehen müssen, ich meine, die Lösung unserer inneren wie äußeren Konflikte liegt in der Rückbesinnung auf unsere eigentliche Natur, die sanft und mitfühlend ist.« Er schaute erneut auf die Uhr und lachte freundlich: »Lassen Sie uns hier aufhören ... Es war ein langer Tag!« Er hob seine Schuhe auf, die er während unseres Gesprächs abgestreift hatte, und zog sich zurück.

Die Ansicht des Dalai Lama über die grundlegend mitfühlende Natur des Menschen scheint sich im Westen in den letzten Jahrzehnten langsam, aber sicher durchzusetzen. Die Auffassung, das menschliche Verhalten sei egoistisch und wir würden nur an uns selbst denken, ist im westlichen Gedankengut tief verankert. Die Vorstellung, wir seien nicht nur inhärent selbstsüchtig, sondern trügen als Teil unserer menschlichen Natur Aggression und Feindseligkeit in uns, beherrscht unsere Kultur seit Jahrhunderten, obwohl es, historisch betrachtet, unzweifelhaft eine Reihe von Personen mit entgegengesetzten Ansichten gab.

So äußerte sich David Hume Mitte des 18. Jahrhunderts ausgiebig über die »natürliche Güte« der Menschen. Und ein Jahrhundert später billigte sogar Charles Darwin unserer Spezies einen »Instinkt des Mitgefühls« zu. Aber spätestens seit dem 17. Jahrhundert hat unter dem Einfluss solcher Philosophen wie Thomas Hobbes, der eine finstere Auffassung von der Menschheit vertrat, die pessimistischere Ansicht in unserer Gesellschaft Wurzel gefasst. Er hielt die Menschen für gewalttätig, wettbewerbs- und konfliktsüchtig sowie eigennützig. Hobbes, der berühmt dafür war, dass er die Existenz jeglicher menschlichen Güte leugnete, wurde einmal dabei ertappt, wie er einem Bettler Geld gab. Auf seine Großzügigkeit hin angesprochen, behauptete er: »Ich tue das nicht, um ihm zu helfen, sondern nur, um meine eigene Qual beim Anblick der Armut des Mannes zu lindern.«

Ähnlich dachte der spanischstämmige Philosoph George Santayana, der Anfang dieses Jahrhunderts schrieb, dass freigebige, liebevolle Impulse zwar existieren mögen, in der menschlichen Natur aber nur schwach, flüchtig und instabil vorkämen: »Grabe ein bisschen unter der Oberfläche, und du findest ein wildes, durch und durch selbstsüchtiges Wesen.«

Leider haben die westliche Wissenschaft und die Psychologie solche Ideen aufgegriffen, die egoistische Sichtweise sanktioniert und zudem noch gefördert. Schon zu Beginn der modernen wissenschaftlichen Psychologie herrschte die allgemeine Annahme, dass alle menschlichen Regungen letzten Endes egoistisch seien und nur auf Eigennutz beruhten.

Nachdem etliche sehr prominente Wissenschaftler diese Prämisse unserer grundlegend selbstsüchtigen Haltung stillschweigend akzeptiert hatten, fügten sie in den vergangenen hundert Jahren noch die Auffassung von der durch und durch aggressiven Natur des Menschen hinzu. Freud behauptete: »Die Neigung zur Aggression ist eine ursprüngliche, selbsterhaltende, instinkthafte Veranlagung.« In der zweiten Hälfte unseres Jahrhunderts gelangten vornehmlich zwei Autoren, Robert Ardrey und Konrad Lorenz, welche die Verhaltensmuster bestimmter Raubtierarten untersuchten, zu dem Schluss, die Menschen seien mit ihrem angeborenen oder instinkthaften Drang nach Territorialkämpfen ebenfalls Raubtiere.

In den letzten Jahren beginnt diese extrem pessimistische Ansicht über die Menschheit jedoch umzuschlagen, sodass sich die generelle Einstellung der Sichtweise des Dalai Lama annähert, der unsere eigentliche Natur als freundlich und mitfühlend betrachtet. Im Laufe der letzten zwei oder drei Jahrzehnte sind Hunderte von wissenschaftlichen Studien erschienen, die darauf hinweisen, dass Aggression *nicht* angeboren und Gewalttätigkeit auf eine Vielzahl von biologischen, sozialen, situations- und umweltbedingten Faktoren zurückzuführen sei.

Die vielleicht umfassendste Stellungnahme über die neuesten Untersuchungen wurde 1986 in Sevilla in der »Erklärung zur Gewalt« von zwanzig führenden Wissenschaftlern aus der ganzen Welt abgefasst und unterzeichnet. Darin bestätigen sie natürlich das Auftreten von Gewalttätigkeit, aber sie verkünden kategorisch, *es sei wissenschaftlich falsch, zu behaupten, wir besäßen eine ererbte Tendenz zu kriegerischem und gewalttätigem Verhalten. Ein solches Handeln sei in der menschlichen Natur genetisch nicht angelegt.*

Zwar würden wir über einen Neuralapparat für gewalttätiges Verhalten verfügen, doch derartige Handlungen würden nicht automatisch aktiviert. Es gebe nichts in unserer Neurophysiologie, das uns zwingt, Gewalt anzuwenden. Bei der Erforschung unserer menschlichen Grundnatur geht die Mehrzahl der Wissenschaftler derzeit davon aus, dass wir das Potenzial besitzen, uns zu freundlichen, fürsorglichen oder aber zu aggressiven, gewalttätigen Personen zu entwickeln. Welche Impulse dabei in den Vordergrund treten, sei weitgehend eine Frage der Schulung.

Zeitgenössische Forscher lehnen nicht nur die Vorstellung einer dem Menschen angeborenen Aggression, sondern auch die Ansicht ab, der Homo sapiens sei von Geburt an eigensüchtig und egoistisch. Wissenschaftler wie C. Daniel Batson oder Nancy Eisenberg haben in den letzten Jahren an der Arizona State University zahlreiche Studien durchgeführt, die verdeutlichen, dass Menschen eine Neigung zu altruistischem Verhalten in sich tragen.

Manche Wissenschaftler, etwa die Soziologin Dr. Linda Wilson, versuchen die These zu erhärten, dass Altruismus Teil unseres Überlebenstriebs sei; dies steht völlig im Gegensatz zu den Ideen früherer Denker, die in Feindseligkeit und Aggression die Kennzeichen unseres Überlebenstriebs sahen. Dr. Wilson entdeckte bei der vergleichenden Untersuchung von mehr als hundert Naturkatastrophen ein stark altruistisches Verhaltensmuster unter den Opfern, das ein Teil des

Erholungs- und Regenerationsprozesses zu sein scheint. Sie fand heraus, dass gegenseitige Hilfe und Zusammenarbeit möglichen psychischen Spätfolgen vorbeugen, die aus dem Trauma resultieren könnten.

Sich eng mit anderen zusammenzuschließen, um für das eigene Wohlergehen wie das der Gefährten zu sorgen, ist wahrscheinlich ein tief in der menschlichen Natur verankerter Instinkt. Er bildete sich vor Urzeiten heraus, als jene, die sich zusammenschlossen und Teil einer Horde wurden, erhöhte Überlebenschancen hatten. Diese Notwendigkeit, enge soziale Kontakte zu knüpfen, besteht bis zum heutigen Tag. Studien, wie sie von Dr. Larry Scherwitz über die Risikofaktoren für Herzkrankheiten durchgeführt wurden, zeigen deutlich, dass äußerst selbstbezogene Personen (die in Interviews am häufigsten Pronomen wie »ich«, »mein« und »mir« benutzen) stärker zu Erkrankungen der Herzkranzgefäße neigten, und das sogar, wenn sich andere gesundheitsgefährdende Verhaltensweisen unter Kontrolle befanden. Wissenschaftler entdeckten, dass ein Mangel an engen sozialen Bindungen zu labiler Gesundheit, mangelndem Glücksempfinden und erhöhter Stressanfälligkeit zu führen scheint.

Die liebevolle Hinwendung zu anderen ist vielleicht ebenso charakteristisch für unsere Grundnatur wie die Fähigkeit zur Kommunikation. Man könnte eine Analogie zur Entwicklung der Sprache herstellen, die, wie die Fähigkeit zu Mitempfinden und Altruismus, eines der hervorstechenden Merkmale der Menschheit ist. Bestimmte Regionen des Gehirns sind speziell dem Sprachvermögen zugeordnet. Sind wir den richtigen Umweltbedingungen ausgesetzt, das heißt einer Gesellschaft, in der gesprochen wird, beginnen die spezifischen Gehirnregionen zu reifen, wodurch sich unser Sprachvermögen ausprägt.

Genauso könnten alle Menschen mit einem »Samen des Mitgefühls« ausgestattet sein, der bei förderlichen Umständen – zu Hause, in der Gesellschaft und später vielleicht durch unsere eigenen Bemühungen – zu wachsen beginnt. Mit dieser Idee vor Augen suchen bestimmte Forscher heute nach den optimalen Umweltbedingungen, die in Kindern diesen Samen der Fürsorglichkeit und des Mitempfindens reifen lassen.

Sie haben bisher mehrere Faktoren identifiziert: Eltern, die gelernt haben, ihre eigenen Gefühle zu beherrschen; Eltern, die das Kind zu fürsorglichem Verhalten anleiten, den Handlungen des Kindes angemessene Grenzen setzen und ihm verständlich machen, dass es für sein eigenes Tun verantwortlich ist; Eltern, welche die Aufmerksamkeit des Kindes auf den Nutzen von Liebe und Mitgefühl und auf die Konsequenzen seines Handelns gegenüber anderen zu lenken wissen.

Wenn wir unsere Vorstellung von der menschlichen Natur dahingehend verschieben, dass wir sie nicht als etwas Feindseliges, sondern als etwas Freundliches ansehen, kann uns dies ganz neue Möglichkeiten erschließen. Gehen wir hingegen von einer egozentrischen Grundstruktur des Menschen aus, dient bereits ein Kleinkind als perfektes Beispiel, als »Beweis« für jene Theorie. Nach der Geburt scheinen Säuglinge nur auf eines programmiert zu sein: *die Befriedigung ihrer eigenen Bedürfnisse* durch Nahrung, körperliches Wohlbefinden und so weiter.

Genauso gut können wir aber auch postulieren, dass der Säugling mit einem gänzlich anderen Programm zur Welt gekommen ist: *mit der Absicht und der Fähigkeit, anderen Glück und Freude zu bereiten.* Beim bloßen Anblick eines Kleinkinds wird man schwerlich das freundliche Grundwesen des Menschen leugnen können. Und von diesem neuen Standpunkt aus können wir ohne Zögern behaupten, dass die Fähigkeit, anderen – zum Beispiel der Mutter – Freude zu bereiten, angeboren ist. Der Geruchssinn ist bei einem Neugeborenen gegenüber dem eines Erwachsenen erst zu etwa fünf Prozent herausgebildet, und auch das Geschmacksempfinden ist nur schwach entwickelt. Dabei sind diese vorhandenen Sinne des Säuglings darauf ausgerichtet, die Muttermilch zu riechen und zu schmecken. Das Stillen versorgt das Neugeborene nicht nur mit Nährstoffen, sondern es mildert auch die Anspannung in der Mutterbrust. So gesehen hat ein Säugling die angeborene Fähigkeit, der Mutter Wohlbehagen zu vermitteln.

Außerdem ist er biologisch darauf programmiert, Gesichter zu erkennen und auf sie zu reagieren. Es gibt nur wenige Personen, die keine echte Freude beim Anblick eines Säuglings empfinden, der sie anlächelt und ihnen unschuldig in die Augen schaut. Einige Ethnologen leiten daraus eine Theorie ab, nach der ein Säugling, der die Fürsorge tragende Person direkt anblickt oder anlächelt, einem tief verankerten »biologischen Plan« folgt und instinktiv freundliche, zärtliche und fürsorgliche Reaktionen beim anderen freisetzt, der dabei ebenso einer instinkthaften Antriebskraft gehorcht.

In dem Maße, wie immer mehr Forscher die menschliche Natur entschlüsseln, wird die Vorstellung des Säuglings als eines bloßen Bündels von Eigensucht, als einer reinen Ess- und Schlafmaschine, verworfen. Dies schafft Raum für die Vision, dass ein Baby mit einem angeborenen Mechanismus zum Erfreuen anderer auf die Welt kommt und dass es nur der geeigneten Umweltbedingungen bedarf, um den tiefer liegenden und natürlichen »Samen des Mitgefühls« in ihm aufgehen und gedeihen zu lassen.

Sobald wir die Menschen als eher mitfühlend denn als aggressiv und eigensüchtig betrachten, ändert sich augenblicklich unsere Beziehung zu der uns umgebenden Welt. Das hilft uns, entspannter, vertrauensvoller und angenehmer zu leben. Diese Sichtweise macht uns einfach glücklicher.

Meditation über den Sinn des Lebens

In der Woche, die der Dalai Lama in der Wüste von Arizona verbrachte und in der er die menschliche Natur und den menschlichen Geist mit wissenschaftlicher Stringenz untersuchte, schien eine simple Wahrheit alle Erörterungen zu erhellen: *Der Sinn unseres Lebens ist Glück*. Diese einfache Aussage kann uns eine machtvolle Hilfe bei all unseren Alltagsproblemen sein. Demnach besteht unsere Aufgabe darin, das abzulegen, was zu Leiden führt, und das anzunehmen, was uns Glück beschert. Dazu bedarf es einer täglichen Praxis und Methode, die eine stetig wachsende Aufmerksamkeit und ein zunehmendes Verständnis dessen umfasst, was *wirklich* zu Glück führt und was nicht.

Fühlen wir uns vom Leben überfordert, ist es oft hilfreich, uns selbst zurückzunehmen und uns auf den übergeordneten Sinn, das eigentliche Ziel, zu besinnen. Angesichts von Stagnation und Verwirrung kann es von Nutzen sein, sich eine Stunde, einen Nachmittag oder gar mehrere Tage Zeit zu nehmen, um einfach darüber nachzudenken, was einen wirklich glücklich machen würde. Auf diese Weise erkennen wir unsere eigentlichen Prioritäten, unser Leben bekommt wieder einen neuen Rahmen und »frischen Wind«, und wir sehen, welche Richtung wir einschlagen sollten.

Von Zeit zu Zeit müssen wir Entscheidungen treffen, die unser gesamtes Leben beeinflussen können. Wir entschließen uns vielleicht zu heiraten, Kinder zu bekommen oder eine Ausbildung zum Anwalt, Künstler oder Elektriker zu machen. Allein der feste Vorsatz, glücklich zu werden – die zu Glück führenden Faktoren zu erlernen und die richtigen Schritte zu einem glücklicheren Leben zu unternehmen –, könnte eine solche Entscheidung sein. *Die Hinwendung zum Glück als einem gültigen Ziel und die bewusste Entscheidung, Glück systematisch anzustreben, können unser verbleibendes Leben tiefgreifend verändern.*

Der Dalai Lama hat sein Verständnis derjenigen Faktoren, die letztendlich zu Glück führen, durch die lebenslange, methodische Beobachtung seines eigenen Bewusstseins erworben. Damit einher ging die Untersuchung der menschlichen Natur – und das innerhalb eines vor über zweitausendfünfhundert Jahren erstmals von Buddha festgelegten Rahmens. Dabei ist der Dalai Lama zu einigen wertvollen Erkenntnissen über menschliche Handlungen und Denkweisen gelangt. In der folgenden Meditationsanleitung hat er seine Auffassung zusammengefasst.

»Wenn ich manchmal alte Freunde treffe, wird mir bewusst, wie schnell die Zeit verstreicht. Und ich frage mich, ob wir unsere Zeit richtig nutzen. Es ist wirklich wichtig, unsere Zeit nicht zu vergeuden. Solange wir im Besitz dieses Körpers und speziell dieses erstaunlichen Menschenhirns sind, halte ich jede Minute für kostbar. Unser tägliches Leben ist von Hoffnung erfüllt, obgleich wir bezüglich der Zukunft keine Gewissheit haben können. Es gibt keine Garantie dafür, morgen um dieselbe Zeit noch am Leben zu sein. Dennoch arbeiten wir, allein auf diese Hoffnung gestützt, weiter. Deshalb sollten wir unsere Zeit sinnvoll nutzen, was meines Erachtens Folgendes bedeutet: So weit wie möglich sollten wir anderen Menschen und Lebewesen dienen. Wer dazu nicht in der Lage ist, sollte zumindest davon Abstand nehmen, anderen zu schaden. Dies halte ich für die vollständige Grundlage meiner Philosophie.

Lassen Sie uns über das wahrhaft Wertvolle im Leben nachdenken. Was verleiht unserer Existenz Bedeutung? Worauf sollten wir unsere Prioritäten gründen? Der Sinn und Zweck des Lebens muss etwas Positives in sich tragen. Wir wurden nicht dazu geboren, anderen zu schaden und ihnen Probleme zu bereiten. Um unserer Existenz einen Wert zu verleihen, müssen wir gute menschliche Qualitäten entfalten: Herzenswärme, Güte und Mitgefühl. Dann wird unser Leben sinnvoll, friedvoller und glücklicher.«

II

Menschliche Wärme und Mitgefühl

Ein neues Modell für Intimität

Einsamkeit und Verbundenheit

Nachdem ich den Salon der Hotelsuite des Dalai Lama betreten hatte, bedeutete er mir, mich zu setzen. Während der Tee eingeschenkt wurde, streifte er seine cognacfarbenen Schuhe ab und machte es sich in einem überdimensionalen Sessel bequem.

»Nun?«, fragte der Dalai Lama in legerem Ton, der aber seine große Bereitschaft zum Dialog erkennen ließ. Er lächelte schweigend und wartete.

Wenige Augenblicke zuvor, als ich im Hotelfoyer auf unser Treffen wartete, hatte ich etwas geistesabwesend die Ausgabe einer Ortszeitung in die Hand genommen. Sie war unter der Rubrik »Persönliches« aufgeschlagen. Ich überflog die Seiten eng gedruckter Anzeigen von Personen, die verzweifelt darauf hofften, mit einem anderen Menschen eine Verbindung einzugehen. Ich hatte immer noch diese Annoncen im Kopf, als ich mich zu dem Treffen mit dem Dalai Lama begab. Kurzerhand entschied ich, meine vorbereitete Fragenliste erst einmal beiseite zu lassen, und begann: »Fühlen Sie sich jemals einsam?«

»Nein«, antwortete er einfach. Auf diese Reaktion war ich nicht vorbereitet. Ich hatte angenommen, seine Entgegnung würde etwa lauten: »Natürlich …, jeder fühlt sich dann und wann ein wenig einsam …« Eigentlich wollte ich ihn dann fragen, wie er mit dem Gefühl des Alleinseins fertig wird. Aber ich hatte nicht damit gerechnet, jemanden zu treffen, der sich *niemals* einsam fühlt.

»Nein?«, hakte ich ungläubig nach.

»Nein.«

»Wie erklären Sie sich das?«

Der Dalai Lama überlegte einen Moment lang. »Ein Faktor besteht wohl darin, dass ich jeden Menschen in einem positiven Licht betrachte und versuche, seine guten Seiten zu sehen. Diese Haltung erzeugt sogleich ein Gefühl der Nähe, eine Art Verbundenheit.

Vielleicht erklärt es sich teilweise daraus, dass ich meinerseits wenig Angst davor verspüre, mein Gegenüber könne mich nicht mehr respektieren oder absonderlich finden, wenn ich mich ungewöhnlich verhalte. Da ich normalerweise keine solche Furcht hege, entsteht eine gewisse Offenheit. Das ist wohl der wichtigste Faktor.«

Ich hatte Mühe, die ganze Reichweite und Problematik dieser Sichtweise zu begreifen, und fragte: »Was sollte jemand tun, damit er sich im Umgang mit anderen wohl fühlt, ohne fürchten zu müssen, von ihnen abgelehnt oder verurteilt zu werden? Gibt es spezielle Methoden für einen Durchschnittsmenschen, eine solche Haltung zu entwickeln?«

»Es ist meine Grundauffassung, dass wir zunächst den Nutzen des Mitgefühls erkennen müssen«, sagte er voller Überzeugung. »Das ist der Schlüssel. Hat man erst einmal die Tatsache akzeptiert, dass Mitempfinden weder kindisch noch sentimental, sondern etwas wahrhaft Wertvolles und Tiefgründiges ist, so wird man sich unmittelbar zu dieser Haltung hingezogen fühlen und die Bereitschaft verspüren, sie zu kultivieren.

Sobald man eine mitfühlende Denkungsart in sich bestärkt und diese Haltung aktiviert, ändert sich automatisch auch die eigene Einstellung anderen gegenüber. Nähert man sich den anderen voller Mitempfinden, entsteht erst gar keine Furcht, sondern eine offene, positive und freundliche Atmosphäre. Man schafft selbst den Rahmen dafür, vom anderen Zuneigung oder eine positive Reaktion zu erhalten. Und selbst wenn einem der andere unfreundlich oder negativ begegnet, ermöglicht allein schon der Versuch, sich dem anderen offen zu nähern, eine gewisse Flexibilität und Freiheit in Bezug auf eine neue Herangehensweise.

Diese Offenheit lässt zumindest ein sinnvolles Gespräch zu. *Ohne* eine solche von Mitgefühl getragene Einstellung, wenn man etwa Beklemmung, Ärger oder Gleichgültigkeit empfindet, wird man sich sogar in Gegenwart seines besten Freundes unwohl fühlen.

Die Menschen erwarten häufig, dass die anderen erst einmal positiv auf sie eingehen, statt selbst die Initiative zu ergreifen. Das halte ich für falsch. Es führt zu Problemen und Blockaden, sodass wir uns von anderen abgetrennt fühlen. Wenn man also dieses Gefühl von Isolation und Einsamkeit überwinden will, spielt die Grundhaltung dabei eine entscheidende Rolle. Das Beste ist, sich anderen im Geiste des Mitgefühls zu nähern.«

Mein Erstaunen über die Behauptung des Dalai Lama, dass er sich niemals einsam fühle, entsprach meiner Auffassung über die Allgegenwart der Einsamkeit in unserer Gesellschaft. Diese Überzeugung rührte nicht allein von meinem eigenen zeitweiligen Einsamkeitsgefühl oder vom Gespenst des Alleinseins her, das immer wieder in meiner psychiatrischen Praxis auftaucht. In den letzten zwanzig Jahren haben Psychologen begonnen, Einsamkeit wissenschaftlich zu erforschen; dazu liegt bereits eine große Zahl von Erhebungen und Studien vor. Eines der auffallendsten Ergebnisse ist, dass praktisch *alle* Befragten Einsamkeit durchmachen, entweder gegenwärtig oder in der Vergangenheit. In einer groß angelegten Studie gab ein Viertel der amerikanischen Jugendlichen zu Protokoll, dass sie sich innerhalb der vorhergehenden beiden Wochen mindestens einmal extrem verlassen gefühlt hätten. Wir denken häufig, dass chronische

Einsamkeit besonders unter älteren Menschen verbreitet sei, die isoliert in leeren Wohnungen oder in abgelegenen Pflegeheimen leben. Studien zeigen jedoch, dass Teenager und junge Erwachsene fast ebenso oft von ihrer Einsamkeit sprechen wie ältere Menschen.

Diese Tatsache veranlasste die Forscher, die komplexen, die Einsamkeit bedingenden Faktoren zu untersuchen. Man fand beispielsweise heraus, dass es einsamen Menschen häufig schwer fällt, sich anderen mitzuteilen und ihnen zuzuhören. Zudem fehlen ihnen gewisse soziale Fertigkeiten, etwa die, im Gespräch auf bestimmte Signale zu reagieren, an den richtigen Stellen zu nicken, zu antworten oder aber zu schweigen.

Den Untersuchungen zufolge könnte die Einsamkeit mithin durch die Arbeit an diesen sozialen Fertigkeiten überwunden werden. *Die Strategie des Dalai Lama scheint hingegen das Training äußerer sozialer Umgangsformen zu vermeiden und einen direkteren Ansatz zu begünstigen: Man soll den Wert des Mitgefühls erkennen, um es dann zu kultivieren.*

Trotz meines anfänglichen Erstaunens über seine entschiedene Antwort war ich schließlich fest davon überzeugt, dass er sich wirklich niemals einsam fühlt. Und es gibt gute Gründe, die seine Behauptung untermauern. Oft genug war ich Zeuge davon, wie sein erstes Zusammentreffen mit Fremden stets positiv verlief. Mir wurde deutlich, dass diese positiven Begegnungen nicht nur zufällig oder das Resultat einer natürlichen Freundlichkeit waren. Ich verstand, dass der Dalai Lama viel Zeit darauf verwendet hatte, über die Bedeutung von Mitempfinden nachzudenken, es in sich zu entwickeln und in seinem Alltag einzusetzen. So konnte er einen fruchtbaren und aufnahmebereiten Boden für positive Begegnungen mit anderen schaffen – ein Vorgehen, das von jedem angewendet werden kann, der an Einsamkeit leidet.

»In allen Wesen schlummert der Same der Vollkommenheit. Dennoch bedarf es des Mitgefühls, um dieses Potenzial, das in unserem Herzen und Geist wohnt, freizusetzen ...« Mit diesen Worten kam der Dalai Lama vor einem andächtig lauschenden Publikum auf das Thema »Mitgefühl« zu sprechen. In seiner Ansprache vor fünfzehnhundert Zuhörern, unter denen sich viele hingebungsvolle Studenten des Buddhismus befanden, begann er, die buddhistische Lehre über das »Verdienstfeld« zu erklären.

Im buddhistischen Sinne wird Verdienst als positiver Eindruck im eigenen Geist beziehungsweise als »mentales Kontinuum« beschrieben. Solche Eindrücke entstehen infolge positiver Handlungen. Der Dalai Lama erläuterte, dass ein Verdienstfeld eine Quelle oder ein Fundament für das Ansammeln von Verdiensten darstellt. Nach der buddhistischen Theorie ist es der Vorrat an Verdiensten, der künftige Wiedergeburten günstig gestaltet. Im Buddhismus werden zwei Verdienstfelder unterschieden: das Feld der Buddhas und das Feld der anderen Lebewesen.

Eine Methode zur Anhäufung von Verdiensten beinhaltet das Erzeugen von Respekt, Vertrauen und Zuversicht gegenüber den Buddhas, den erleuchteten Wesen. Eine andere Vorgehensweise besteht in der Übung von Güte, Freigebigkeit, Toleranz und weiteren positiven Geisteshaltungen sowie der bewussten Unterlassung von negativen Taten wie Töten, Stehlen und Lügen. Letztere Methode erfordert einen Austausch mit anderen Lebewesen und nicht mit den Buddhas. Auf dieser Basis können uns andere Menschen bei der Ansammlung von Verdiensten helfen.

Die Beschreibung der Mitmenschen als eines Verdienstfeldes hatte etwas Schönes, Lyrisches und Prachtvolles. Die einleuchtenden Argumente des Dalai Lama, im Verein mit der dahinter stehenden Überzeugung, verliehen seinem Vortrag an jenem Nachmittag eine besondere Kraft und Wirkung. Als ich mich im Saal umschaute, merkte ich, dass viele Anwesende zutiefst bewegt waren. Ich selbst war weniger beeindruckt. Unsere Unterhaltungen hatten in mir bereits eine gewisse Wertschätzung für die tiefe Bedeutung des Mitgefühls geweckt, aber ich war immer noch vom jahrelangen rationalen, wissenschaftlichen Einfluss geprägt, sodass mir die bloße Erwähnung von Güte und Mitempfinden etwas zu sentimental vorkam.

Während Seine Heiligkeit sprach, schweiften meine Gedanken ab. Verstohlen blickte ich im Saal umher, um berühmte, interessante oder vertraute Gesichter zu entdecken. Da ich zuvor ein kräftiges Mahl zu mir genommen hatte, wurde ich zudem schläfrig, und meine Konzentration ließ nach. Aber an einer Stelle seiner Rede schaltete sich mein Geist wieder ein:

»...Vor ein paar Tagen habe ich von den notwendigen Faktoren für ein glückliches und freudvolles Leben gesprochen, zum Beispiel von guter Gesundheit, materiellen Gütern oder Freunden. Bei genauer Betrachtung wird Ihnen klar, dass all diese Faktoren von anderen Menschen abhängig sind. Um sich eine gute Gesundheit zu bewahren, stützen Sie sich auf Medikamente, die von anderen hergestellt werden, und nehmen die Gesundheitsfürsorge in Anspruch, die von anderen gewährleistet wird. Wenn Sie all die materiellen Ausstattungen für ein angenehmes Leben ins Auge fassen, werden Sie entdecken, dass kaum etwas davon keine Verbindung mit anderen Menschen aufweist.

Bei eingehender Prüfung werden Sie merken, dass alle diese Güter – direkt oder indirekt – ein Resultat der Anstrengungen vieler Menschen sind. Viele Personen sind an der Herstellung dieser Dinge beteiligt. Es ist unnötig zu erwähnen, dass gute Freunde und Bekannte einen weiteren notwendigen Faktor für ein glückliches Leben darstellen. Damit meine ich die Beziehung zu anderen Lebewesen, zu anderen Menschen.

All diese Aspekte sind untrennbar mit den Bemühungen weiterer Personen und ihrer Kooperation verknüpft. Die anderen sind unverzichtbar. Obwohl der Umgang mit anderen Menschen Schwierigkeiten, Auseinandersetzungen und Verwünschungen einschließen kann, müssen wir versuchen, eine freundschaftliche und warmherzige Einstellung zu bewahren. Denn nur so können wir ein Leben führen, in dem es befriedigende Beziehungen zu anderen Menschen gibt, die uns Glück und Freude gewähren.«

Während der Dalai Lama sprach, empfand ich einen instinktiven Widerstand gegen seine Worte. Obwohl ich meine Freunde und meine Familie schätzte und mich an ihnen erfreute, sah ich mich doch als unabhängige Person. Ich war stolz auf meine Selbstständigkeit und neigte dazu, abhängige Menschen mit Verachtung zu betrachten, da ich ihre Abhängigkeit als Schwäche deutete.

Aber an jenem Nachmittag, als ich dem Dalai Lama lauschte, geschah etwas mit mir. Da »unsere Abhängigkeit von anderen« nicht mein Lieblingsthema war, schweiften meine Gedanken wieder ab, und ich entfernte geistesabwesend einen losen Faden von meinem Hemdsärmel. Dann aber hörte ich den Dalai Lama sagen, wie viele Personen an der Herstellung all unserer materiellen Güter beteiligt seien.

Ich dachte darüber nach, wie viele Menschen an der Fertigung meines Hemds mitgewirkt hatten. Ich stellte mir zunächst den Farmer vor, der die Baumwolle anbaute; dann den Handelsvertreter, der dem Farmer den Traktor zum Pflügen des Feldes verkauft hatte; des Weiteren die Hunderte oder vielleicht Tausende von Menschen, die an der Produktion des Traktors beteiligt waren – diejenigen eingeschlossen, die das Erz abgebaut hatten, aus dem das Metall für jedes Einzelteil des Fahrzeugs gefertigt wurde. Zudem alle, die den Traktor entwarfen und gestalteten. Und natürlich die Menschen, welche die Baumwolle verarbeitet, den Stoff gesponnen, geschnitten, gefärbt und genäht hatten. Außerdem noch die Frachtarbeiter und Fernfahrer, die das Hemd an das Geschäft lieferten, sowie den Verkäufer, bei dem ich es erstand.

Mir wurde deutlich, dass praktisch jeder Aspekt meines Lebens ein Resultat der Anstrengungen anderer war. Meine kostbare Selbstständigkeit war eine Illusion, ein Fantasiegebilde. Bei dieser Erkenntnis überkam mich ein tiefes Gefühl der gegenseitigen Abhängigkeit und Verbundenheit aller Wesen. Ich spürte eine unbeschreibliche Erleichterung, die mich zu Tränen rührte.

Intimität

Die Tatsache, dass wir anderer bedürfen, ist paradox. Zum einen feiert unsere Kultur die kompromisslose Unabhängigkeit, zum anderen verlangen wir nach Nähe und Verbundenheit mit einer besonderen, geliebten Person. Wir konzentrieren all unsere Kräfte darauf, diesen einen Menschen zu finden, von dem wir hoffen, er werde uns aus unserer Einsamkeit erlösen und gleichzeitig die Illusion unserer Unabhängigkeit stützen. Obwohl es schon schwierig genug ist, mit einer einzigen Person eine solche Verbindung einzugehen, schien es dem Dalai Lama keine Probleme zu bereiten, zu möglichst vielen Menschen eine enge Beziehung aufzubauen (was er auch anderen empfiehlt). Sein Ziel ist es sogar, mit allen eine Verbindung anzuknüpfen.

Als wir uns eines späten Nachmittags in seiner Hotelsuite in Arizona trafen, eröffnete ich unser Gespräch folgendermaßen: »In Ihrem gestrigen Vortrag sprachen Sie davon, welche Bedeutung den anderen Menschen zukommt, und beschrieben sie als Verdienstfeld. Genau besehen jedoch gibt es so viele unterschiedliche Arten von Beziehungen ...«

»Das stimmt«, sagte der Dalai Lama.

»Beispielsweise wird eine bestimmte Form der Beziehung im Westen hoch geschätzt. Sie zeichnet sich durch einen hohen Grad an Intimität zwischen zwei Menschen aus: Man teilt mit einer speziellen Person seine innersten Gefühle und Ängste. Wer keine derartige Beziehung hat, vermisst etwas in seinem Leben. Deshalb will die westliche Psychotherapie in vielen Fällen helfen, diese Form der intimen Beziehung zu erlernen.«

»Ja, diese Art der Nähe ist wohl etwas Positives«, meinte der Dalai Lama. »Wenn es einem Menschen an einer solchen Intimität mangelt, kann es Probleme geben ...«

»Eines interessiert mich«, fuhr ich fort. »Als Sie in Tibet aufwuchsen, wurden Sie nicht nur als König, sondern sogar als Gottheit angesehen. Ich vermute, die Leute behandelten Sie voller Ehrfurcht und waren in Ihrer Gegenwart vielleicht ein wenig nervös und ängstlich. Hat das nicht eine gewisse Distanz, ein Gefühl der Isolation in Ihnen hervorgerufen? Sie waren ja auch von Ihrer Familie getrennt und wurden von früher Kindheit an als Mönch erzogen, der niemals heiraten würde. Haben nicht all diese Dinge zu einem Gefühl der Trennung von anderen beigetragen? Haben Sie jemals eine tiefere Ebene der persönlichen Vertrautheit mit anderen, etwa mit einer speziellen Person wie einer Ehefrau, vermisst?«

Ohne zu zögern, erwiderte er: »Nein. Ich habe niemals einen Mangel an Nähe verspürt. Mein Vater starb vor vielen

Jahren, aber ich fühlte mich meiner Mutter, meinen Lehrern und anderen recht nahe. Und mit vielen von ihnen konnte ich meine tiefsten Empfindungen, Ängste und Sorgen teilen.

Als ich noch in Tibet lebte, herrschte bei Staatsangelegenheiten und öffentlichen Ereignissen eine gewisse Formalität; das Protokoll musste eingehalten werden. Aber andererseits konnte ich auch immer wieder Zeit in der Küche verbringen und eine enge Beziehung zum Personal entwickeln, mit dem ich herumalberte oder über belanglose Dinge sprach – ganz entspannt, ohne jedes Gefühl der Formalität oder Distanz.

In Tibet und auch im Exil hat es mir nie an Menschen gefehlt, mit denen ich mich austauschen konnte. Das hat wahrscheinlich viel mit meinem Naturell zu tun. Es fällt mir leicht, mich anderen mitzuteilen; ich kann einfach keine Geheimnisse für mich behalten!«, lachte er. »Dieser Zug kann sich natürlich manchmal negativ auswirken. Zum Beispiel bei vertraulichen Diskussionen im Kashag[4], über die ich dann sofort mit anderen spreche. Aber auf der persönlichen Ebene sind Offenheit und die Bereitschaft zum Austausch sehr hilfreich.

Diese Eigenschaften ermöglichen mir, leichter Freunde zu gewinnen. Mit ihnen rede ich nicht nur über Belanglosigkeiten, sondern auch über meine persönlichsten Probleme und Schwierigkeiten und natürlich ebenfalls über gute Nachrichten. So empfinde ich ein Gefühl der Nähe und Verbundenheit zu meinen Freunden. Natürlich ist es manchmal einfach für mich, eine Verbindung zu anderen aufzubauen, die hoch erfreut sind, ihre Schwierigkeiten oder Freuden mit dem ›Dalai Lama‹, mit ›Seiner Heiligkeit dem Dalai Lama‹ teilen zu können.« Er lachte amüsiert über seinen Titel.

---

[4] Das Kabinett der tibetischen Exilregierung

»Jedenfalls spüre ich dieses Gefühl von Verbundenheit und Anteilnahme gegenüber vielen Menschen. Früher, wenn ich über die Politik der tibetischen Regierung enttäuscht war oder mir über andere Probleme Sorgen machte – zum Beispiel über die drohende chinesische Invasion –, kehrte ich manchmal in meine Gemächer zurück und tauschte mich mit der Person aus, die den Boden fegte. Einigen mag es komisch vorkommen, dass der Dalai Lama, das Oberhaupt der tibetischen Regierung, nationale oder internationale Probleme mit dem Reinigungspersonal bespricht.« Wieder lachte er. »Aber ich finde es sehr hilfreich; der andere nimmt Anteil, und wir treten dem Problem gemeinsam entgegen.«

Erweiterung unserer Definition von Intimität

Fast alle Forscher auf dem Gebiet der menschlichen Beziehungen sind sich darin einig, dass Intimität ein zentraler Faktor unseres Lebens ist. Der einflussreiche britische Psychoanalytiker John Bowlby schrieb: »Die intime Verbindung mit anderen Menschen ist die Nabe, um die sich das Leben einer Person dreht … Aus dieser Intimität zieht ein Mensch Kraft und Lebensfreude und spendet sie anderen. Darin stimmen die moderne Wissenschaft und die traditionelle Weisheit überein.«

Intimität führt unbestritten zu körperlichem wie geistigem Wohlbehagen. Untersuchungen darüber, wie sich herzliche Beziehungen gesundheitlich auswirken, haben ergeben, dass Personen mit engen Freunden, von denen sie Einfühlung und Zuneigung empfangen, Herzinfarkte und schwere Operationen eher überleben und auch weniger anfällig für Krankheiten wie Krebs und Infektionen der Atemwege sind.

Laut einer Studie über mehr als tausend Herzpatienten am Duke University Medical Center sterben diejenigen ohne Ehepartner oder engen Vertrauten mit dreimal höherer Wahrscheinlichkeit innerhalb von fünf Jahren nach Diagnostizierung der Krankheit als jene, die verheiratet sind oder einen engen Vertrauten haben. Eine andere Untersuchung, die neun Jahre lang an tausend Einwohnern von Alameda County in Kalifornien durchgeführt wurde, ergab, dass diejenigen mit größerem sozialem Rückhalt und engeren Beziehungen eine niedrigere Sterblichkeits- und Krebsrate aufweisen. Und eine Studie über mehrere hundert ältere Menschen an der University of Nebraska School of Medicine hat gezeigt, dass jene mit engen Bindungen stärkere Abwehrkräfte und einen niedrigeren Cholesterinspiegel besitzen.

In den letzten Jahren hat man mindestens ein halbes Dutzend umfassender Untersuchungen über die Verbindung zwischen Gesundheit und Intimität angestellt. Die Gesamtheit der Wissenschaftler gelangt dabei zu der einhelligen Schlussfolgerung: enge Beziehungen sind förderlich für die Gesundheit.

Das Gleiche gilt für die emotionale Gesundheit. Der Psychoanalytiker und Sozialphilosoph Erich Fromm behauptete, die Hauptangst des Menschen richte sich darauf, von anderen getrennt zu werden. Er hielt die Erfahrung des Getrenntseins, die man zum ersten Mal in der frühen Kindheit macht, für die Quelle aller Furcht im menschlichen Leben. John Bowlby stimmte dem zu und führte eine ganze Reihe experimenteller Belege an, um die These zu erhärten, dass die Trennung von den Bezugspersonen – in der Regel Mutter oder Vater – in der zweiten Hälfte des ersten Lebensjahres beim Kleinkind unausweichlich zu Angst und Trauer führe. Nach Bowlby sind Trennung und zwischenmenschliche Verluste die eigentlichen Ursachen für Furcht, Niedergeschlagenheit und Sorge.

Wie können wir angesichts der entscheidenden Bedeutung von enger Verbundenheit eine solche Intimität in unserem täglichen Leben erreichen? Nach der vom Dalai Lama beschriebenen Methode ist es vernünftig, mit dem Lernen zu beginnen: Wir müssen verstehen, was Intimität bedeutet, und eine brauchbare Definition sowie ein entsprechendes Modell suchen. Innerhalb der Wissenschaft scheint es außer der generellen Übereinstimmung der Forscher über die Bedeutung von Intimität keine weiteren Antworten zu geben. Ein flüchtiger Blick auf die vielfältigen Studien zeigt nur die bemerkenswert stark voneinander abweichenden Definitionen und Theorien über das Wesen der Intimität auf.

Innerhalb dieses Spektrums äußert sich der Schriftsteller Desmond Morris am konkretesten, der aus der Perspektive eines in Verhaltenskunde ausgebildeten Zoologen über Intimität schreibt. In seinem Buch *Liebe geht durch die Haut* (München 1972) definiert Morris Intimität als jegliche körperliche Berührung zwischen zwei Individuen. Er untersucht die unzähligen Möglichkeiten physischer Kontakte, von einem simplen Klaps auf den Rücken bis hin zur höchst erotischen sexuellen Umarmung. Morris sieht in der Berührung das Mittel, durch das wir einander trösten, indem wir uns umarmen, die Hände des anderen ergreifen oder – sollte dies nicht möglich sein – indirektere Formen des Körperkontakts, wie zum Beispiel durch Maniküre, suchen.

Er mutmaßt sogar, dass unser physischer Kontakt mit Gebrauchsgegenständen, von Zigaretten über Juwelen bis hin zu Wasserbetten, als Ersatz für Intimität diene.

Die meisten Wissenschaftler sind dagegen der Meinung, dass Intimität mehr als nur körperliche Nähe sei. Von der lateinischen Sprachwurzel *intimus* (»inneres« oder »innerstes«) ausgehend, bevorzugen sie eine weiter gefasste Definition wie die von Dr. Dan McAdams, dem Autor mehrerer

Bücher über das Thema Intimität. Er schreibt: »Das Verlangen nach Intimität ist das Verlangen danach, sein innerstes Selbst mit anderen zu teilen.«

Aber es gibt noch andere Definitionen von Intimität. Am Morris gegenüberliegenden Ende des Spektrums stehen Experten wie das Vater-und-Sohn-Psychiater-Team Dr. Thomas Patrick Malone und Dr. Patrick Thomas Malone. In ihrem Buch *The Art of Intimacy* bezeichnen sie Intimität als »die Erfahrung von Verbundenheit«. Sie beginnen mit der gründlichen Untersuchung unserer »Verbundenheit« mit anderen Menschen, doch sie beschränken ihr Konzept der Intimität nicht nur auf menschliche Beziehungen. Ihre Definition ist so umfassend, dass auch unsere Beziehung zu unbelebten Objekten wie Bäumen, Sternen und sogar dem Weltraum eingeschlossen ist.

Auch die Vorstellungen darüber, was die ideale Form der Intimität sei, variieren überall. Die romantische Idee von der »einen, besonderen Person«, zu der wir eine leidenschaftliche, intime Beziehung pflegen, ist ein Produkt unserer Zeit und unserer Kultur, das nicht universell akzeptiert wird.

Beispielsweise suchen die Japaner Intimität eher in Freundschaften, Amerikaner dagegen in einer romantischen Beziehung. Deshalb weisen einige Forscher darauf hin, dass Asiaten, die nicht so sehr auf persönliche Gefühle wie Leidenschaft fixiert sind, sondern sich eher um die praktischen Aspekte sozialer Bindungen kümmern, weniger anfällig für die Art Desillusionierung seien, die Beziehungen zerbröckeln lässt.

Zu den kulturellen Unterschieden kommt hinzu, dass sich die Vorstellungen von Intimität im Laufe der Zeit drastisch geändert haben. Im kolonialen Amerika war das Maß an körperlicher Intimität und Nähe generell höher als heutzutage; denn damals mussten sich Familien und sogar Fremde oft beengte Räumlichkeiten teilen. Man war es gewohnt, ein Gemeinschaftszimmer zum Baden, Essen und Schlafen zu benutzen. Doch die gebräuchliche Ebene der Kommunikation zwischen Eheleuten war im Vergleich mit heutigen Sitten recht formal – kaum anders als der Umgang zwischen Bekannten oder Nachbarn. Aber schon ein Jahrhundert später wurden Liebe und Heirat romantisch verklärt, und man sah intime Enthüllungen als integralen Bestandteil einer jeden Liebesbeziehung an.

Die Auffassung darüber, was als privates und intimes Verhalten gewertet werden muss, wandelte sich ebenfalls im Laufe der Zeit. Im Deutschland des 16. Jahrhunderts erwartete man beispielsweise von einem jungverheirateten Paar, dass es die Ehe in einem Bett vollzog, das von den Trauzeugen getragen wurde.

Auch die Art und Weise, wie Leute ihren Gefühlen Ausdruck verleihen, hat sich geändert. Im Mittelalter galt es als normal, in der Öffentlichkeit eine große Bandbreite von intensiven Emotionen zu zeigen, seien es nun Freude, Zorn, Furcht, Pietät oder gar Wohlgefallen beim Foltern und Töten von Feinden. Extreme wie hysterisches Gelächter, leidenschaftliches Weinen und ungezügelte Wut äußerten sich viel direkter, als es in unserer Gesellschaft akzeptabel wäre. Aber die Offenlegung der Empfindungen in der damaligen Gesellschaft machte emotionale Intimität unmöglich. Denn wenn man alle Gefühle wahllos zur Schau stellt, bleiben keine privaten Regungen mehr übrig, die man einigen Ausgewählten mitteilen könnte.

Unsere Maßstäbe für Intimität besitzen also keine universelle Gültigkeit. Sie wandeln sich mit der Zeit und werden oft durch ökonomische, soziale und kulturelle Umstände geformt. Verwirrend sind auch die verschiedenen zeitgenössischen Definitionen von Intimität im Westen (sie kann sich im

Haarschnitt oder in unserer astrologischen Beziehung zu den Monden des Neptuns ausdrücken). Wohin führt uns das bei unserer Suche nach dem Verständnis von Intimität?

Klar ist jedenfalls: Es gibt eine unglaubliche Vielfalt im Leben der Menschen, unendliche Variationen dessen, wie sie ein Gefühl der Nähe erfahren können. Schon diese Erkenntnis eröffnet uns große Möglichkeiten, denn sie macht deutlich, dass wir *in genau diesem Moment* viele Mittel und Wege zur Intimität besitzen. Wir sind von Intimität umgeben.

So viele von uns werden heutzutage von dem Gefühl bedrückt, dass uns etwas im Leben fehlt; wir leiden schwer an einem Mangel an Intimität. Das gilt besonders für die unvermeidlichen Lebensphasen, in denen wir uns in keiner romantischen Beziehung befinden oder in denen sich die Leidenschaft einer Beziehung verflüchtigt hat. In unserer Kultur nimmt man weithin an, dass Intimität am besten im Rahmen einer leidenschaftlichen romantischen Beziehung zu erreichen sei – mit dieser einen speziellen Person, die wir aus der Masse der anderen auswählen. Das kann zu einer beträchtlich eingeengten Sichtweise führen, denn wir wenden uns von anderen möglichen Quellen der Intimität ab. Zudem kann es Elend und Unglück auslösen, wenn der oder die Auserwählte nicht zugegen ist.

Die Mittel zur Vermeidung solcher Probleme liegen jedoch bereit. Wir brauchen nur mutig unsere Definition von Intimität auf viele andere Dinge zu erweitern, die uns im Alltag umgeben. Dadurch eröffnen wir uns viele neue und gleichermaßen befriedigende Wege zur Verbindung mit anderen.

Damit kehren wir zu meiner anfänglichen Diskussion mit dem Dalai Lama über die Einsamkeit zurück – einer Diskussion, die sich aus der zufälligen Lektüre der Rubrik »Persönliches« in einem Lokalblatt entspann. Es ist erstaunlich: In demselben Augenblick, da diese Menschen ihre Anzeigen aufsetzten und nach den passenden Worten suchten, welche die Romantik in ihr Leben bringen und ihre Einsamkeit beenden sollten, waren viele bereits von Freunden, Familienmitgliedern oder Bekannten umgeben. Hätten diese Beziehungen nicht auf einfache Weise zu echten und erfüllenden intimen Verbindungen ausgebaut werden können?

Wenn es Glück ist, wonach wir streben, und Intimität einen wichtigen Bestandteil einer erfüllteren Existenz darstellt, dann ist es zweifellos sinnvoll, unser Leben nach einem Modell der Intimität auszurichten, das möglichst viele Formen von enger Verbundenheit mit anderen einschließt. Das Modell des Dalai Lama gründet sich auf die Bereitschaft, sich gegenüber vielen anderen – Familienmitgliedern, Freunden und sogar Fremden – zu öffnen und aufrichtige Bande auf der Basis unseres gemeinsamen Menschseins zu knüpfen.

Vertiefung unserer Verbundenheit mit anderen

Eines Nachmittags nach dem Vortrag des Dalai Lama fand ich mich zu unserem täglichen Treffen zu früh an seiner Hotelsuite ein. Ein Mitarbeiter kam diskret in die Vorhalle, um mir mitzuteilen, dass Seine Heiligkeit eine Privataudienz abhalte und diese noch einige Minuten dauern werde. Ich nahm meinen vertrauten Posten vor der Tür seiner Suite ein und nutzte die Zeit, um nochmals meine Notizen durchzusehen. Dabei versuchte ich, den misstrauischen Blick eines Sicherheitsbeamten zu meiden: einen Blick, den Verkäufer in Selbstbedienungsläden in vollendeter Form gegen Schulkinder einsetzen, die um die Zeitschriftenständer herumlungern.

Nach wenigen Momenten öffnete sich die Tür, und ein gut gekleidetes Paar mittleren Alters wurde herausgeleitet. Die beiden kamen mir bekannt vor. Ich erinnerte mich, dass ich ihnen einige Tage zuvor kurz vorgestellt worden war. Es hieß, die Frau sei eine bekannte Erbin und der Mann ein reicher Staranwalt aus Manhattan. Wir hatten zwar nur wenige Worte gewechselt, doch mir war die unglaubliche Arroganz der beiden aufgefallen. Als sie aus der Hotelsuite des Dalai Lama heraustraten, bemerkte ich eine erstaunliche Veränderung an ihnen. Ihr hochnäsiger und selbstgefälliger Ausdruck war verschwunden. Stattdessen waren ihre Gesichter von Zartheit und Emotionen erfüllt. Sie waren wie Kinder. Tränenströme rannen ihnen über die Wangen.

Obgleich die vom Dalai Lama ausgehende Wirkung nicht immer so dramatisch ausfällt, stelle ich fest, dass er bei allen einen gewissen Wandel der Empfindungen hervorruft. Diese

Fähigkeit, eine innige Bindung zu Menschen verschiedener Herkunft herzustellen und mit ihnen in einen bedeutsamen emotionalen Austausch zu treten, erstaunt mich seit langem.

Herstellung von Empathie

In Arizona hatten wir über die Bedeutung von menschlicher Wärme und Mitgefühl gesprochen. Einige Monate später konnten wir in seinem Domizil in Dharamsala die menschlichen Beziehungen gründlicher erforschen. Mittlerweile wollte ich unbedingt feststellen, ob er gewisse Grundprinzipien hatte, die seinen Umgang mit anderen bestimmten – Prinzipien, die jede Beziehung verbessern könnten, sei es gegenüber Fremden, in der Familie, mit Freunden oder zwischen Liebenden. Ich kam sofort zur Sache: »Zum Thema menschliche Beziehungen – was erachten Sie als die effektivste Methode oder Technik, um mit anderen auf sinnvolle Weise in Verbindung zu treten und gleichzeitig Konflikte abzubauen?«

Der Dalai Lama schaute mich einen Moment lang an. Es war kein unfreundlicher Blick, aber es kam mir so vor, als hätte ich ihn gerade gebeten, mir die exakte chemische Zusammensetzung von Mondstaub zu erklären.

Nach einer kurzen Pause antwortete er: »Der Umgang mit anderen ist eine sehr komplexe Angelegenheit. Es ist unmöglich, mit einer einzigen Formel aufzuwarten, die zur Lösung aller Probleme dienen könnte. Das ist ein wenig mit der Kochkunst zu vergleichen. Möchten Sie ein sehr schmackhaftes Gericht, ein spezielles Mahl zubereiten, dann gilt es, verschiedene Schritte aufeinander abzustimmen. Vielleicht müssen Sie anfangs die Gemüsesorten getrennt kochen, sie dann braten und anschließend auf bestimmte Art miteinander kombinieren, daraufhin Gewürze hinzugeben und so weiter. Schließlich erhalten Sie ein fertiges, delikates Gericht. Ganz ähnlich müssen Sie für den Umgang mit anderen viele Faktoren geschickt einbeziehen. Es genügt nicht, einfach zu sagen: ›Dies ist die Methode‹ oder: ›Das ist die Technik.‹«

Dies war nicht die Antwort, die ich hören wollte. Ich dachte, er weiche aus, und war davon überzeugt, er müsse etwas Konkreteres anzubieten haben. »Wenn sich keine allgemein gültige Lösung für bessere Beziehungen finden lässt, gibt es dann nicht zumindest einige brauchbare Richtlinien?«

Der Dalai Lama überlegte einen Moment. »Doch. Früher haben wir davon gesprochen, wie wichtig es ist, sich anderen voller Mitgefühl zu nähern. Das ist entscheidend. Natürlich reicht es nicht, jemandem nur zu empfehlen: ›Oh, es ist sehr wichtig, mitfühlend zu sein; sei liebevoller!‹ Ein solcher Rat allein wird nichts bewegen. Aber eine effektive Methode, andere zu lehren, wie man herzlicher und empfindsamer wird, besteht darin, Beweise anzuführen, die den Wert und die praktischen Vorteile des Mitgefühls verdeutlichen.

Nützlich ist weiterhin die Reflexion darüber, was man fühlt, wenn man gütig behandelt wird. Das dient als Vorbereitung dafür, Mitgefühl wirkungsvoller zu entwickeln. Wenn ich mir die verschiedenen Mittel zur Entfaltung von Mitgefühl vor Augen führe, scheint mir Einfühlungsvermögen oder Empathie – die Fähigkeit, für das Leiden eines anderen Verständnis aufzubringen – ein wesentlicher Faktor zu sein. Zum Beispiel verlangt eine der traditionellen buddhistischen Techniken zur Entwicklung von Mitempfinden, dass man sich eine Situation vorstellt, in der ein fühlendes Wesen Leid empfindet, etwa ein Schaf, das zur Schlachtbank geführt wird. Man versucht sich die Leiden vorzustellen, die das Schaf zu ertragen hat ...«

Der Dalai Lama ließ nachdenklich seine Gebetskette durch die Finger gleiten. Dann fuhr er fort: »Mir scheint jedoch, dass eine solche Technik bei kaltherzigen und gleichgültigen Menschen nicht sehr wirksam ist. Es wäre, als würde man den Schlachter selbst bitten, sich das Leid zu veranschaulichen. Aber der ist so verhärtet und an den Vorgang gewöhnt, dass es ihn nicht beeindrucken würde. Diese Methode Menschen zu empfehlen, die zum Vergnügen und zur Erholung regelmäßig auf die Jagd oder zum Angeln gehen, wäre daher ebenfalls wenig ratsam ...«

»Dann«, warf ich ein, »sollte man dem Jäger vielleicht empfehlen, sich nicht die Leiden seiner Beute, sondern seines Lieblingsjagdhundes, der vor Schmerz jaulend in einer Falle gefangen ist, vergegenwärtigen zu lassen. Dies wird in ihm am ehesten Mitgefühl wecken.«

»Ja, genau ...«, pflichtete der Dalai Lama bei. »Man sollte diese Technik den Umständen anpassen. Vielleicht hat der Betreffende kein spezielles Einfühlungsvermögen für Tiere, besitzt aber zumindest gegenüber Freunden oder engen Familienmitgliedern eine gewisse Empathie. In dem Fall könnte er sich eine Situation ausmalen, in welcher der geliebte Mensch leidet oder eine tragische Phase durchlebt. Danach sollte man sich vorstellen, wie man selbst darauf reagieren würde. Das wäre ein Versuch, Mitgefühl zu wecken, indem man jemanden an den Empfindungen und Erfahrungen anderer Menschen Anteil nehmen lässt.

Empathie ist meines Erachtens nicht nur zur Stärkung von Mitgefühl wichtig, sondern auch für jeden Umgang mit anderen nützlich. Wenn Sie Schwierigkeiten mit jemandem haben, ist es äußerst hilfreich, sich in die Lage des anderen hineinzuversetzen und abzuwägen, wie Sie selbst in seiner Situation reagieren würden. Auch wenn Sie keine gemeinsame Erfahrung mit ihm teilen, ist es dennoch möglich, sich mithilfe der Fantasie in den anderen hineinzuversetzen. Sie brauchen nur ein wenig kreativ zu sein.

Diese Technik erfordert die Fähigkeit, sich vorübergehend vom eigenen Standpunkt zu lösen und sich auf die Sichtweise des anderen einzulassen; sich vorzustellen, wie es wäre, in dessen Haut zu stecken. Das hilft uns, Respekt für seine Gefühle zu entwickeln, was wiederum ein wichtiger Faktor bei der Entschärfung von Konflikten und Problemen mit anderen ist.«

Unser Gespräch an jenem Nachmittag war kurz, denn es war in letzter Minute in den dicht gedrängten Zeitplan des Dalai Lama eingeschoben worden und fand wie mehrere unserer Unterhaltungen recht spät statt. Draußen neigte sich der Tag dem Ende zu, und die untergehende Sonne erfüllte den Raum mit dem schmerzlich schönen Licht der Abenddämmerung. Es tauchte die blassgelben Wände in eine satte Bernsteinfarbe und ließ die buddhistischen Bildnisse golden aufleuchten. Der Mitarbeiter des Dalai Lama trat ins Zimmer und signalisierte das Ende unseres Treffens.

Zum Abschluss fragte ich: »Ich weiß, dass wir aufhören müssen, aber haben Sie noch einen weiteren Ratschlag oder irgendeine andere Methode, um Einfühlungsvermögen für andere herzustellen?«

Mit freundlicher Einfachheit wiederholte er die Worte, die er viele Monate zuvor in Arizona gesprochen hatte: »Wannimmer ich mit Menschen zusammentreffe, nähere ich mich ihnen unter dem Gesichtspunkt der elementaren Gemeinsamkeiten, die uns verbinden. Wir alle haben Körper, Geist und Gefühle. Wir alle werden auf die gleiche Weise geboren, und wir alle müssen eines Tages diese Welt wieder verlassen. Ein jeder von uns wünscht sich Glück, nicht Leid. Da ich die anderen von diesem Standpunkt aus betrachte und keine Nebensächlichkeiten – wie etwa den Umstand, dass ich

Tibeter bin, eine andere Hautfarbe, Religion oder einen anderen kulturellen Hintergrund habe – in den Vordergrund stelle, kann ich empfinden, dass der Mensch, dem ich begegne, genauso ist wie ich selbst. Eine solche Einstellung erleichtert den Austausch und die Kommunikation miteinander ungemein.« Damit erhob er sich, lächelte, ergriff kurz meine Hand und zog sich zurück.

Am folgenden Morgen setzten wir unsere Erörterungen im Hause des Dalai Lama fort. »In Arizona sprachen wir vor allem über die Bedeutung von Mitgefühl für die menschlichen Beziehungen und gestern über die Rolle der Empathie beim Ausbau unserer Fähigkeit, auf andere einzugehen …«

»Ja.« Der Dalai Lama nickte zustimmend.

»Können Sie irgendeine weitere Methode oder Technik vorschlagen, die uns hilft, uns effektiver auf andere Menschen einzustellen?«

»Wie ich gestern bereits erwähnt habe, ist es unmöglich, mit nur einer oder zwei einfachen Techniken sämtliche Probleme zu lösen. Das soll aber nicht heißen, dass es keine weiteren, für den Umgang mit anderen förderlicheren Faktoren gibt. Zunächst ist es hilfreich, den Hintergrund der Menschen zu kennen und zu achten. Ehrlichkeit und Offenheit sind ebenfalls nützliche Qualitäten.«

Ich wartete, aber er schwieg.

»Können Sie noch andere Methoden zur Verbesserung unserer Beziehungen nennen?«

Der Dalai Lama dachte eine Weile nach. »Nein«, sagte er lachend.

Ich hielt diese Ratschläge für zu simpel und banal. Da er jedoch zunächst keine weiteren Kommentare dazu zu haben schien, wandten wir uns anderen Themen zu.

An jenem Tag war ich bei einigen tibetischen Freunden in Dharamsala zum Essen eingeladen. Es sollte ein recht lebhafter Abend werden. Das Essen war ausgezeichnet, mit einer beeindruckenden Vielfalt von Köstlichkeiten, unter denen die tibetischen *Mo Mos* – schmackhafte, mit Fleisch gefüllte gedämpfte Teigtaschen – besonders hervorstachen. Im Laufe der Mahlzeit wurde die Unterhaltung immer angeregter. Und etwas später tauschten wir Geschichten über die peinlichsten Episoden aus, die wir im Alkoholrausch erlebt hatten. Unter den Gästen befand sich auch ein bekanntes Paar aus Deutschland; die Frau war Architektin und ihr Mann Schriftsteller, der Dutzende von Büchern veröffentlicht hatte.

Da ich mich für Literatur interessiere, fragte ich den Mann nach seiner schriftstellerischen Tätigkeit. Seine Antworten waren kurz und schroff. Ich hielt ihn für recht unfreundlich, ja sogar für einen Snob, und empfand sogleich eine Abneigung gegen ihn. Ich tröstete mich damit, dass ich zumindest versucht hatte, eine Unterhaltung mit ihm anzuknüpfen. Da er mir einfach eine unsympathische Person zu sein schien, wandte ich mich anderen, liebenswürdigeren Gästen zu.

Am folgenden Tag traf ich einen Freund in einem Café und berichtete ihm bei einer Tasse Tee von den Ereignissen des Vorabends.

»… Mir gefielen wirklich alle Gäste, bis auf Rolf, den Schriftsteller. Er kam mir so arrogant oder, wie soll ich sagen, so unfreundlich vor.«

»Ich kenne ihn seit mehreren Jahren«, sagte mein Freund, »und ich weiß, dass er manchmal so wirkt. Aber das liegt daran, dass er zuerst ein bisschen scheu und reserviert ist. In Wirklichkeit ist er ein wundervoller Mensch, wenn man ihn erst einmal richtig kennen lernt …« Ich blieb skeptisch. Mein Freund fuhr fort: »Er ist ein erfolgreicher Schriftsteller, aber er hat doch mehr als genug Schwierigkeiten im Leben durchgemacht. Seine Familie hat während des Zweiten Weltkrieges unter den Nazis viel Leid erfahren. Und er hat zwei Kinder, die er über alles liebt; sie sind mit einer sehr seltenen Erbkrankheit zur Welt gekommen und physisch wie geistig extrem behindert. Statt zu verbittern oder sein Leben lang den Märtyrer zu spielen, stellt sich Rolf seinen Problemen und kümmert sich um andere. Viele Jahre hat er freiwillig der Arbeit mit Behinderten gewidmet. Er ist wirklich ein außergewöhnlicher Mensch, wenn man ihn näher kennt.«

Wie der Zufall es wollte, traf ich Rolf und seine Frau am Ende der Woche wieder an der schmalen Start- und Landebahn, die als lokaler Flugplatz dient. Wir hatten denselben Flug nach Delhi gebucht, der aber gestrichen worden war, wie sich bald herausstellte. Der nächste Flug fand erst mehrere Tage später statt, und so entschieden wir uns, ein Taxi nach Delhi miteinander zu teilen. Es war eine äußerst strapaziöse Zehn-Stunden-Fahrt. Die spärlichen Informationen, die ich von meinem Freund über Rolf erhalten hatte, änderten meine Einstellung, und ich war während der langen Reise nach Delhi aufgeschlossener ihm gegenüber.

Deshalb versuchte ich von neuem, ihn in ein Gespräch zu verwickeln. Zunächst benahm er sich ähnlich wie zuvor, aber mit ein wenig Offenheit und Ausdauer entdeckte ich bald, dass mein Freund Recht gehabt hatte: Rolfs scheinbare Hochnäsigkeit gründete sich eher auf Scheu als auf Snobismus. Während wir durch die glühend heiße, staubige nordindische Landschaft ratterten, entpuppte er sich als warmherzige Persönlichkeit und als prächtiger Reisegefährte.

Als wir Delhi erreichten, erkannte ich, dass der Ratschlag des Dalai Lama, »den Hintergrund der Menschen zu verstehen«, gar nicht so oberflächlich war, wie ich zunächst gedacht hatte. Gewiss, er war einfach, aber nicht einfältig. Manchmal zeigt uns ein direkter Rat – den wir gern als naiv abtun – die wirkungsvollste Methode zur Verbesserung der Kommunikation auf.

Vor meiner Heimreise verweilte ich noch zwei Tage in Delhi. Der krasse Wechsel vom ruhigen Dharamsala in das quirlige Delhi versetzte mich in eine üble Stimmung. Neben der drückenden Hitze, der Verschmutzung und den Menschenmengen musste ich mich mit jenem in Städten üblichen Gesindel abfinden, das nur vom Betrug lebt. Bei meinen Gängen durch die glühend heißen Straßen von Delhi fühlte ich – ein Fremder, ein Mann aus dem Westen, ein Ziel für ein halbes Dutzend Gauner pro Häuserblock – mich wie jemand, dem das Wort *Trottel* auf die Stirn tätowiert ist. Es war entnervend.

An jenem Morgen fiel ich einem der verbreiteten Tricks zum Opfer: Ohne dass ich es merkte, spritzte mir einer von zwei Halunken einen roten Farbklecks auf die Schuhe. Am Ende des Häuserblocks machte sein Komplize, ein unschuldig dreinschauender Schuhputzer, mich auf den Fleck aufmerksam und erbot sich, mir die Schuhe zum üblichen Preis zu polieren. Geschickt brachte er sie in wenigen Minuten auf Hochglanz und forderte dann in aller Gelassenheit eine Riesensumme, die für viele in Delhi zwei Monatslöhnen entsprach. Als ich zögerte, behauptete er, das sei der vereinbarte Preis. Ich brachte Einwände vor, woraufhin der Junge lozubrüllen begann. Dies zog eine Menschenmenge an, die sich um uns scharte. Der Junge schrie lauthals, dass ich mich weigerte, den Lohn für einen bereits geleisteten Dienst zu zahlen.

Später am selben Tag erfuhr ich, dass dies ein häufiger Streich ist, den man arglosen Touristen spielt: Nachdem er eine horrende Summe gefordert hat, provoziert der Schuhputzer einen Streit, um eine Menschenmenge anzulocken und den Touristen, der natürlich eine Szene vermeiden möchte, zum Zahlen zu zwingen.

An jenem Nachmittag traf ich mich in meinem Hotel mit einer Kollegin zum Essen. Bald vergaß ich die Ereignisse des Morgens, da sie sich nach meinen Gesprächen mit dem Dalai Lama erkundigte. Wir erörterten die Vorstellungen des Dalai Lama über die Empathie und die Wichtigkeit des Vermögens, sich in den anderen hineinzuversetzen.

Nach dem Mittagessen nahmen wir ein Taxi, um ein paar gemeinsame Freunde zu besuchen. Als der Wagen anfuhr, kehrten meine Gedanken wieder zu dem Schuhputzerschwindel zurück. Dabei fiel mein Blick auf das Taxameter.

»Anhalten!«, schrie ich. Meine Bekannte erschrak bei diesem plötzlichen Ausbruch. Der Taxifahrer musterte mich finster im Rückspiegel, bremste aber nicht.

»An die Seite!«, forderte ich, wobei meine Stimme unter einer Spur von Hysterie bebte. Meine Kollegin wirkte verblüfft. Das Taxi hielt an. Ich zeigte auf das Taxameter und fuchtelte wild in der Luft herum. »Sie haben es nicht zurückgestellt! Es hat über zwanzig Rupien angezeigt, als wir losfuhren!«

»Tut mir wirklich Leid, Sir«, sagte er mit einer dumpfen Gleichgültigkeit, die mich noch wütender werden ließ. »Ich hab vergessen, es zurückzustellen ... Ich fange noch einmal von vorne an ...«

»Das haben Sie sich so gedacht!«, explodierte ich. »Ich habe Leute satt, die immer versuchen, ihre Einnahmen aufzustocken, im Kreis herumfahren oder sonst was tun, um andere übers Ohr zu hauen ... Ich habe es so ... so ... satt!« Ich kochte vor Zorn. Meine Bekannte wirkte beschämt.

Der Fahrer starrte mich mit demselben trotzigen Ausdruck an, den man oft bei den heiligen Kühen findet, die in die Mitte einer stark befahrenen Straße in Delhi trotten und dort stehen bleiben, um den Verkehr in aufwieglerischer Absicht zum Erliegen zu bringen. Er betrachtete mich, als würde ihn mein Anfall nur ermüden und langweilen. Ich warf ein paar Rupien auf den Vordersitz, öffnete ohne weiteren Kommentar den Wagenschlag für meine Bekannte und folgte ihr sogleich nach draußen.

Innerhalb weniger Minuten hatten wir ein anderes Taxi und setzten unsere Fahrt fort. Aber ich konnte mich nicht beruhigen, sondern klagte weiterhin darüber, dass »alle« in Delhi darauf aus seien, Touristen zu betrügen und auszubeuten. Meine Kollegin hörte meinem Gezeter schweigend zu und sagte schließlich: »Aber zwanzig Rupien sind doch nur ein paar Cent – warum sich so aufregen?«

Ich kochte immer noch vor Entrüstung. »Aber es geht ums Prinzip! Ich kann nicht verstehen, wie du dabei so ruhig bleiben kannst. Macht dir das gar nichts aus?«

»Na ja«, sagte sie bedächtig, »anfangs schon, aber dann dachte ich daran, was wir beim Essen über den Dalai Lama gesagt haben. Er meint doch, es sei wichtig, die Dinge aus der Perspektive des anderen zu betrachten. Als du immer wütender wurdest, versuchte ich mir vorzustellen, welche Gemeinsamkeiten es zwischen mir und dem Taxifahrer geben könnte. Wir beide möchten gut essen, ruhig schlafen, uns wohl fühlen, geliebt werden und so weiter. Dann versuchte ich, mich in die Situation des Fahrers hineinzuversetzen. Ich hocke den ganzen Tag in einem engen Auto ohne Klimaanlage, vielleicht bin ich auf die reichen Ausländer wütend und neidisch. Um für ›Fairness‹ zu sorgen und dem Glück nachzuhelfen, bleibt mir nichts anderes übrig, als die Leute übers Ohr zu hauen.

Aber selbst wenn es gelingt, nichts ahnenden Touristen ein paar zusätzliche Rupien aus der Tasche zu ziehen, ist dies keine sehr befriedigende Methode, um glücklicher zu werden oder zu einem erfüllten Leben zu gelangen ... Je stärker ich mich in den Taxifahrer hineinversetzte, desto weniger ärgerlich wurde ich. Sein Leben erschien mir nur traurig ... Natürlich heiße ich sein Handeln nicht gut – wir haben recht daran getan auszusteigen. Aber ich konnte mich einfach nicht genug ereifern, um ihn dafür zu hassen ...«

Ich schwieg bestürzt. Wie wenig hatte ich wirklich von den Worten des Dalai Lama in mich aufgenommen! Damals begann ich, seine pragmatischen Ratschläge aufrichtig zu schätzen, zum Beispiel den, dass man »den Hintergrund des anderen verstehen« solle. Und ich fand es inspirierend, wie er diese Prinzipien auf sein eigenes Leben anwendete. Als ich jedoch unsere Gespräche in Arizona und Indien Revue passieren ließ, merkte ich, dass unsere Unterredungen von Anfang an einen klinischen Ton angenommen hatten, als würde ich den Dalai Lama über die menschliche Anatomie befragen. Nur handelte es sich in diesem Fall um die Anatomie des menschlichen Geistes und Bewusstseins.

Bis dahin war es mir jedoch nicht eingefallen, die Ideen des Dalai Lama voll und ganz auf mein eigenes Leben anzuwenden. Ich hatte höchstens die vage Absicht, sie irgendwann in der Zukunft, wenn ich vielleicht mehr Zeit haben würde, auf mich selbst zu beziehen.

Analyse der Grundstruktur einer Beziehung

Unsere Gespräche in Arizona hatten mit einer Diskussion über die Ursprünge des Glücks begonnen. Einerseits hat der Dalai Lama ein Leben als Mönch gewählt, andererseits zeigen Studien durchaus, dass das Eheleben zum Glück beitragen kann, wenn es die Intimität und das Zusammengehörigkeitsgefühl bewirkt, welche die Gesundheit und die allgemeine Zufriedenheit mit dem Leben stärken. Tausende von Erhebungen über Amerikaner und Europäer machen deutlich, dass verheiratete Menschen im Allgemeinen glücklicher und zufriedener sind als allein stehende oder verwitwete – und besonders als geschiedene oder getrennt lebende Personen. Nach einer Befragung bewerteten sechs von zehn Amerikanern, die ihre Ehe als »sehr glücklich« einstuften, auch ihr Leben insgesamt als »sehr glücklich«. In unserer Diskussion über menschliche Beziehungen hielt ich es für wichtig, diese allgemeine Quelle des Glücks anzusprechen.

Wenige Minuten vor einem geplanten Interview mit dem Dalai Lama saß ich mit einem Freund auf der Veranda des Hotels in Tucson und erfrischte mich an einem kühlen Getränk. Als ich die für das Gespräch vorgesehenen Themen »Ehe« und »romantische Liebe« erwähnte, löste dies bei meinem Freund und mir eine gewisse Wehmut aus, denn wir beide waren Junggesellen. Während wir plauderten, setzte sich ein munteres junges Pärchen – Golfspieler vielleicht, die vergnügt Ferien machten – an einen Tisch in unserer Nähe. Wahrscheinlich waren ihre Flitterwochen schon vorbei, aber die Ehe war noch jung, und vermutlich liebten sie einander. Wie schön muss das sein, dachte ich.

Sobald sie Platz genommen hatten, fingen sie jedoch an, sich zu zanken.

»... Ich habe doch gesagt, wir kommen zu spät!«, beschuldigte die Frau ihren Mann mit einer scharfen Stimme, die vom jahrelangen Zigaretten- und Alkoholkonsum erstaunlich heiser war. »Jetzt bleibt uns kaum noch Zeit zum Essen, und dann schmeckt es mir einfach nicht!«

»... Wenn du nicht so lange gebraucht hättest, um dich fertig zu machen ...«, schoss der Mann zurück – zwar in ruhigerem Ton, aber jede Silbe war voller Verdruss und Feindseligkeit.

Dann die Entgegnung. »*Ich* war schon vor einer halben Stunde fertig, *du* bist derjenige, der die Zeitung noch zu Ende lesen musste ...«

Und so ging es weiter. Es hörte nicht auf. Wie der griechische Dramatiker Euripides sagte: »Heirate, und es mag gut gehen. Scheitert die Ehe jedoch, haben die Verheirateten die Hölle auf Erden.«

Der eskalierende Streit bereitete unserem Lamentieren über das Single-Dasein ein jähes Ende. Mein Freund verdrehte nur die Augen und zitierte eine Zeile aus der Fernsehserie *Seinfeld*: »O ja! Ich möchte *wirklich* bald heiraten!«

Noch Augenblicke vor dem Treffen mit dem Dalai Lama war ich fest entschlossen gewesen, ihn als erstes um seine Meinung über die Freuden und Tugenden der romantischen Liebe und der Ehe zu bitten. Stattdessen fragte ich, noch ehe ich mich gesetzt hatte: »Warum glauben Sie, dass es in Ehen so oft zu Konflikten kommt?«

»Das ist natürlich ein sehr komplexes Thema«, erklärte der Dalai Lama. »Daran können viele Faktoren beteiligt sein. *Wenn wir Beziehungsprobleme verstehen wollen, müssen wir zunächst die grundlegende Natur der Beziehung überdenken.*

Vor allem müssen wir begreifen, dass es verschiedene Formen von Beziehungen gibt, und wir sollten uns die Unterschiede klar machen. Lässt man die Ehe einmal außer Acht, entdeckt man selbst bei gewöhnlichen Freundschaften einen großen Fassettenreichtum: Manche Freundschaften beruhen auf Wohlstand, Macht oder Prestige, und die Verbindung wird so lange dauern, wie Wohlstand, Macht und Prestige anhalten. Sobald sich diese verflüchtigen, wird auch die Freundschaft untergehen.

Andere Freundschaften basieren jedoch nicht auf den oben erwähnten Faktoren, sondern auf wahren, humanen Empfindungen, auf einem Gefühl echter Nähe, verbunden mit einem Sinn für Zusammengehörigkeit und Anteilnahme. Diese würde ich als echte Freundschaften bezeichnen, weil sie durch Reichtum, Macht oder Prestige des Einzelnen unbeeinträchtigt bleiben. Was eine echte Freundschaft aufrechterhält, ist das Gefühl der Zuneigung. Wenn es jemandem daran mangelt, wird er nicht fähig sein, wahre freundschaftliche Beziehungen zu pflegen.

Natürlich haben wir dies schon früher erwähnt, und all das liegt auf der Hand; bei Beziehungsproblemen ist es jedoch hilfreich, einfach einmal darüber nachzudenken, worauf sich die Beziehung überhaupt gründet. Ebenso sollten Ehepartner die Grundlagen ihrer Ehe in Augenschein nehmen. Oft stützt sich eine Beziehung beispielsweise auf ein starkes sexuelles Element. Wenn sich zwei Menschen gerade gefunden und sich nur ein paarmal getroffen haben, mögen sie ganz blind vor Liebe und sehr glücklich sein«, lachte der Dalai Lama. »Aber eine Heirat, die zu diesem Zeitpunkt geplant wird, wäre äußerst instabil. Genauso wie man durch intensiven Ärger oder Hass gleichsam verrückt wird, kann man auch durch Lust und Leidenschaft sein geistiges Gleichgewicht verlieren. Es mag auch Situationen geben, in denen jemand denkt: Mein Freund oder meine Freundin ist kein wirklich guter Mensch, keine gütige Person, und dennoch fühle ich mich zu ihm oder ihr hingezogen.

Eine Beziehung, die sich nur auf diese anfängliche Leidenschaft stützt, ist sehr labil und unbeständig, weil sie größtenteils auf vergänglichen Dingen basiert. Solche Gefühle sind sehr kurzlebig und werden sich nach einer gewissen Zeit verflüchtigen.« Bei diesen Worten schnipste er mit den Fingern. »Wir sollten also nicht besonders überrascht sein, wenn eine derart oberflächliche Beziehung schließlich zu Schwierigkeiten führt ... Aber was denken Sie?«

»Ja, ich muss Ihnen zustimmen«, antwortete ich. »Es scheint, als würde in jeder Beziehung, auch der inbrünstigsten, die anfängliche Leidenschaft irgendwann abkühlen.

Studien haben ergeben, dass gerade diejenigen, welche die anfängliche Romantik und Leidenschaft ihrer Beziehung für entscheidend erachten, sich oft desillusioniert scheiden lassen. Die Sozialpsychologin Ellen Berscheid von der University of Minnesota hat diesen Sachverhalt untersucht und ist zu dem Schluss gelangt, dass es verhängnisvoll sein kann, die begrenzte Halbwertszeit jeder leidenschaftlichen Liebe nicht zu berücksichtigen. Sie und ihre Kollegen nehmen an, der Anstieg der Scheidungsquoten innerhalb der letzten zwanzig Jahre sei teilweise darauf zurückzuführen, dass die Menschen intensiven Glücksgefühlen wie romantischer Liebe eine erhöhte Bedeutung zumessen. Das Problem ist, dass derartige Erfahrungen über längere Zeiträume besonders schwierig aufrechtzuerhalten sind ...«

»Das scheint zuzutreffen«, sagte der Dalai Lama. »Sie sehen also, wie wichtig bei Beziehungsproblemen die Untersuchung und das Verständnis der grundlegenden Natur der Beziehung sind.

Selbstverständlich gibt es noch andere Arten von Verbindungen, die sich nicht auf direkte sexuelle Anziehung gründen. Man erkennt vielleicht, dass der eigene Partner im Hinblick auf sein Äußeres nicht so attraktiv, dafür aber warmherzig, freundlich und voller Güte ist. Eine solche Beziehung lässt ein dauerhafteres Band zwischen den Partnern entstehen; denn zwischen ihnen gibt es echte Verständigung auf einer menschlichen und persönlichen Ebene ...«

Der Dalai Lama schwieg einen Moment lang, als lasse er sich die Sache noch einmal durch den Kopf gehen. »Natürlich sollte ich erwähnen, dass man in einer guten, gesunden Beziehung leben kann, in der auch eine Komponente des sexuellen Begehrens vorhanden ist. So scheint es zwei Hauptarten von Beziehungen zu geben, die auf sexueller Anziehungskraft basieren: Die eine beruht auf purem sexuellem Begehren, wobei der Antrieb nur in einer zeitweiligen Befriedigung und unmittelbaren Erfüllung der Bedürfnisse besteht. In einem derartigen Verhältnis sind die Individuen nicht so sehr als Personen, sondern eher als Objekte aufeinander bezogen, was nicht besonders gesund ist. Eine Beziehung, die nur auf sexuellem Verlangen und nicht auch auf gegenseitigem Respekt basiert, hat fast den Charakter der Prostitution, bei der keiner den anderen achtet. Eine solche Beziehung gleicht einem auf Eis gebauten Haus: Sobald das Eis schmilzt, stürzt das Gebäude ein.

Es gibt jedoch einen zweiten Beziehungstyp, der zwar auch auf sexueller Anziehung basiert, bei dem aber das körperliche Begehren nicht das dominierende Element ist. Hier besteht eine tiefere Anerkennung des anderen, weil man den Partner als liebenswert und warmherzig ansieht und ihm Respekt entgegenbringt. Jede so geartete Beziehung wird wesentlich dauerhafter und tragfähiger sein. Sie ist einfach angemessener. Für den Aufbau einer solchen Beziehung ist es entscheidend, sich genug Zeit zu nehmen, um den anderen wirklich kennen zu lernen und seine Wesenszüge zu erkunden. Wenn meine Freunde mich nach meiner Meinung zu einer geplanten Heirat fragen, erkundige ich mich gewöhnlich danach, wie lange sie einander schon kennen. Antworten sie: ›Einige Monate‹, sage ich meist: ›Das ist zu kurz.‹ Erwidern sie: ›Einige Jahre‹, gefällt es mir besser, denn dann kennen sie nicht nur die Oberfläche, sozusagen die Fassade des anderen, sondern auch dessen tiefere Natur …«

»Das entspricht einem Zitat von Mark Twain: ›Kein Paar weiß wirklich, was vollkommene Liebe ist, bevor es nicht ein Vierteljahrhundert miteinander verheiratet ist …‹«

Der Dalai Lama nickte zustimmend. »Ja, genau! Viele Probleme treten aufgrund der zu knapp bemessenen Zeit für das gegenseitige Kennenlernen auf. Wie dem auch sei, *ich denke, eine wirklich befriedigende Beziehung erreicht man am bes-*

ten, indem man das Wesen des anderen wirklich verstehen lernt und sich dann auf dieser Ebene, anstatt auf der Grundlage bloß oberflächlicher Eigenschaften auf sie oder ihn bezieht. In einer solchen Beziehung gibt es Raum für echtes Mitgefühl.

Ich habe von vielen Paaren gehört, dass ihre Ehe eine tiefere Bedeutung jenseits einer rein sexuellen Beziehung habe, dass zwei Menschen ihr Leben miteinander verbänden und alle Hochs und Tiefs miteinander teilten. Wenn das ehrlich gemeint ist, dann sind diese Werte wohl eine geeignete Basis für eine Beziehung. Eine gesunde Verbindung sollte ein Gefühl der Verantwortung und der Pflicht gegenüber dem Partner einschließen. Selbstverständlich können dabei der körperliche Kontakt und eine angemessene, normale Sexualität eine gewisse Befriedigung mit sich bringen, die sich beruhigend auf den Geist auswirkt. Trotzdem ist, biologisch gesehen, die Fortpflanzung der Hauptzweck einer sexuellen Beziehung. Dabei ist gerade im Hinblick auf den Nachwuchs Pflichtgefühl nötig, damit die Kinder überleben und gedeihen können. Diese Fähigkeit zur Übernahme von Verantwortung und zur Pflichterfüllung ist entscheidend. Ohne sie wird eine Beziehung nur zeitweilige Befriedigung bieten können. Sie bestünde nur zum Vergnügen.«

Der Dalai Lama lachte und schien sich über das weite Feld des menschlichen Verhaltens zu amüsieren.

Auf Romantik gründende Beziehungen

Es kam mir sonderbar vor, mit einem über sechzigjährigen Mann, der sein ganzes Leben enthaltsam verbracht hat, über Sex und Ehe zu sprechen. Er schien nicht abgeneigt zu sein, über diese Themen zu diskutieren, allerdings waren seine Kommentare durch einen gewissen Abstand gekennzeichnet.

Als ich später am selben Abend über unser Gespräch nachdachte, fiel mir ein, dass wir einen weiteren wesentlichen Punkt noch nicht behandelt hatten, und ich war neugierig darauf, seine Meinung hierzu zu hören. Am folgenden Tag kam ich darauf zu sprechen:

»Gestern diskutierten wir über Beziehungen und darüber, wie wichtig es ist, eine enge Beziehung oder eine Ehe auf mehr als nur Sex zu gründen. In der westlichen Kultur gilt jedoch nicht nur der physisch-sexuelle Akt als höchst erstrebenswert, sondern eine *romantische* Liebesbeziehung als solche – das Sich-Verlieben und die tiefe Zuneigung zum anderen. In Literatur, Film und Populärkultur findet man eine richtiggehende Begeisterung für diese romantische Liebe. Was halten Sie davon?«

Ohne zu zögern antwortete der Dalai Lama: »Mal abgesehen von dem Einfluss auf unser tieferes spirituelles Wachstum, den das endlose Trachten nach romantischer Liebe ausübt, stellt diese Idealisierung der romantischen Liebe sogar aus der Perspektive eines gewöhnlichen Lebens ein Extrem dar. Sie ist durchaus nicht als positiv zu betrachten. Dies trifft natürlich nicht auf solche Beziehungen zu, die auf echter und fürsorglicher Zuneigung basieren. Die stehen auf einem anderen Blatt«, sagte er entschieden. »Die erwähnte ›romantische‹ Beziehung fußt allerdings auf Fantasie, sie ist unerreichbar und führt deshalb zu Frustration.«

Es lag etwas Definitives in den Worten des Dalai Lama, so, als gäbe es dem nichts hinzuzufügen. In Anbetracht des enormen Gewichts, das unsere Gesellschaft auf romantische Liebe legt, hatte ich den Eindruck, dass der Dalai Lama die Verlockung einer solchen Liebesbeziehung zu leichtfertig abtat. Ich nahm an, er könne aufgrund seiner monastischen Erziehung die Freuden einer romantischen Beziehung nicht vollauf einschätzen.

Ihn weiterhin über romantische Beziehungen zu befragen schien mir ähnlich hilfreich, wie ihn hinaus zum Parkplatz zu bitten, um einen Getriebeschaden meines Wagens zu begutachten. Leicht enttäuscht blätterte ich einige Sekunden lang meine Notizen durch, um dann zu anderen Themen überzugehen.

Was macht eine romantische Liebesbeziehung so attraktiv? Der Eros oder die romantische, sexuelle und leidenschaftliche Liebe – diese höchste Ekstase – ist eine hochprozentige Mischung aus biologischen, kulturellen und psychologischen Ingredienzen. In der westlichen Kultur hat das Ideal der romantischen Liebe in den vergangenen zwei Jahrhunderten unter dem Einfluss der Romantik seine Blüten getrieben, und es prägt unsere Weltsicht bis heute.

Die Romantik entstand als Gegenbewegung gegen das vorangegangene Zeitalter der Aufklärung mit seiner Betonung der menschlichen Vernunft und hielt statt dessen Intuition, Gefühl und Leidenschaft hoch. Die sinnliche Welt, die subjektive, individuelle Erfahrung jenseits einer idealisierten Vergangenheit oder utopischen Zukunft, stand im Vordergrund. Diese Wertvorstellungen beeinflussten nicht nur Kunst und Literatur, sondern auch die Politik und alle anderen Aspekte der modernen westlichen Kultur.

Das entscheidende Element bei unserem Verlangen nach einer romantischen Beziehung ist das Sich-Verlieben. Machtvolle Kräfte drängen uns zu solchen Empfindungen, viel stärkere als die rein kulturbedingte Glorifizierung der romantischen Liebe. Viele Forscher nehmen an, dass dieser Drang in unsere Gene einprogrammiert ist. Das Gefühl des Sich-Verliebens, das untrennbar mit der sexuellen Anziehung verbunden ist, mag eine genetisch festgelegte, instinkthafte Komponente des Fortpflanzungstriebs sein.

Unter dem Gesichtspunkt der Evolution ist es die vorrangige Aufgabe des Organismus zu überleben, sich fortzupflanzen und das Fortbestehen der Spezies sicherzustellen. Daher liegt diese Programmierung im ureigenen Interesse der Arten: Wenn man sich verliebt, werden die Chancen für Paarung und Fortpflanzung unzweifelhaft erhöht. Deshalb besitzen wir einen solchen eingebauten Mechanismus. Infolge bestimmter Stimuli produziert unser Gehirn chemische Verbindungen, die ein euphorisches Gefühl erzeugen, das dem Sich-Verlieben zugeordnet wird. Und während unser Gehirn diesen chemischen Verbindungen ausgesetzt ist, werden wir ab und zu von diesem Gefühl so überwältigt, dass alles andere ausgeblendet zu sein scheint.

Die psychologischen Kräfte, die uns zu diesem Verliebtsein treiben, sind genauso zwingend wie die biologischen. In Platons *Symposion* erzählt Sokrates die Aristophanes-Legende, die vom Ursprung der sexuellen Liebe handelt. Laut diesem Mythos waren die Urbewohner der Erde runde Kreaturen mit vier Händen und vier Füßen; ihr Rücken und ihre Seiten bildeten einen Kreis. Diese eigenständigen, geschlechtslosen Wesen waren sehr arrogant und wurden von den Göttern immer wieder angegriffen. Um sie für ihre Selbstgefälligkeit zu bestrafen, schleuderte Zeus Blitz und Donner und zerteilte sie. Jede Kreatur war nun in zwei gespalten, und die eine Hälfte verlangte nach der anderen.

Der Eros, der Drang zu leidenschaftlicher, romantischer Liebe, kann als dieser uralte Wunsch nach Verschmelzung mit der anderen Hälfte angesehen werden. Er scheint ein universelles, unbewusstes Bedürfnis des Menschen zu sein. Der Eros umfasst ein Gefühl des Miteinander-Verschmelzens, einer Auflösung der Grenzen, das heißt das Gefühl, mit dem Geliebten eins zu werden. Die Psychologen sprechen vom »Zusammenbruch der Ego-Abgrenzungen«. Einige sehen diesen

Prozess als in unserer frühesten Erfahrung verankert an, als unbewussten Versuch, den Urzustand von Säuglingen wiederzuerlangen, die völlig mit der Mutter oder der Fürsorge tragenden Person verschmolzen sind.

Forschungsergebnisse deuten darauf hin, dass neugeborene Kinder nicht zwischen sich selbst und dem übrigen Universum unterscheiden. Sie haben keinen Sinn für eine persönliche Identität, oder aber ihre Identität schließt zumindest die Mutter sowie andere Personen und sämtliche Gegenstände in ihrer direkten Umgebung mit ein. Sie wissen nicht, wo sie enden und wo die »anderen« beginnen. Ihnen fehlt das, was man als Objekt-Permanenz bezeichnet: Objekte existieren für das Neugeborene nicht, wenn es keine Beziehung zu ihnen hat. Wenn beispielsweise ein Kleinkind eine Rassel hält, betrachtet es diese als Teil seiner selbst. Wird das Spielzeug aus seinem Blickfeld entfernt, hört es für das Kind zu existieren auf.

Bei der Geburt ist das Gehirn noch nicht völlig »verkabelt«. Während das Neugeborene heranwächst und das Gehirn reift, wird der Austausch mit der Welt komplexer und subtiler, und das Kind gelangt allmählich zu einer Identität als Person, zu einem »Ich« gegenüber »anderen«. Damit einhergehend entwickelt sich ein Gefühl der Isolation, und das Kind wird sich schrittweise seiner eigenen Grenzen bewusst. Die Individuation setzt sich natürlich während der Kindheit und der Jugend durch den Kontakt mit der Welt weiter fort. Das Identitätsgefühl bildet sich beim Menschen aufgrund innerer Vorstellungen heraus. Diese entstehen vorwiegend aus der Reflexion früherer Kontakte mit anderen wichtigen Personen sowie der eigenen Rolle in der Gesellschaft im Allgemeinen. Mit der Zeit werden die individuelle Identität und die intrapsychische Struktur immer komplexer.

Doch ein Teil von uns will möglicherweise zu einem früheren Entwicklungsstand zurückkehren, zu einem Zustand der Glückseligkeit, in dem es kein Gefühl der Isolation und der Trennung gibt. Viele zeitgenössische Psychologen meinen, dass die frühere Erfahrung vom Einssein im Unterbewusstsein enthalten ist und dass sie beim Erwachsenen die unbewussten und persönlichen Fantasien durchdringt. Sie glauben, dass das Verschmelzen mit einer geliebten Person die Erfahrung des Einsseins mit der Mutter während der frühen Kindheit widerspiegelt. Es lässt das magische Gefühl der Allmacht wieder erstehen. Eine solche Empfindung ist kaum zu übertreffen.

Es nimmt nicht Wunder, dass der Drang nach romantischer Liebe so machtvoll ist. Was ist also das Problem, und warum stuft der Dalai Lama die Suche nach romantischer Liebe ohne Zögern als negativ ein?

Ich hielt romantische Liebesbeziehungen und Romantik überhaupt für eine Quelle des Glücks. Ein früherer Patient kam mir in den Sinn. David, ein damals vierunddreißigjähriger Landschaftsarchitekt, wurde mit klassischen Symptomen einer ernsthaften klinischen Depression in meine Praxis überwiesen. Er erklärte, dass seine Niedergeschlagenheit sich wahrscheinlich aus einigen geringfügigen, arbeitsbedingten Stressfaktoren herleite, aber meistens »trete sie einfach von selbst auf«. Wir einigten uns auf eine antidepressive Behandlung und starteten einen Versuch damit. Das Mittel erwies sich als sehr wirksam; innerhalb von drei Wochen verbesserten sich seine akuten Symptome, und er kehrte wieder zu seinem normalen Tagesablauf zurück.

Bei Durchsicht seiner Krankengeschichte bedurfte es jedoch nur kurzer Zeit, um zu erkennen, dass er neben seiner akuten Depression auch an endoreaktiver Dysthymie litt. Diese Krankheit ist eine heimtückische Form der chronischen, leichten Depression, die bei ihm seit vielen Jahren aktiv war. Nachdem seine akute Niedergeschlagenheit abgeklungen war, begannen wir mit der Erforschung seines persönlichen Werdegangs, um zu einem grundlegenden Verständnis der inneren psychologischen Dynamik zu gelangen, die vielleicht zu seiner langjährigen Dysthymie beigetragen hatte.

Nach nur wenigen Sitzungen betrat David die Praxis eines Tages in einer überglücklichen Stimmung.

»Ich fühle mich großartig!«, sagte er. »Seit Jahren geht es mir nicht so gut wie heute!«

Auf diese wunderbare Nachricht hin vermutete ich sofort, dass seine Krankheit in eine »manische« Phase der Gemütsstörung umgeschlagen sei. Das war jedoch nicht der Fall.

»Ich habe mich verliebt!« erzählte er. »Ich habe sie letzte Woche auf dem Gelände kennen gelernt, um das ich mich gerade bewerbe. Sie ist das schönste Mädchen, dass ich je gesehen habe … Wir sind diese Woche fast jeden Abend zusammen ausgegangen. Es ist, als wären wir Seelenverwandte, die vollkommen füreinander geschaffen sind. Ich kann es immer noch nicht glauben! Seit zwei oder drei Jahren hatte ich keine Partnerin mehr, und mir schien es fast schon, als würde ich in diesem Leben niemanden mehr treffen. Aber plötzlich war sie da.«

David verbrachte den Großteil unserer Sitzung damit, all die bemerkenswerten Tugenden seiner neuen Freundin aufzuzählen. »Wir sind in jeder Hinsicht füreinander geschaffen. Es ist nicht nur eine sexuelle Sache; wir haben die gleichen Interessen, und es ist fast schon beängstigend, wie sich unsere Gedanken ähneln. Natürlich bin ich Realist und weiß, dass niemand vollkommen ist … Wie neulich, da hat es mich ein wenig gestört, als sie abends ein bisschen mit den Jungs im Klub herumflirtete. Aber wir hatten beide eine Menge getrunken, und sie wollte sich nur amüsieren. Wir haben nachher darüber gesprochen und die Sache geregelt.«

In der folgenden Woche teilte David mir seine Entscheidung mit, die Therapie zu beenden. »Alles läuft wie geschmiert in meinem Leben; ich kann einfach nicht einsehen, was es da in der Therapie noch zu besprechen gäbe«, erklärte er. »Meine Depression ist vorüber, ich schlafe so fest wie ein Säugling, bei der Arbeit läuft alles wie am Schnürchen, und die Beziehung zu meiner Freundin ist großartig und scheint immer harmonischer zu werden. Ich glaube, dass unsere Sitzungen mir genutzt haben, aber zurzeit sehe ich nicht ein, warum ich für Therapie Geld ausgeben soll, wenn es kein Problem gibt.«

Ich erwiderte, wie froh ich sei, dass es ihm so gut gehe, erinnerte ihn aber an einige ungeklärte Punkte hinsichtlich seiner Familienverhältnisse, die wir identifiziert und die eventuell zu seiner chronischen Dysthymie geführt hatten. Dabei kamen mir dauernd allgemeine psychiatrische Begriffe wie »Widerstand« und »Abwehr« in den Sinn, doch ich konnte ihn nicht überzeugen.

»Damit werde ich mich vielleicht eines Tages beschäftigen«, sagte er. »Aber ich denke, dass es wirklich eine ganze Menge mit Einsamkeit zu tun hatte, mit einem Gefühl, dass irgendetwas fehlt, ein besonderer Mensch, mit dem ich mich austauschen kann. Aber jetzt habe ich sie gefunden.«

Er beharrte auf seinem Wunsch, die Therapie an jenem Tag zu beenden. Wir vereinbarten mit seinem Hausarzt die Fortsetzung seiner Medikamenteneinnahme und verbrachten die restliche Sitzung mit einem Rückblick. Ich schloss mit der Zusicherung, dass ihm meine Tür jederzeit offen stehe.

Einige Monate später kehrte David in meine Praxis zurück.

»Ich fühle mich miserabel«, sagte er niedergeschlagen. »Als wir uns das letzte Mal sahen, lief alles großartig. Ich hatte wirklich gedacht, meine ideale Gefährtin gefunden zu haben. Ich habe sogar das Thema Heirat angesprochen. Aber je näher ich ihr kommen wollte, desto weiter entfernte sie sich. Schließlich hat sie sich von mir getrennt. Danach verfiel ich für zwei Wochen in Depressionen. Ich fing sogar an, sie anzurufen und dann gleich wieder aufzulegen, nur um ihre Stimme zu hören. Und ich fuhr bei ihrer Arbeitsstelle vorbei, bloß um nachzuschauen, ob ihr Auto dort stand.

Nach ungefähr einem Monat wurde ich dessen überdrüssig, es war einfach zu lächerlich, und zumindest nahmen die Symptome der Depression ab. Ich esse und schlafe wieder gut, bewältige meine Arbeit und bin bei Kräften, aber im Ganzen fühle ich mich immer noch so, als ob ein Teil von mir fehlt. Es ist, als müsste ich noch einmal von vorne anfangen, ich fühle mich genauso wie seit Jahren ...«

Wir nahmen die Therapie wieder auf.

Es ist wohl deutlich, dass eine romantische Beziehung als Glücksquelle einiges zu wünschen übrig lässt. Und vielleicht war es gar nicht so abwegig, dass der Dalai Lama die bloße Romantik als geeignete Beziehungsgrundlage verwarf, als »unerreichbare Fantasie«, die nicht der Mühe wert sei. Genauer besehen war dies wahrscheinlich eher eine objektive Beschreibung des Wesens der romantischen Liebe und weniger ein negatives Urteil, das sich auf seine jahrelange Ausbildung als Mönch stützte.

Selbst ein objektives Nachschlagewerk wie ein Wörterbuch, das gut über ein Dutzend Definitionen von »Romanze« und »romantisch« enthält, ist reichlich gespickt mit Wendungen wie »eine fiktive Erzählung«, »Übertreibung«, »Täuschung«, »fantasievoll oder überspannt«, »unpraktisch«, »nicht auf Fakten gegründet«, »charakterisiert durch idealisierte Liebe oder Umwerbung« und so weiter.

Augenscheinlich ist auf dem Entwicklungsweg der westlichen Zivilisation ein Wandel eingetreten. Das altertümliche Eros-Konzept des Einswerdens, der Verschmelzung mit dem anderen, hat eine neue Bedeutung angenommen. Die romantische Liebe hat nun etwas Gekünsteltes, einen Beigeschmack von Betrug und Täuschung, eine Färbung, die Oscar Wilde zu den düsteren Worten veranlasste: »Wenn man verliebt ist, beginnt man immer damit, sich selbst zu betrügen, und endet damit, andere zu betrügen. Und das nennt die Welt romantische Liebe.«

Oben haben wir die Rolle der Nähe und Intimität als einen wichtigen Faktor für das menschliche Glück erörtert. Daran besteht kein Zweifel. Aber wenn man dauerhafte Zufriedenheit in einer Beziehung sucht, muss die Grundlage dieser Verbindung solide sein. Deshalb ermutigt uns der Dalai Lama, die eigentliche Basis einer Beziehung zu untersuchen, wenn diese abkühlt. Sexuelle Anziehung und ein intensives Verliebtsein mögen eine anfängliche Verbundenheit zwischen zwei Menschen begünstigen, aber wie bei einem guten Epoxidharzkleber muss die Grundkomponente mit einer anderen, als Härter fungierenden Substanz vermischt werden, um eine dauerhafte Bindung zustande zu bringen.

Bei dem Versuch, die anderen Komponenten zu bestimmen, wenden wir uns noch einmal dem Ansatz des Dalai Lama zum Aufbau einer tragfähigen Beziehung zu, die sich auf Qualitäten wie Zuneigung, Mitgefühl und gegenseitige Anerkennung gründen müsse. Diese Faktoren befähigen uns zu tieferen und sinnvolleren Bindungen nicht nur mit unseren Ehepartnern und anderen geliebten Personen, sondern auch mit Freunden, Bekannten oder sogar mit Fremden – ja mit praktisch jedem anderen Menschen. Damit erschließen sich uns unbegrenzte Möglichkeiten zur Aufnahme von Beziehungen.

Wert und Nutzen des Mitgefühls

Was ist Mitgefühl?

Im Verlauf unserer Gespräche erkannte ich, dass die Entfaltung von Mitgefühl im Leben des Dalai Lama weit mehr war als nur ein Mittel zur Kultivierung von Zuneigung und Herzenswärme oder zur Verbesserung von Beziehungen. Es wurde deutlich, dass die Entwicklung von Mitempfinden für ihn als praktizierenden Buddhisten einen integralen Bestandteil seines spirituellen Weges darstellt.

»Können Sie angesichts der Bedeutung, die der Buddhismus dem Mitgefühl als essenziellem Teil der spirituellen Entwicklung zukommen lässt«, fragte ich, »noch klarer definieren, was Sie unter ›Mitgefühl‹ verstehen?«

Der Dalai Lama antwortete: »Mitgefühl kann grob als Geisteszustand bestimmt werden, der gewaltfrei, nicht schädigend und ohne Aggression ist. Es ist eine geistige Haltung, die sich auf den Wunsch gründet, dass andere frei von Leid sein mögen, und sie ist verbunden mit einem Gefühl von Pflicht, Verantwortung und Respekt anderen gegenüber.

Das Mitgefühl bezeichnende tibetische Wort *Tse-wa* bedeutet auch, dass dieser Geisteszustand den Wunsch nach Gutem für einen selbst einschließt. Für die Entfaltung von Mitgefühl kann man sich also zunächst wünschen, selbst frei von Leiden zu sein. Dieses ganz natürliche Gefühl wird dann kultiviert und schließlich so weit ausgedehnt, dass alle anderen Wesen mit einbezogen sind.

Wenn man von Mitempfinden spricht, besteht oft die Gefahr, es mit Anhaftung zu verwechseln. Deshalb ist es ratsam, zunächst zwei Arten von liebevoller Zuneigung oder Mitgefühl zu unterscheiden.

Die eine Art des Mitgefühls ist mit Anhaftung durchsetzt – das Gefühl, jemanden zu kontrollieren oder zu lieben, damit dieser die Zuneigung erwidert. Diese gewöhnliche Form der Liebe oder des Mitgefühls ist recht parteiisch und voreingenommen. Und sollte sich eine Beziehung einzig darauf gründen, wird sie nicht stabil sein. Eine solche parteiische Beziehung basiert darauf, den anderen als Freund zu betrachten, und sie kann zu einer gewissen emotionalen Bindung und Nähe führen; tritt aber eine geringfügige Veränderung der Situation ein, eine Verstimmung vielleicht oder Ärger über das Verhalten des Freundes, werden sich auch die geistigen Projektionen plötzlich ändern; der Begriff ›mein Freund‹ löst sich auf. Man wird erleben, wie sich die emotionale Bindung verflüchtigt, und an die Stelle von Liebe und Anteilnahme kann Hass treten. So kann diese auf Anhaftung basierende Liebe sehr eng mit Hass verbunden sein.

Es gibt jedoch einen zweiten Typ des Mitgefühls ohne eine solche Anhaftung. Dieses echte Mitempfinden ist nicht davon abhängig, dass diese oder jene Person einem teuer ist. Es stützt sich auf den Gedankengang, dass alle menschlichen Wesen – genau wie man selbst – einen angeborenen Drang danach verspüren, Glück zu erlangen und Leiden zu überwinden. Und genau wie ich selbst haben sie das natürliche Recht, diesen fundamentalen Wunsch in Erfüllung gehen zu lassen. Mit der Anerkennung dieser Gleichheit und Gemeinsamkeit kann man echte Nähe und Zuneigung zu anderen entwickeln.

Man kann ungeachtet dessen Mitgefühl empfinden, ob man die andere Person als Freund oder Feind betrachtet. Denn wahres Mitgefühl basiert eher auf den Grundrechten des anderen als auf den eigenen geistigen Projektionen. Wir sehen also, wie wichtig es für unser tägliches Leben ist, die beiden Arten von Mitgefühl zu unterscheiden. In der Ehe gibt es im Allgemeinen eine gewisse emotionale Anhaftung. Wenn diese aber durch echtes Mitgefühl, das sich auf gegenseitigen menschlichen Respekt stützt, ergänzt wird, dürfte die Ehe Bestand haben. Ist Letztere dagegen durch Anhaftung ohne Mitempfinden geprägt, wird sie instabiler sein und eher scheitern.«

Die Vorstellung, eine andere Form von Mitgefühl zu entwickeln, ein universelles Mitgefühl – eines, das frei von Eigeninteressen ist –, scheint überaus ehrgeizig zu sein. Ich fragte den Dalai Lama: »Aber Liebe oder Mitgefühl ist doch subjektiv. Das emotionale *Empfinden* von Liebe oder Mitgefühl bleibt unverändert, ganz gleich ob es ›mit Anhaftung durchsetzt‹ oder ›wahrhaftig‹ ist. Wenn man nun in beiden Fällen ein und dieselbe Emotion erfährt, warum ist es dann wichtig, zwischen ihnen zu differenzieren?«

Er antwortete mit entschiedener Stimme: »Zunächst einmal denke ich, dass es einen Qualitätsunterschied zwischen wahrer Liebe oder wahrem Mitgefühl und einer Liebe gibt, die auf Anhaftung basiert. Es handelt sich nicht um ein und dasselbe Gefühl. Echtes Mitleid ist wesentlich kraftvoller und umfassender; es geht sehr tief. Zudem sind wahre Liebe und wahres Mitgefühl wesentlich stabiler und tragfähiger. Wenn Sie zum Beispiel ein Tier heftig leiden sehen, vielleicht einen Fisch, der am Haken zappelt, können Sie das spontane Gefühl empfinden, den Schmerz des Fisches nicht ertragen zu können. Ein solches Mitgefühl beruht nicht auf einer besonderen, freundschaftlichen Verbindung zu diesem Tier, sondern einfach auf der Tatsache, dass es ebenfalls Empfindungen hat, Schmerz spürt und das Recht besitzt, solche Qualen nicht durchleiden zu müssen. Diese Form des Mitempfindens ist nicht mit Begehren oder Anhaftung verquickt und dadurch dauerhafter.«

Um das Thema Mitgefühl zu vertiefen, fuhr ich fort: »Mit Ihrem Beispiel eines Fisches, der mit einem Haken im Maul heftig leidet, sprechen Sie einen entscheidenden Punkt an, nämlich den, dass Mitgefühl mit der Empfindung verknüpft ist, den Schmerz eines anderen Wesens nicht ertragen zu können.«

»Damit eine solche Anteilnahme aufkommt, müssen wir zunächst einmal die Tragweite und die Intensität der Leiden des anderen begreifen. Je umfassender wir das Leid und seine vielfältigen Formen verstehen, desto stärker wird daher auch unser Mitgefühl sein.«

Ich warf ein: »Sicher vermehrt eine erhöhte Einsicht in die Leiden der anderen auch unsere Fähigkeit zum Mitgefühl. Mitgefühl ist definitionsgemäß ein Sich-Öffnen für die Leiden der anderen, eine Anteilnahme an ihren Schwierigkeiten. Es gibt aber eine noch wesentlichere Frage: Warum sollten wir das Leid anderer auf uns nehmen, wenn wir nicht einmal unserem eigenen gewachsen sind? Die meisten von uns versuchen alles Mögliche – bis hin zur Einnahme von Drogen –, um Schmerz und Leid zu entgehen. Was sollte uns also bewegen, uns freiwillig das Leid eines anderen aufzubürden?«

Ohne zu zögern erwiderte der Dalai Lama: »Ich glaube, es gibt einen erheblichen Unterschied zwischen Ihrem eigenen Leid und dem, das Sie in einem mitfühlenden Zustand erfahren mögen, in einem Zustand, in dem Sie das Leid anderer auf sich nehmen und mit ihnen teilen – einen qualitativen Unterschied.« Als könne er mühelos meine Gefühle durchschauen, fuhr er fort: »Wenn Sie an ihr eigenes Leid denken, haben Sie den Eindruck, überwältigt zu sein, durch etwas belastet und niedergedrückt zu werden. Sie haben ein Gefühl der Hilflosigkeit, so, als wären Ihre Sinne abgestumpft.

Wenn Sie sich aber das Leid eines anderen Menschen aufbürden, erfahren Sie anfangs vielleicht ein gewisses Unbehagen, ein Gefühl der Beklemmung und der Unerträglichkeit.

Hinter dem beklemmenden Gefühl verbirgt sich aber ein hohes Maß an Wachsamkeit und Entschlossenheit, weil Sie willentlich das Leiden eines anderen auf sich nehmen. Es gibt eine Verbundenheit sowie eine Bereitschaft und den Willen, dem anderen zu helfen, ein Gefühl der Frische statt der Abstumpfung. Das ist ähnlich wie im Falle eines Sportlers. Während des strikten Trainings hat er vielleicht erhebliche Schwierigkeiten – er muss sich abmühen, sich verausgaben, schwitzen. So etwas kann ziemlich schmerzhaft und kräftezehrend sein.

Der Sportler empfindet es jedoch anders: Für ihn ist es eine große Leistung, eine freudige Erfahrung. Wird ihm jedoch eine andere, nicht zu seinem Training gehörende körperliche Arbeit auferlegt, denkt er vielleicht, warum muss ich diese schreckliche Tortur erdulden? So können je nach Geisteshaltung enorme Unterschiede auftreten.«

Diese wenigen, mit solcher Überzeugung vorgetragenen Worte halfen mir über meine Bedrückung hinweg, denn ich begriff, dass man Leid überwinden und ausschalten kann.

»Sie haben erwähnt, dass der erste Schritt bei der Entwicklung dieser Form von Mitgefühl im Erkennen von Leid besteht. Gibt es darüber hinaus noch andere buddhistische Techniken, die wir benutzen können, um unser Mitgefühl zu stärken?«

»Ja, wir finden zum Beispiel in der Mahayana-Tradition des Buddhismus zwei prinzipielle Techniken zur Kultivierung von Mitleid. Diese sind bekannt als die ›Siebenfache Anweisung über die sechs Ursachen und ihr Resultat‹ und die ›Methode zum Gleichsetzen und Austauschen von Ich und anderen‹[5]. Die zuletzt genannte Methode werden Sie im achten

[5] Ausführlicher beschreibt der Dalai Lama diese Techniken im zweiten Kapitel des Buches *Der Schlüssel zum Mittleren Weg* (Hamburg 1991).

Kapitel von Santidevas Werk *Eintritt in das Leben zur Erleuchtung*[6] finden.« Er schaute auf seine Armbanduhr. »Aber ich denke, wir werden im Laufe der Woche in den öffentlichen Vorträgen einige Übungen und Meditationen zum Thema Mitempfinden durchführen.« Damit erhob er sich lächelnd und beendete die Sitzung.

Der wahre Wert des menschlichen Lebens

»Wir haben über die Bedeutsamkeit von Mitgefühl gesprochen«, begann ich unsere nächste Diskussion, »über Ihre Ansicht, dass menschliche Zuneigung, Herzenswärme, Freundschaft etc. unabdingbare Faktoren für das Erlangen von Glück darstellen.

Ich wüsste gern, was Sie entgegnen würden, wenn Ihnen ein wohlhabender Geschäftsmann mitteilte: ›Eure Heiligkeit, Sie sprechen davon, dass Güte und Mitleid entscheidend für das eigene Glück sind. Ich bin aber nun einmal von Natur aus keine warmherzige und liebevolle Person. Um ehrlich zu sein, ich halte mich nicht für besonders mitfühlend oder altruistisch. Ich tendiere eher dazu, rational, praktisch und vielleicht intellektuell zu sein; es mangelt mir einfach an den erwähnten Emotionen. Und dennoch bin ich glücklich und zufrieden mit meinem Leben. Ich besitze ein gut gehendes Unternehmen, habe Freunde, sorge für meine Frau und meine Kinder und habe eine gute Beziehung zu ihnen. Mir scheint nichts zu fehlen. Mitgefühl, Altruismus, Herzenswärme und andere Tugenden zu entwickeln klingt nett, aber was habe ich davon? Das ist so sentimental …‹«

---

6 Deutsche Ausgabe: Santideva, *Eintritt in das Leben zur Erleuchtung*. Poesie und Lehre des Mahayana-Buddhismus (Köln 1981).

Der Dalai Lama antwortete: »Vor allem hätte ich bei solchen Worten Zweifel, ob der Betreffende wirklich tief im Herzen glücklich ist. Ich bin überzeugt, dass Mitgefühl die Basis für das Überleben des Menschen und den wahren Wert des menschlichen Lebens darstellt. Sonst würde ein Grundbaustein fehlen. Eine ausgeprägte Feinfühligkeit für die Empfindungen anderer ist ein Element von Liebe und Mitleid. Ohne sie würde dieser Mann meines Erachtens Probleme in der Beziehung zu seiner Frau haben. Auch wenn er Milliardär und gebildet wäre, keine Schwierigkeiten mit seiner Familie hätte und von Freunden, anderen reichen Geschäftsleuten, Politikern sowie Staatsoberhäuptern umgeben wäre, doch den Gefühlen und Leiden seiner Mitmenschen gleichgültig begegnete, dann würden all diese Faktoren nur oberflächliche Wirkung haben.

Wenn er aber bei der Behauptung bleibt, dass er kein Mitleid empfinde, aber nichts vermisse, wird es nicht leicht sein, ihm zu einem Verständnis der Bedeutsamkeit von Mitgefühl zu verhelfen.«

Der Dalai Lama schwieg eine Weile. Die Pausen, die er während unserer Unterhaltung immer wieder einlegte, ließen keine peinliche Stille aufkommen, sondern wirkten eher wie eine Schwerkraft, die seinen Worten im weiteren Verlauf immer mehr Bedeutung verlieh.

Schließlich fuhr er fort: »In diesem Fall würde ich zunächst vorschlagen, dass der Mann über seine eigene Erfahrung nachdenkt. Er wird erkennen, dass es ihn glücklich macht, wenn andere ihn voller Zuneigung und Mitgefühl behandeln. Dadurch kann er einsehen, dass sich andere ebenfalls wohl fühlen, wenn man ihnen mit Herzenswärme und Mitempfinden begegnet. Dies könnte seinen Respekt für die Feinfühligkeit anderer stärken und ihn wiederum geneigter machen, ihnen Wärme und Mitgefühl zu schenken. Er wird entdecken, dass er umso liebevoller behandelt wird, je gütiger er selbst ist. Wahrscheinlich wird er recht bald zu dieser Einsicht gelangen, die dann zur Grundlage für gegenseitiges Vertrauen und freundschaftliche Verbundenheit wird.

Angenommen, dieser Mann hätte alle materiellen Mittel, Erfolg, Freunde, finanzielle Unabhängigkeit etc. Es ist sogar möglich, dass seine Kinder und sonstigen Verwandten eine Beziehung zu ihm pflegen und eine gewisse Zufriedenheit verspüren, denn der Mann ist erfolgreich, und sie alle verfügen über eine Menge Geld und führen ein komfortables Leben. Und es ist denkbar, dass er zwar keine Zuneigung und menschliche Wärme genießt, doch nicht das Gefühl hat, etwas zu vermissen. Sollte er jedoch glauben, alles sei in Ordnung und es gebe keine Notwendigkeit, Mitgefühl zu entfalten, würde ich unterstellen, dass diese Haltung auf Ignoranz und Kurzsichtigkeit beruht.

Selbst wenn es den Anschein hat, dass sich andere ihm verbunden fühlen, hängt dies in Wirklichkeit großenteils davon ab, dass man ihn als Quelle von Erfolg und Reichtum betrachtet. Man mag von seinem Wohlstand und seiner Macht beeindruckt sein, ohne ihn selbst als Person zu schätzen. Und obwohl man keine menschliche Wärme und Zuwendung von ihm erfährt, ist man vielleicht zufrieden, da nichts anderes von ihm erwartet wird. Wenn er sein Vermögen jedoch verliert, dann zerbröckelt die Grundlage der Beziehung, und er wird erkennen müssen und sofort zu spüren bekommen, welche Folgen es hat, keine Herzenswärme zu besitzen.

Wer jedoch über Mitgefühl verfügt, hat etwas, auf das er sich verlassen kann. Selbst wenn er in finanzielle Schwierigkeiten gerät und sein Vermögen abnimmt, bleibt etwas, das er mit anderen zu teilen vermag. Die ökonomischen Verhältnisse der Welt sind stets instabil, und während unseres Lebens können uns alle möglichen Verluste ereilen. Aber eine mitleidsvolle Haltung kann uns überallhin begleiten.«

Ein kastanienbraun gewandeter Bediensteter betrat den Raum und schenkte stumm Tee in unsere Tassen; der Dalai Lama setzte seine Ausführungen fort: »Will man anderen die Bedeutsamkeit des Mitgefühls erläutern, trifft man selbstverständlich auch auf hart gesottene, egozentrische und selbstsüchtige Personen, die nur ihre Eigeninteressen im Sinn haben. Und es kommt sogar vor, dass Menschen zu jemandem, den sie lieben oder der ihnen nahe steht, keine einfühlsame Beziehung aufbauen können. Aber auch solchen Menschen kann man die Bedeutung von Mitgefühl und liebevoller Zuneigung durch das Argument erläutern, dass diese Empfindungen ihren Eigeninteressen am besten entsprächen.

Das erklärt sich folgendermaßen: Sie wünschen sich Gesundheit, ein langes Leben, Gemütsruhe, Glück und Freude. Es soll sogar wissenschaftliche Beweise dafür geben, dass diese Dinge durch Liebe und Mitleid gefördert werden können. Aber Sie als Arzt und Psychiater wissen darüber wahrscheinlich besser Bescheid.«

»Ja, es gibt wissenschaftliche Belege für die These, dass sich ein mitfühlender Geisteszustand günstig auf Physis und Emotionen auswirkt.«

»Wenn man diese wissenschaftlichen Fakten verbreitet, wird man bestimmt einige dazu ermuntern, einen mitfühlenderen Geisteszustand zu pflegen«, meinte der Dalai Lama. »Aber neben diesen wissenschaftlichen Befunden gibt es noch weitere Argumente, welche die Menschen auf der Grundlage ihrer eigenen praktischen und unmittelbaren Erfahrung im Alltag verstehen und wertschätzen können. Zum Beispiel führt ein Mangel an Mitgefühl zu einer gewissen Rücksichtslosigkeit. Viele Einzelfälle zeigen, dass unbarmherzige Menschen wie Hitler oder Stalin auf einer tieferen Ebene unglücklich und unzufrieden sind. Unsicherheit und Angst nagen sogar im Schlaf noch an ihnen …

Das mag für manche schwer zu verstehen sein, aber mit Bestimmtheit lässt sich Folgendes sagen: Solchen Menschen fehlt etwas, das in anderen mitfühlenden Personen zu finden ist: ein Gefühl der Freiheit, das ihnen gestattet, sich im Schlaf zu entspannen. Rücksichtslose Menschen erfahren diese Freiheit nie, etwas hält sie immer fest, sodass kein Gefühl der Ungebundenheit aufkommen kann.«

Er kratzte sich geistesabwesend den Kopf. »Vielleicht sollte man diese rücksichtslosen Personen einmal fragen: ›Wann waren Sie glücklicher: in Ihrer Kindheit, als Sie von Ihrer Mutter behütet wurden und eine engere Beziehung zu Ihrer Familie hatten, oder jetzt, da Sie über Macht, Einfluss und eine hohe Position verfügen?‹ Bestimmt würden sie antworten, dass ihnen ihre Jugend lieber gewesen sei. Ich glaube, sogar Stalin wurde als Kind von seiner Mutter geliebt.«

»Mit Stalin«, bemerkte ich, »geben Sie meines Erachtens ein perfektes Beispiel für das, was Sie über die Konsequenzen eines Lebens ohne Mitgefühl gesagt haben. Es ist weithin bekannt, dass seine beiden Haupteigenschaften Rücksichtslosigkeit und Misstrauen waren. Er hielt Grausamkeit für eine Tugend und änderte seinen Namen von Dschugaschwili in Stalin, was ›Mann aus Stahl‹ bedeutet. Und mit den Jahren wurde er immer rücksichtsloser und argwöhnischer. Sein Misstrauen war legendär und führte zu massiven Säuberungsaktionen und Kampagnen gegen verschiedenste Gruppen in seinem Land – und schließlich zur Einkerkerung und Hinrichtung von Millionen Menschen. Aber auch danach sah Stalin überall nur Feinde.

Kurz vor seinem Tod sagte er zu Nikita Chruschtschow: ›Ich traue niemandem, nicht einmal mir selbst.‹ Am Ende wandte er sich sogar gegen seine treuesten Mitarbeiter. Und je rücksichtsloser und mächtiger er wurde, desto unglücklicher war er. Ein Freund meinte, als Einziger menschlicher Zug sei ihm nur noch sein Kummer geblieben. Seine Tochter Swetlana beschrieb, wie er von Einsamkeit und innerer Leere geplagt wurde und letztlich sogar bezweifelte, dass Menschen überhaupt zu echter Aufrichtigkeit und Herzenswärme fähig seien.

Ich weiß, wie schwierig es ist, Personen wie Stalin und ihre schrecklichen Taten zu verstehen. Wir sprechen ja davon, dass sogar diese extrem kaltherzigen Menschen vielleicht mit Nostalgie auf ihre Kindheit zurückblicken, zum Beipiel auf die Liebe, die ihnen ihre Mutter entgegenbrachte. Aber wo bleiben die vielen anderen, die keine unbeschwerte Kindheit oder keine liebende Mutter hatten? Menschen, die misshandelt wurden oder ähnlich Schlimmes erfahren mussten. Halten Sie es beim Thema Mitgefühl nicht für notwendig, dass Menschen, die diese Eigenschaft entfalten wollen, von warmherzigen und liebevollen Personen erzogen werden?«

»Doch, das ist wichtig!« Er ließ nachdenklich seine Gebetskette zwischen den Fingern rotieren. »Es gibt Menschen, die von Anfang an viel gelitten und keine Zuneigung erfahren haben. Im späteren Leben scheinen diese verhärteten Menschen dann keinerlei menschliche Empfindung entwickeln und keine Neigung zu Mitgefühl und Liebe zeigen zu können ...«

Der Dalai Lama schwieg erneut, als wende er die Frage hin und her. Er schien nicht sofort weitersprechen zu wollen, und wir tranken schweigend unseren Tee. Schließlich zuckte er die Achseln, als wollte er einräumen, dass er keine Lösung gefunden hatte.

»Meinen Sie also, Techniken zur Förderung von Einfühlungsvermögen und Mitleid wären für Menschen mit einer solchen Vorgeschichte nutzlos?«

»Die Anwendung verschiedener Methoden und Techniken wird immer unterschiedliche Vorteile mit sich bringen, je nach den individuellen Umständen«, erklärte er. »Es können auch Fälle auftreten, bei denen solche Mittel überhaupt keine Wirkung zeigen …«

Ich wollte diesen Punkt deutlicher herausarbeiten und unterbrach ihn: »Und die von Ihnen angesprochenen spezifischen Techniken zur Stärkung von Mitleid wären welche …?«

»Diejenigen, die wir bereits erwähnt haben. Am Anfang steht das Lernen, bis man den Wert des Mitgefühls gründlich durchschaut. Das führt zu Überzeugung und Entschlossenheit. Dann folgen Methoden zur Steigerung des Einfühlungsvermögens mithilfe von Fantasie und Kreativität, damit man lernt, sich in die Lage eines anderen hineinzuversetzen. In meinen Vorträgen werde ich noch auf bestimmte Übungen eingehen, etwa auf die Praxis von *Tong-len* (Geben und Nehmen), die der Stärkung des Mitgefühls dient. Dabei sollte man sich vergegenwärtigen, dass solche Techniken wie *Tong-len* zu dem Zweck entwickelt wurden, so vielen Menschen wie möglich zu helfen, also zumindest einem gewissen Prozentsatz der Bevölkerung. Man erwartete nie, dass diese Mittel der gesamten Erdbevölkerung helfen könnten.

Dennoch bleibt es bei der Erörterung der vielfältigen Methoden zur Stärkung des Mitleids das Wichtigste, dass man einen ernsthaften Versuch zur Entfaltung von Warmherzigkeit und Mitgefühl unternimmt. Bis zu welchem Grad man dabei Erfolg hat, hängt von vielen Faktoren ab. Wenn wir uns jedoch nach Kräften bemühen, gütiger und einfühlsamer zu werden und die Welt zu verbessern, können wir schließlich sagen: ›Wenigstens habe ich getan, was ich konnte!‹«

Der Nutzen des Mitgefühls

In den vergangenen Jahren sind viele Studien erschienen, welche die These stützen, dass sich Mitgefühl und Altruismus positiv auf das körperliche und emotionale Wohlbefinden auswirken. In einem bekannten Experiment hat David McClelland, ein Psychologe der Harvard University, einer Gruppe von Studenten beispielsweise einen Film über Mutter Teresa und ihre Arbeit unter den Armen und Kranken von Kalkutta vorgeführt. Die Studenten gaben an, dass der Film Mitgefühl in ihnen geweckt habe. Anschließend analysierte McClelland den Speichel der Betreffenden und fand eine Zunahme von Immunglobin A, einem Antikörper, der bei der Bekämpfung von Erkrankungen der Atemwege nützlich sein kann.

In einer anderen, von James House am University of Michigan Research Center durchgeführten Untersuchung hat man herausgefunden, dass ein regelmäßiger wohltätiger Einsatz, bei dem man auf herzliche und mitfühlende Weise mit anderen umgeht, die Lebenserwartung – und wahrscheinlich auch die gesamte Vitalität – enorm steigert. Auf dem etwas neueren Gebiet der Psychosomatik werden ähnliche Ergebnisse erbracht. Sie deuten darauf hin, dass ein positiver Geisteszustand unsere physische Gesundheit verbessern kann.

Zudem gibt es Belege dafür, dass Mitgefühl und fürsorgliches Verhalten zu einer stabilen emotionalen Gesundheit beitragen. Helfende Anteilnahme kann zu einem Glücksgefühl, zu Gemütsruhe sowie zum Rückgang von Depressionen führen. Eine Langzeitstudie, die über vierunddreißig Jahre hinweg an einer Gruppe von graduierten Harvard-Absolventen vorgenommen wurde, veranlasste den Forscher George Vaillant zu dem Schluss, dass eine altruistische Lebensführung einen entscheidenden Faktor für eine stabile geistige Gesundheit darstellt.

Eine andere Erhebung, die von Allan Luks an mehreren tausend Mitarbeitern von Wohltätigkeitsorganisationen durchgeführt wurde, ergab, dass über neunzig Prozent dieser freiwilligen Helfer von einem Hochgefühl berichteten, das mit ihren Aktivitäten einherging: einem Gefühl der Warmherzigkeit, der Euphorie und eines Energieüberschusses. Zudem verspürten sie nach ihren Aktivitäten innere Ruhe und ein erhöhtes Selbstwertgefühl. Ihr fürsorgliches Handeln brachte nicht nur eine emotionale Stärkung hervor, sondern die »Helfersruhe« führte auch zur Milderung einer ganzen Reihe stressbedingter körperlicher Beschwerden.

Die Position des Dalai Lama hinsichtlich des sehr realen und praktischen Nutzens von Mitgefühl wird durch diese wissenschaftlichen Erkenntnisse gestützt. Allerdings braucht man sich nicht allein auf Experimente und Umfragen zu verlassen, um dies zu bestätigen. Die enge Verbindung zwischen Fürsorge oder Mitgefühl und persönlichem Glück können wir auch in unserem eigenen Leben und dem unserer Mitmenschen entdecken.

Joseph, ein sechzigjähriger Bauunternehmer, kann als ein Paradebeispiel gelten. Dreißig Jahre lang profitierte er von einem scheinbar endlosen Bauboom in Arizona, bis er schließlich Multimillionär wurde. Als jedoch Ende der achtziger Jahre der Immobilienmarkt Arizonas völlig zusammenbrach, verlor Joseph alles und ging Bankrott. Seine finanziellen Probleme belasteten seine Ehe und führten schließlich nach fünfundzwanzig Ehejahren zur Scheidung. Kein Wunder, dass Joseph aus der Bahn geriet. Er fing an, heftig zu trinken. Glücklicherweise konnte er das Trinken mihilfe der Anonymen Alkoholiker (AA) aufgeben.

Im Rahmen seines AA-Programms wurde er zum »Paten« und half anderen Alkoholikern, nüchtern zu bleiben. Er fand Gefallen an seiner Rolle und engagierte sich auch in anderen

Organisationen. Dabei konnte er sein im Geschäftsleben erworbenes Wissen anwenden, um den wirtschaftlich Unterprivilegierten zu helfen. Über sein gegenwärtiges Leben erzählte Joseph:

»Ich besitze jetzt ein sehr kleines Renovierungsunternehmen. Es wirft nur ein bescheidenes Einkommen ab, aber ich sehe ein, dass ich niemals wieder so reich sein werde wie früher. Komischerweise möchte ich gar nicht mehr so viel Geld haben. Ich nutze meine Zeit lieber für die Mithilfe in verschiedenen Gruppen, wo ich unmittelbar mit den Menschen arbeiten kann. Heute bereitet mir jeder einzelne Tag mehr Freude als früher ein ganzer Monat, als ich das große Geld machte. Ich bin glücklicher als je zuvor!«

Meditation über das Mitgefühl

Wie er versprochen hatte, beendete der Dalai Lama einen seiner Vorträge in Arizona mit einer Meditation über das Mitgefühl. Es war eine einfache Übung. Dabei fasste er seine früheren Ausführungen über das Mitleid auf überzeugende, elegante Art zusammen und gestaltete sie zu einer geradlinigen fünfminütigen Anleitung.

»Bei der Entwicklung von Mitgefühl beginnen Sie mit dem Wunsch, von Leid frei zu sein, und vergegenwärtigen sich, dass es Ihnen zusteht, glücklich zu werden. Diese Tatsache kann mittels unserer eigenen Erfahrung bestätigt und bewiesen werden. Dann machen Sie sich klar, dass auch andere, genau wie Sie selbst, nicht leiden wollen und ebenso das Recht haben, Glück zu erleben. Diese Erkenntnis wird zur Grundlage Ihres Mitempfindens.

Bei der Meditation stellen Sie sich zunächst eine Person vor, die akutes Leid, großen Schmerz oder ein schlimmes Unglück erfährt. Während der ersten drei Minuten der Meditation denken Sie auf analytische Weise über das intensive Leid und den Kummer dieses Menschen nach. Nachdem Sie dessen Leid einige Minuten betrachtet haben, versuchen Sie anschließend, es auf sich selbst zu beziehen, indem Sie denken: ›Dieser Mensch kann genau wie ich selbst Schmerz, Freude, Glück und Leid erfahren.‹

Dann versuchen Sie, der natürlichen Reaktion Raum zu geben: einem natürlichen Gefühl des Mitempfindens gegenüber der anderen Person. Versuchen Sie, den Wunsch in sich zu wecken, dass der andere von diesem Leid frei sein möge. Entschließen Sie sich, ihm dabei zu helfen, und konzentrieren Sie sich auf diesen Entschluss. Und während der letzten Minuten der Meditation versuchen Sie einfach, im Geist einen mitfühlenden oder liebevollen Zustand beizubehalten.«

Der Dalai Lama nahm eine Meditationshaltung mit überkreuzten Beinen ein und verharrte völlig bewegungslos, während er sich zusammen mit dem Publikum in Versenkung übte. Völlige Stille. Es war aufregend, an jenem Morgen unter all den anderen Zuhörern zu sitzen. Wahrscheinlich war selbst der Abgebrühteste bewegt davon, sich unter fünfzehnhundert Menschen zu befinden, die alle vom Gedanken des Mitgefühls erfüllt waren. Nach einigen Minuten verfiel der Dalai Lama in einen langsamen tibetischen Rezitationsgesang. Seine tiefe, melodische Stimme hob und senkte sich sanft; es waren beruhigende und tröstliche Töne.

III

Leid umwandeln

Die Begegnung mit dem Leid

Zur Zeit des Buddha widerfuhr einer Frau namens Kisagotami das Leid, dass ihr einziges Kind starb. Unfähig, dies zu akzeptieren, lief sie von einem zum anderen und suchte eine Medizin, um ihr Kind wiederzubeleben. Es hieß, der Buddha habe eine solche Arznei.

Kisagotami ging zum Buddha, bezeugte ihm ihre Verehrung und fragte: »Könnt ihr eine Medizin herstellen, die mein Kind wieder lebendig macht?«

»Ich kenne eine solche Medizin«, antwortete der Buddha. »Aber zu ihrer Herstellung benötige ich bestimmte Zutaten.«

Erleichtert fragte die Frau: »Welche Zutaten braucht Ihr?«

»Bring mir eine Hand voll Senfsamen«, sagte der Buddha.

Die Frau versprach, sie ihm zu besorgen, aber als sie sich zum Gehen wandte, fügte er hinzu: »Die Senfsamen, die ich benötige, müssen aus einem Haus stammen, in dem kein Kind, kein Ehemann und keine Ehefrau, kein Elternteil und kein Diener jemals gestorben sind.«

Die Frau willigte ein und suchte von Haus zu Haus nach den Senfsamen. Überall waren die Leute bereit, ihr die Samen zu geben, aber wenn sie fragte, ob irgendjemand in dem Haus gestorben sei, erfuhr sie, dass der Tod sämtlichen Familien einen Besuch abgestattet hatte. In dem einen Haus war eine Tochter gestorben, in dem anderen ein Dienstbote, in dem dritten ein Ehemann oder ein Elternteil. Kisagotami konnte kein Heim finden, das vom Leid des Todes verschont worden war. Als sie merkte, dass sie in ihrem Kummer nicht allein war, ließ sie von dem leblosen Körper ihres Kindes ab und kehrte zum Buddha zurück, der voller Mitgefühl sagte: »Du dachtest, dass du als Einzige einen Sohn verloren hättest. Das Gesetz des Todes lautet jedoch, dass es bei allen Lebewesen keine Beständigkeit gibt.«

Kisagotamis Suche lehrte sie, dass niemand frei von Leiden und Verlust lebt. Sie war nicht als Einzige für ein schreckliches Unglück auserwählt worden. Diese Einsicht löschte das unvermeidlich aus einem Verlust resultierende Leiden zwar nicht aus, minderte aber die aus dem Ringen mit der traurigen Tatsache hervorgehende Qual.

Obwohl Schmerz und Leid allgemein menschliche Phänomene sind, können wir sie nicht leicht akzeptieren. Wir Menschen haben ein umfangreiches Repertoire an Strategien ersonnen, um Leid zu vermeiden. Manchmal benutzen wir äußere, etwa chemische Mittel, um unseren emotionalen Schmerz mit Drogen oder Alkohol zu betäuben.

Außerdem verfügen wir über ein ganzes Aufgebot an inneren Mechanismen: über oft unbewusste, psychologische Abwehrhandlungen, die uns vor zu großen Schmerzen und Ängsten bewahren, wenn wir mit Problemen konfrontiert sind. Mitunter können diese Abwehrmechanismen recht primitiv sein, zum Beispiel, wenn man die Existenz eines Problems einfach leugnet. In anderen Fällen ahnen wir zwar vage, dass wir ein Problem haben, aber dann stürzen wir uns in zahllose Zerstreuungen oder Ablenkungen, um das Nachdenken darüber zu vermeiden.

Oder wir nehmen Projektionen zu Hilfe: Aus der Unfähigkeit heraus, ein Problem wahrzunehmen, projizieren wir es auf andere und machen sie dann für unser Leid verantwortlich. »Ach, mir geht es so schlecht. Aber das Problem liegt nicht bei *mir*, sondern bei jemand anderem. Würde dieser verdammte Chef es mir nicht dauernd so schwer machen (oder würde mein Partner mich nicht ständig ignorieren oder …), wäre alles in Ordnung.«

Leid kann nur zeitweise vermieden werden. Wie eine Krankheit, die unbehandelt bleibt (oder vielleicht nur oberflächlich mit zwar symptomlindernden, aber die Ursachen nicht ausräumenden Medikamenten behandelt wurde), wird das Leid immer wieder ausbrechen und sich verschlimmern. Ein Hochgefühl durch Drogen oder Alkoholgenuss mag unseren Schmerz für eine Weile lindern, aber mit zunehmendem Gebrauch kann der physische Schaden für unseren Körper und der soziale Schaden für unser Leben weit mehr Leid verursachen als die vage Unzufriedenheit oder die akuten emotionalen Schmerzen, die uns zunächst zu diesen Drogen hinführten. Die inneren psychologischen Abwehrmechanismen wie Verleugnung oder Unterdrückung mögen uns zwar ein wenig länger vor dem Schmerzgefühl schützen und abschirmen, können aber das Leid nicht beseitigen.

Randall verlor seinen Vater vor etwas mehr als einem Jahr durch Krebs. Sein Vater stand ihm sehr nahe, und damals waren alle überrascht, wie gut er mit dem Verlust fertig wurde. »Natürlich bin ich traurig«, erklärte er stoisch, »aber ich fühle mich ganz gut. Ich werde ihn vermissen, doch das Leben geht weiter. Und überhaupt, im Moment kann ich mich sowieso nicht mit dem Verlust beschäftigen. Denn ich muss das Begräbnis organisieren und mich für meine Mutter um den Nachlass kümmern … Aber ich komme schon zurecht«, versicherte er jedem.

Zwölf Monate später jedoch, kurz nach der Jährung des Todestages seines Vaters, versank Randall in einer tiefen Depression. Er kam zu mir und meinte: »Ich kann einfach nicht verstehen, woher diese Niedergeschlagenheit kommt. Zurzeit scheint alles wunderbar zu laufen. Am Tod meines Vaters kann es nicht liegen. Er ist vor über einem Jahr gestorben, und ich habe längst damit abgeschlossen.«

Bei einer Kurztherapie wurde jedoch klar, dass er sich durch sein angestrengtes Bemühen, die strikte Herrschaft über seine Gefühle zu bewahren und »stark« zu bleiben, nie gründlich mit seinem Verlustgefühl und seinem Kummer auseinander gesetzt hatte. Diese Gefühle wuchsen immer weiter, bis sie sich schließlich in einer alles überwältigenden Depression manifestierten, die er einfach nicht ignorieren konnte.

Randalls Depression verschwand ziemlich schnell, als wir den Blick auf seinen Schmerz und seine Verlustgefühle richteten, und er konnte sich seinem Kummer vollauf stellen und ihn verarbeiten. Manchmal jedoch sitzen unsere unbewussten Strategien zur Vermeidung der Konfrontation mit unseren Problemen viel tiefer – nämlich in Bewältigungsmechanismen, die ein Teil unserer Persönlichkeitsstruktur und schwer zu beseitigen sind.

Wir alle haben Freunde, Bekannte oder auch Familienmitglieder, die Problemen dadurch aus dem Weg gehen, dass sie diese auf andere projizieren und sie dafür verantwortlich machen. Sie bezichtigen im Grunde andere der Fehler, die sie als ihre eigenen erkennen müssten. Das ist jedoch mit Sicherheit keine effektive Methode zur Lösung von Problemen, und solange diese Menschen solchen Mustern folgen, sind viele von ihnen zu einem unglücklichen Leben verurteilt.

Der Dalai Lama hat seine Haltung zum menschlichen Leid detailliert dargelegt – einen Ansatz, der letztlich zwar auf den Glauben an die mögliche Freiheit von Leid hinausläuft, aber damit beginnt, es als eine natürliche Tatsache menschlicher Existenz zu akzeptieren und unsere Probleme mutig und direkt anzugehen.

»In unserem Alltag entstehen zwangsläufig Probleme. Die größten Schwierigkeiten in unserem Leben sind die, denen wir unausweichlich begegnen – wie Alter, Krankheit und Tod. Unseren Problemen auszuweichen oder einfach nicht über sie nachzudenken mag zwar momentane Erleichterung verschaffen, aber ich meine, es gibt eine bessere Methode. Wenn Sie sich Ihrem Leid direkt stellen, werden Sie eher fähig sein, die Tiefe und das Wesen des Problems wirklich einzuschätzen. Solange Sie in einer Schlacht nichts über Stellung und Kampfkraft Ihres Feindes wissen, sind Sie völlig unvorbereitet und vor Furcht wie gelähmt. Wer jedoch die Stärke seines Gegners kennt und weiß, welche Waffen er ins Feld führt, ist in einer viel besseren Position, wenn er in die Schlacht zieht.

Gleichermaßen sind wir, wenn wir uns mit unseren Problemen auseinander setzen, statt ihnen auszuweichen, in einer viel besseren Ausgangsposition, um sie zu bewältigen.«

Diese Methode war unzweifelhaft vernünftig, aber um das Ganze noch stärker auf den Punkt zu bringen, fragte ich: »Ja, aber was ist, wenn man sich direkt mit einem Problem auseinander setzt und herausfindet, dass es keine Lösung gibt? Dann ist es doch ziemlich schwer, sich ihm zu stellen.«

»Ich glaube, dass es trotzdem besser ist, sich dem Problem zu stellen«, antwortete er. »Zum Beispiel könnte man Faktoren wie Alter und Tod als negativ und unerwünscht ansehen und einfach versuchen, sie zu vergessen. Aber irgendwann werden sie ohnehin eintreten. Und hat man es immer vermieden, darüber nachzudenken, wird es einen schließlich wie ein Schock treffen und unerträgliches geistiges Unbehagen verursachen. Verwenden wir unsere Zeit jedoch darauf, auch über Alter, Tod und andere Misshelligkeiten nachzudenken, werden wir psychisch viel stabiler sein, wenn diese Dinge geschehen, da wir uns bereits mit den Problemen und verschiedenen Arten von Leid vertraut gemacht und sie im Geiste vorweggenommen haben.

Daher glaube ich, dass es nützlich sein kann, sich sehr früh mit den möglichen Arten von Leid zu beschäftigen. Um die Analogie zur Schlacht wieder aufzugreifen: Das Reflektieren über Leiden könnte als eine militärische Übung betrachtet werden. Menschen, die niemals von Krieg, Kanonen, Bomben usw. gehört haben, werden womöglich schwach, wenn sie in den Krieg ziehen. Durch militärischen Drill jedoch bereiten sie ihren Geist auf das vor, was passieren kann. Wenn dann ein Krieg ausbricht, werden sie den Umständen eher gewachsen sein.«

»Ich sehe ein, wie sinnvoll es ist, sich mit eventuell auftretenden Arten von Leid vertraut zu machen, um die Furcht davor zu verringern. Aber es scheint immer noch so, dass gewisse Krisen einem keine andere Möglichkeit als die des Leidens lassen. Wie können wir es vermeiden, uns unter solchen Umständen zu quälen?«

»Würden Sie mir ein Beispiel nennen?«

Ich überlegte. »Also, nehmen wir an, dass eine Schwangere eine Amniozentese oder ein Sonagramm machen lässt, bei dem sich herausstellt, dass das Kind einen schweren Geburtsschaden haben wird: eine extreme geistige oder körperliche Behinderung. Zweifellos ist die Frau dann von Angst erfüllt, weil sie nicht weiß, was sie tun soll. Sie hat in dieser Situation die Wahl abzutreiben, um das Baby vor einem Leben voller Leid zu bewahren. Aber dann wird sie große Verlustgefühle und Schmerzen erfahren und vielleicht auch Schuld empfinden.

Oder sie kann sich dafür entscheiden, der Natur ihren Lauf zu lassen und das Kind auszutragen. In diesem Fall hat sie möglicherweise ein Leben voller Schwierigkeiten und Leiden für sich und das Kind vor sich.«

Der Dalai Lama hörte mir aufmerksam zu. Ein wenig melancholisch antwortete er: »Ob man solche Probleme aus der westlichen oder aus der buddhistischen Perspektive angeht – ein derartiges Dilemma ist immer sehr, sehr schwierig. Zu Ihrem Beispiel hinsichtlich der Entscheidung, den Fötus mit einem Geburtsschaden abzutreiben: niemand weiß wirklich, was langfristig besser wäre. Sogar wenn das Kind mit einem Schaden zur Welt käme, wäre es langfristig gesehen vielleicht besser für die Mutter oder die Familie oder das Kind selbst. Aber es besteht auch die Möglichkeit, dass – zieht man die weit reichenden Konsequenzen in Betracht – eine Abtreibung besser wäre; vielleicht könnte das auf Dauer positiver sein. Aber wer soll das entscheiden? Das ist sehr schwierig. Auch vom buddhistischen Standpunkt aus liegt ein solches Urteil jenseits unserer rationalen Fähigkeiten.«

Nach einer Pause fügte er hinzu: »Gewiss spielen Herkunft und Glaube eine Rolle dabei, wie Menschen auf so komplizierte Situationen reagieren ...«

Wir schwiegen beide. Mit einem Kopfschütteln sagte er schließlich: »Dadurch, dass wir über die Leiden reflektieren, denen wir unterworfen sind, bereiten wir uns geistig in gewissem Maße auf diese Dinge vor – und zwar indem wir uns die Tatsache vor Augen führen, dass wir in unserem Leben auf solche Situationen treffen werden. Wir sollten aber nicht vergessen, dass die Situation dadurch nicht aufgehoben wird. Es mag helfen, *geistig* damit fertig zu werden und die Furcht zu verringern, aber es mindert natürlich nicht das eigentliche Problem. Kommt zum Beispiel ein Kind mit einem Geburtsschaden auf die Welt, muss man die Situation immer noch bewältigen, auch wenn man intensiv im Voraus darüber nachgedacht hat. Es ist also immer noch schwierig.«

Ein Ton von Traurigkeit schwang in seiner Stimme mit – vielleicht mehr als nur ein Ton, eher ein ganzer Akkord. Doch die zugrunde liegende Melodie war durchaus nicht von Hoffnungslosigkeit geprägt. Eine volle Minute lang schwieg der Dalai Lama und blickte aus dem Fenster, als wollte er die ganze Welt umfassen. Dann fuhr er fort:

»Man kommt wirklich nicht an der Tatsache vorbei, dass Leid ein Teil des Lebens ist. Wir tendieren natürlich dazu, unsere Leiden und Probleme abzulehnen. Aber ich glaube, dass normale Menschen das Wesen unserer Existenz nicht als durch Leid charakterisiert ansehen ...«

Der Dalai Lama begann plötzlich zu lachen. »Ich meine, man wünscht sich gewöhnlich ›Alles Gute zum Geburtstag‹, obwohl doch die Geburt eigentlich die Geburt des Leidens war. Aber niemand sagt: ›Alles Gute zum Geburtstag des Leidens!‹«, scherzte er.

»Um zu akzeptieren, dass Leid ein Teil unserer täglichen Existenz ist, könnten wir damit anfangen, die Faktoren zu untersuchen, die normalerweise Unzufriedenheit und Unbehagen in uns aufkommen lassen. Im Allgemeinen macht es uns beispielsweise glücklich, wenn uns selbst oder uns nahe Stehenden Lob, Ruhm, Glück und andere Vorzüge zuteil werden. Und wir fühlen uns unglücklich und unzufrieden, wenn wir diese Dinge nicht bekommen oder unser Rivale sie erhält. Schauen wir jedoch auf unser Alltagsleben, entdecken wir, dass es so viele Faktoren und Bedingungen gibt, die Schmerz, Leid und Unzufriedenheit verursachen. Die Bedingungen, die zu Freude und Glück führen, sind hingegen relativ selten. Das ist eine Tatsache, der wir uns stellen müssen, ob wir es wollen oder nicht. Und da dies die Wirklichkeit unserer Existenz ist, bedarf unsere Haltung gegenüber Leiden einer Änderung. *Unsere Haltung gegenüber Leiden ist sehr wichtig, denn sie bestimmt, wie wir mit ihnen fertig werden, wenn sie auftauchen*. Unsere übliche Einstellung ist die einer sehr starken Abwehr und des Nicht-Tolerierens von Schmerz und Leid.

Sind wir jedoch in der Lage, unsere Haltung gegenüber dem Leid zu transformieren und eine Einstellung zu finden, die uns eine größere Toleranz erlaubt, dann kann das geistigem Unwohlsein, Unzufriedenheit und Unbehagen entgegenwirken.

Für mich persönlich ist die effektivste Methode, Leid zu ertragen, die Einsicht und das Verständnis dessen, dass Leid die grundlegende Natur des *Samsara*[7], der unerleuchteten Existenz, ist. Wenn man irgendeinen körperlichen Schmerz oder ein anderes Problem erfährt, denkt man in dem Moment natürlich: ›Ach, das ist so schlimm.‹ In Zusammenhang mit dem Leid taucht ein Gefühl der Ablehnung auf, etwa: ›Ach, das habe ich doch nicht verdient.‹

Wenn man die Situation aber in dem Moment aus einem anderen Blickwinkel betrachten und einsehen kann, dass ebendieser Körper ...«, er klatschte sich auf den Arm, »... die eigentliche Basis des Leidens ist, dann verringert sich das Gefühl der Ablehnung – das Gefühl, dass man es irgendwie nicht verdient hat zu leiden, Opfer zu sein. Hat man diese Realität einmal verstanden und akzeptiert, dann erfährt man Leid als etwas ganz Natürliches.

Wenn man exemplarisch das Leid des tibetischen Volkes betrachtet, könnte man sich verzweifelt fragen: ›Wie konnte das nur passieren?‹ Aber von einem anderen Gesichtspunkt aus lässt sich über die Tatsache reflektieren, dass sich auch Tibet inmitten des *Samsara* befindet.« Er lachte. »Ebenso wie dieser Planet und die ganze Galaxis.« Wieder lachte er.

---

[7] Samsara (Sanskrit) ist ein Existenzzustand, der durch endlose Zyklen von Leben, Tod und Wiedergeburt gekennzeichnet wird. Dieser Begriff bezieht sich auch auf den gewöhnlichen Zustand unserer Alltagsexistenz, die durch Leid charakterisiert ist. Alle Wesen verweilen in diesem Zustand, der durch karmische Eindrücke vergangener Handlungen und durch negative »verblendete« Geisteszustände hervorgerufen wird, bis alle negativen Tendenzen des Geistes beseitigt sind und ein Zustand der Befreiung erlangt wird.

»Jedenfalls wirkt sich die Art, wie wir das Leben als Ganzes wahrnehmen, auch auf unsere Einstellung zum Leid aus. Wenn unsere grundlegende Auffassung beispielsweise die ist, dass Leid negativ sei und um jeden Preis vermieden werden müsse, ja sogar in gewisser Hinsicht ein Zeichen des Scheiterns sei, dann wird dies zusätzlich eine psychologische Komponente der Angst und Intoleranz erzeugen, sobald wir auf schwierige Umstände treffen – ein Gefühl der Hilflosigkeit.

Wenn wir durch unsere Grundeinstellung akzeptieren, dass Leid ein natürlicher Bestandteil unserer Existenz ist, werden wir zweifellos viel toleranter gegenüber den Widrigkeiten des Lebens sein. Und ohne einen gewissen Grad an Toleranz dem Leid gegenüber wird unser Leben unglücklich. Als hätte man eine schlimme Nacht, die ewig währt und niemals zu enden scheint.«

»Ich finde es pessimistisch, ja entmutigend, wenn Sie von der grundlegenden Natur der Existenz als durch Leid gekennzeichnet sprechen«, bemerkte ich.

Der Dalai Lama beeilte sich zu erklären: »Wenn ich von der unbefriedigenden Natur der Existenz spreche, ist das im Kontext des gesamten buddhistischen Weges zu sehen. Diese Überlegungen sind im speziellen Rahmen des Buddhismus zu verstehen. Sonst besteht zugegebenermaßen die Gefahr oder sogar die Wahrscheinlichkeit, dass dieser Ansatz als pessimistisch und negativ missverstanden wird.

Daher ist es wichtig, die grundlegende buddhistische Haltung gegenüber der Leidensfrage zu verstehen. Das Prinzip der ›Vier Edlen Wahrheiten‹ war das erste Thema der öffentlichen Lehrreden des Buddha. Die erste Wahrheit ist die vom Leiden. Hier wird die Erkenntnis der Leidensnatur unserer Existenz betont. Die Reflexion über das Leid ist deshalb so wichtig, weil die Möglichkeit eines Auswegs, einer Alternative besteht. *Es gibt eine Möglichkeit der Freiheit vom*

Leid. Indem man die Ursachen des Leidens beseitigt, kann man einen Zustand der Befreiung, einen Zustand frei vom Leid, erlangen.

Nach buddhistischem Denken sind die Wurzeln des Leidens Unwissenheit, Gier und Hass. Sie werden als die ›Drei Geistesgifte‹ bezeichnet. Diese Begriffe haben innerhalb des buddhistischen Kontexts einen spezifischen Sinn. ›Unwissenheit‹ zum Beispiel bezieht sich nicht wie nach herkömmlichem Verständnis auf einen Mangel an Informationen, sondern auf eine grundlegend falsche Wahrnehmung der wahren Natur des eigenen Selbst und aller Phänomene. Durch die Einsicht in die wahre Natur der Wirklichkeit und durch die Beseitigung Leiden verursachender Faktoren wie Gier und Hass kann man einen völlig gereinigten Geisteszustand, frei von Leid, gewinnen.

Wenn wir innerhalb eines buddhistischen Kontexts über die Tatsache reflektieren, dass die eigene tagtägliche Existenz durch Leid geprägt ist, werden wir ermutigt, uns in den Praktiken zu schulen, die die Ursachen unseres Leidens beseitigen. Gäbe es dagegen keine Hoffnung oder keine Möglichkeit der Freiheit vom Leid, wäre das bloße Reflektieren darüber nur morbid und in der Tat ziemlich negativ.«

Während er sprach, begann ich zu spüren, wie sich die Reflexion über unsere Leidensnatur auf das Akzeptieren der unvermeidlichen Sorgen im Leben auswirken und sogar eine wertvolle Methode sein könnte, um unsere Alltagsprobleme in eine angemessene Perspektive zu rücken. Und ich begriff, dass Leid auch in einem umfassenderen Kontext, als Teil eines breiteren spirituellen Weges, gesehen werden könnte – insbesondere im Hinblick auf das buddhistische Paradigma, das die Möglichkeit kennt, den Geist zu reinigen und letztlich einen Zustand zu erreichen, in dem es kein Leid mehr gibt. Aber zunächst wollte ich mich von diesen philosophischen Spekulationen abwenden und erfahren, wie der Dalai Lama selbst auf einer eher persönlicheren Ebene mit dem Leid umging, wie er beispielsweise mit dem Verlust eines geliebten Menschen fertig wurde.

Als ich Dharamsala vor vielen Jahren zum ersten Mal besuchte, lernte ich den älteren Bruder des Dalai Lama, Lobsang Samden, kennen. Ich mochte ihn gern und war sehr betrübt, als ich vor einigen Jahren von seinem plötzlichen Tod hörte. Da ich wusste, dass der Dalai Lama und er einander sehr nahe gestanden hatten, sagte ich: »Ich kann mir vorstellen, dass der Tod Ihres Bruders Lobsang sehr schmerzlich für Sie war ...«

»Ja.«

»Ich frage mich, wie Sie damit fertig wurden.«

»Natürlich war ich sehr, sehr traurig, als ich von seinem Tod erfuhr«, sagte er ruhig.

»Und wie sind Sie mit diesem Gefühl der Trauer umgegangen? Ich meine, gab es etwas, das Ihnen ganz besonders half, darüber hinwegzukommen?«

»Ich weiß nicht«, erwiderte er nachdenklich. »Ich spürte die Trauer mehrere Wochen lang, aber sie legte sich allmählich. Doch es blieb ein Gefühl der Reue ...«

»Der Reue?«

»Ja. Ich war zur Zeit seines Todes verreist, und wenn ich da gewesen wäre, hätte ich ihm vielleicht helfen können. Deshalb habe ich ein Gefühl der Reue.«

Die lebenslange Betrachtung der unvermeidlichen menschlichen Leiden hatte dem Dalai Lama vielleicht geholfen, seinen Verlust zu überwinden, aber sie hatte keineswegs ein kaltes, emotionsloses Individuum hervorgebracht, welches das Leid mit grimmiger Resignation akzeptierte. Die

Trauer in seiner Stimme deutete auf einen Mann mit zutiefst menschlichen Gefühlen hin. Gleichzeitig erzeugten die Offenheit und Aufrichtigkeit seines Wesens, gänzlich frei von Selbstmitleid oder Selbstbezichtigung, den Eindruck eines Mannes, der seinen Verlust völlig bewältigt hatte.

An jenem Tag dauerte unser Gespräch bis in den späten Nachmittag hinein. Goldene Lichtstrahlen, die durch hölzerne Jalousien fielen, durchzogen den dunkler werdenden Raum. Ich spürte, wie sich eine melancholische Atmosphäre ausbreitete, und wusste, dass sich unsere Diskussion dem Ende zuneigte. Doch ich hatte immer noch die Hoffnung, ihn etwas detaillierter über das Thema des Verlusts zu befragen. Vielleicht hatte er noch einen zusätzlichen Rat, wie man den Tod eines geliebten Menschen überwinden kann, außer einfach nur die Unvermeidbarkeit menschlicher Leiden zu akzeptieren.

Doch der Dalai Lama wirkte etwas zerstreut, und ich bemerkte eine gewisse Erschöpfung um seine Augen. Kurz darauf betrat sein Sekretär leise den Raum und warf mir »den« Blick zu: Dadurch wurde mir unmissverständlich mitgeteilt, dass es Zeit war, mich zu verabschieden.

»Ja ...«, sagte der Dalai Lama entschuldigend, »vielleicht sollten wir schließen ... Ich bin ein bisschen müde.«

Am folgenden Tag, noch bevor ich Gelegenheit hatte, in unserem Privatgespräch auf das Thema zurückzukommen, wurde es in seinem öffentlichen Vortrag angeschnitten. Offensichtlich aus einem großen Kummer heraus fragte ein Zuhörer den Dalai Lama: »Haben Sie irgendeinen Vorschlag, wie man mit einem großen persönlichen Verlust fertig werden kann, zum Beispiel dem Verlust eines Kindes?«

In einem sanften Tonfall des Mitgefühls antwortete er: »Bis zu einem gewissen Grade hängt das vom persönlichen

Glauben der Menschen ab. Für diejenigen, die an Wiedergeburt glauben, verringern sich Trauer und Kummer ein wenig. Sie können Trost in der Tatsache finden, dass ihr geliebtes Kind wieder geboren wird.

Für diejenigen, die nicht an Wiedergeburt glauben, gibt es gleichwohl einfache Mittel, die helfen, mit dem Verlust fertig zu werden. Zunächst könnten sie darüber reflektieren, dass es nicht nur äußerst schädlich für sie selbst und ihre Gesundheit wäre, sondern auch keinerlei Nutzen für den Verstorbenen hätte, wenn sie sich von ihrer Trauer, dem Verlustgefühl und ihrem Kummer überwältigen ließen.

Ich selbst habe zum Beispiel meinen über alles verehrten Lehrer, meine Mutter und auch einen meiner Brüder verloren. Als sie starben, fühlte ich mich natürlich sehr, sehr traurig. Später dachte ich ständig daran, dass es ja keinen Zweck hat, zu viel zu trauern. Wenn ich diese Menschen wirklich liebte, musste ich ihre Wünsche mit einem ruhigen Geist erfüllen. Daher versuche ich mein Bestes, ebendas zu tun. Ich halte das für die richtige Herangehensweise, wenn wir jemanden, der uns sehr lieb war, verloren haben. Der beste Weg, das Andenken an diesen Menschen zu bewahren, ist nämlich der Versuch, seine Wünsche zu erfüllen.

Anfangs sind Kummer- und Angstzustände die natürliche menschliche Reaktion auf einen solchen Verlust. Aber wenn wir solchen Verlust- und Trauergefühlen endlos nachhängen, wird es gefährlich. Halten wir diese Gefühle nicht unter Kontrolle, können sie zu einer Art Egozentrik führen – einer Situation, in der man sich nur noch auf das eigene Selbst konzentriert. Dann wird man von der Verlustempfindung überwältigt und hat das Gefühl, der Einzige zu sein, der so etwas erleidet. Depression setzt ein.

In Wirklichkeit gibt es noch viele andere, die die gleiche Art Erfahrung durchmachen. Wenn wir daher merken, dass wir uns allzu sehr sorgen, mag es hilfreich sein, an die anderen zu denken, die ähnliche oder sogar noch schlimmere Tragödien durchzustehen haben. Hat man das einmal erkannt, fühlt man sich nicht mehr so isoliert, als wäre man als Einziger herausgepickt worden. Das mag einen gewissen Trost vermitteln.«

Obwohl Schmerzen und Leid allgemein menschliche Phänomene sind, habe ich oft den Eindruck, dass in östlichen Kulturen aufgewachsene Menschen eine größere Akzeptanz und Toleranz gegenüber dem Leid besitzen. Das mag zum Teil an ihrem Glauben liegen oder vielleicht auch daran, dass Leid in ärmeren Nationen wie Indien viel sichtbarer ist als in wohlhabenderen Ländern. Hunger, Armut, Krankheit und Tod liegen offen zutage. Alte oder kranke Menschen werden nicht isoliert und in Heime abgeschoben, um von professionellen Pflegekräften betreut zu werden. Sie bleiben vielmehr in der Gemeinschaft, und die Familie kümmert sich um sie. Wer im täglichen Kontakt mit den Realitäten des Lebens steht, kann schwerlich leugnen, dass Leid ein natürlicher Bestandteil der Existenz ist.

Die westliche Gesellschaft mag zwar die Fähigkeit errungen haben, die durch harte Lebensbedingungen verursachten Leiden einzudämmen, aber sie scheint die Fähigkeit verloren zu haben, mit all dem restlichen Leid fertig zu werden. Sozialwissenschaftliche Studien machen deutlich, dass die meisten Menschen in der modernen westlichen Gesellschaft die Auffassung hegen, die Welt sei eigentlich ein ganz netter Ort und das Leben zumeist gerecht. Als gute Menschen hätten sie es verdient, dass ihnen nur Annehmliches widerfahre. Eine solche Auffassung kann natürlich einen wichtigen Beitrag zu einer glücklicheren und gesünderen Lebensführung leisten. Aber das unvermeidliche Aufkommen von Leid untergräbt diese Einstellung und erschwert es den Betroffenen, glücklich und effektiv weiterzuleben. Vor einem solchen Hintergrund kann bereits ein relativ geringfügiges Trauma massive psychologische Auswirkungen haben, da man den Glauben an eine gerechte und wohlwollende Welt verliert. Dadurch verstärkt sich das Leid.

Durch die technologische Entwicklung hat sich der allgemeine materielle Standard im Westen für viele ohne Zweifel verbessert. An dieser Stelle findet ein entscheidender Wandel in der Wahrnehmung statt. Da Leid immer weniger sichtbar wird, betrachten wir es nicht mehr als Teil der grundlegenden menschlichen Natur, sondern eher als Anomalie, als Zeichen des Scheiterns, als Missachtung unseres garantierten Anrechts auf Glück!

Diese Denkungsart enthält verborgene Gefahren. Wenn wir Leid als etwas Unnatürliches ansehen, als etwas, das wir nicht erleben sollten, dann ist es nur ein kleiner Schritt dahin, andere für unser Leiden verantwortlich zu machen. Bin ich unglücklich, muss ich das »Opfer« von irgendjemandem oder irgendetwas sein – eine Vorstellung, die im Westen nur allzu verbreitet ist.

Schuld können die Regierung sein, das Erziehungssystem, brutale Eltern, eine »dysfunktionale« Familie, das andere Geschlecht oder unser liebloser Ehepartner. Oder wir geben uns selbst die Schuld: Mit mir stimmt etwas nicht, ich bin das Opfer einer Krankheit, vielleicht von defekten Genen. Aber die Schuldzuweisungen und die Opferhaltung verlängern unser Leid, sodass Ärger, Frustration und Groll fortdauern.

Natürlich ist der Wunsch nach Freiheit von Leid das legitime Ziel eines jeden Menschen. Er entspricht unserem Streben nach Glück. Daher ist es nur angemessen, dass wir die Ursachen unseres Unglücks ermitteln und alles in unserer

Macht Stehende tun, um unsere Probleme zu lindern: indem wir auf allen Ebenen – auf globaler, gesellschaftlicher, familiärer und individueller – nach Lösungen suchen. Aber solange wir Leid als einen unnatürlichen, anormalen Zustand ansehen, den wir fürchten, meiden und zurückweisen, werden wir niemals die Wurzeln des Leidens herausreißen und ein glücklicheres Leben beginnen können.

Selbst erzeugtes Leid

Bei seinem ersten Besuch nahm der gepflegte Herr mittleren Alters, elegant mit einem schwarzen Armani-Anzug bekleidet, auf höflich-distanzierte Art Platz und erklärte, was ihn in meine Praxis geführt hatte. Er sprach leise, mit beherrschter, gemessener Stimme. Ich überflog im Geiste die Liste der Standardfragen: allgemeine Beschwerden, Alter, Herkunft, Ehestatus.

»Diese Hexe«, schrie er plötzlich auf, wobei seine Stimme vor Wut zitterte. »Meine verdammte Frau! Exfrau, inzwischen. Sie hatte hinter meinem Rücken eine Affäre! Nach allem, was ich für sie getan habe. Diese kleine …, diese kleine … Schlampe!« Seine Stimme wurde immer lauter, zorniger und heftiger, während er in den folgenden zwanzig Minuten über seine Exfrau herzog.

Unsere Zeit wurde knapp. Als ich merkte, dass er gerade erst richtig warm wurde und in diesem Ton noch stundenlang hätte weitermachen können, schaltete ich mich ein: »Die meisten Menschen haben Schwierigkeiten damit, sich auf eine gerade vollzogene Scheidung einzustellen. Das können wir sicher noch in späteren Sitzungen behandeln«, sagte ich beruhigend. »Übrigens, wie lange sind Sie denn schon geschieden?«

»Im Mai waren es siebzehn Jahre.«

Im letzten Kapitel ging es um die Bedeutung des Akzeptierens von Leid als einer natürlichen Tatsache der menschlichen Existenz. Manche Arten von Leid sind unvermeidbar, andere dagegen selbst erzeugt. Wir haben untersucht, wie die

Weigerung, Leid als einen natürlichen Bestandteil des Lebens zu akzeptieren, dazu führen kann, sich selbst als Opfer zu sehen und andere für die eigenen Probleme verantwortlich zu machen. Ein hundertprozentiges Rezept für ein unglückliches Leben!

Wir tragen aber auch in anderer Weise zu unserem Leid bei. Allzu oft verlängern wir unseren Schmerz und halten ihn dadurch am Leben, dass wir unsere Verletzungen im Geiste immer wieder durchspielen und dabei die uns widerfahrenen Ungerechtigkeiten potenzieren. Wir holen unsere schmerzlichen Erinnerungen immer wieder hervor – aus dem unbewussten Wunsch heraus, dass sich dadurch die Situation irgendwie ändern möge, was jedoch nie geschieht.

Natürlich kann diese endlose Wiederholung unserer Sorgen manchmal einem begrenzten Zweck dienen: Sie verleiht unserem Leben Dramatik, sorgt für eine gewisse Aufregung oder weckt die Aufmerksamkeit und die Sympathie anderer. Aber das scheint ein armseliger Tausch angesichts des Unglücks zu sein, das wir weiterhin empfinden.

Der Dalai Lama erklärte, wie wir zu unserem eigenen Leid beitragen: »Es gibt viele Möglichkeiten, aktiv an unseren Erfahrungen von geistiger Unrast und Leid mitzuwirken. Geistiger und emotionaler Kummer können ganz natürlich auftreten, doch häufig macht gerade unsere Verstärkung dieser negativen Emotionen alles noch viel schlimmer. Empfinden wir zum Beispiel gegen jemanden Hass oder Ärger, ist es, wenn wir uns nicht weiter mit diesem Gefühl befassen, unwahrscheinlich, dass es sich intensiviert. Denken wir jedoch ständig über die uns zugefügten Ungerechtigkeiten nach, nähren wir natürlich den Hass. Erst dadurch wird der Hass machtvoll und heftig. Das Gleiche gilt, wenn wir Zuneigung zu einem Menschen verspüren: Wir können sie durch den Gedanken verstärken, wie gut sie oder er aussieht – und in dem Maße, wie wir in den auf jenen Menschen projizierten Qualitäten schwelgen, wird die Anhaftung an ihn immer stärker.

Das zeigt nur, wie wir selbst durch konstante Gewöhnung und Gedanken an unsere Emotionen diese immer mehr intensivieren können. Oft tragen wir auch durch Überempfindlichkeit zu unserem Schmerz und Leid bei, etwa durch Überreaktionen auf Kleinigkeiten und manchmal dadurch, dass wir die Dinge zu persönlich nehmen. Wir neigen dazu, Nebensächlichkeiten überzubewerten und aufzublähen. Andererseits bleiben wir oft gleichgültig gegenüber den wirklich wichtigen Dingen – nämlich jenen, die tief greifende Auswirkungen auf unser Leben und langfristige Konsequenzen haben. Ob jemand leidet, hängt daher in hohem Maße davon ab, wie er auf eine bestimmte Situation *reagiert*.

Angenommen, Sie finden heraus, dass jemand hinter Ihrem Rücken schlecht über Sie spricht. Wenn Sie sich aufgrund dieses Wissens, aufgrund dieser negativen Haltung Ihnen gegenüber, verletzt fühlen und verärgert reagieren, zerstören *Sie selbst* Ihren eigenen geistigen Frieden. Ihr Schmerz ist Ihre eigene, persönliche Schöpfung. Verzichteten Sie darauf, auf negative Weise zu reagieren, und ließen Sie die Verleumdung wie eine sanfte Brise an Ihren Ohren vorbeiziehen, würden Sie sich selbst vor diesem Gefühl der Verletzung, diesem Gefühl der Qual schützen. Obwohl man also schwierige Situationen nicht immer vermeiden kann, lässt sich doch durch die Entscheidung, wie man auf sie reagiert, das Ausmaß des Leidens einschränken.«

»Oft tragen wir auch durch Überempfindlichkeit zu unserem Schmerz und Leid bei, etwa durch Überreaktionen auf Kleinigkeiten und manchmal dadurch, dass wir die Dinge zu persönlich nehmen …« Mit diesen Worten verdeutlicht der Dalai Lama den

Ursprung vieler unserer Alltagsärgernisse, die sich zu einer größeren Leidensquelle summieren können. Therapeuten bezeichnen diesen Prozess zuweilen als Personalisierung unseres Schmerzes: als Tendenz, unseren seelischen Horizont durch die Interpretation oder Fehlinterpretation all dessen, was sich in irgendeiner Weise auf uns auswirkt, einzuengen.

Eines Abends saß ich mit einem Kollegen in einem Restaurant beim Essen. Der Service erwies sich als zögerlich, und kaum hatten wir Platz genommen, begann mein Kollege herumzunörgeln: »Sieh dir das an! Wie verdammt langsam dieser Kellner ist! Wo bleibt er bloß? Ich glaube, er ignoriert uns mit Absicht!«

Obwohl keiner von uns beiden dringende Verpflichtungen hatte, steigerte sich mein Kollege während des gesamten Essens immer weiter in seine Nörgeleien über den langsamen Service hinein, bis er sich schließlich in einer Klagelitanei über das Essen, das Geschirr und alles andere, was ihm nicht passte, erging. Am Ende wartete uns der Kellner mit zwei Desserts auf Kosten des Hauses und der ehrlichen Erklärung auf: »Entschuldigen Sie den langsamen Service, aber wir sind ein bisschen unterbesetzt. Einer der Köche hatte einen Todesfall in der Familie und ist heute Abend nicht da, und einer der Kellner hat sich in letzter Minute krankgemeldet. Ich hoffe, Sie hatten dadurch nicht zu viele Unannehmlichkeiten ...«

»Trotzdem komme ich nie wieder hierher«, brummte mein Kollege beleidigt in sich hinein, als der Kellner sich entfernte.

Dies nur als kleine Illustration, wie wir dadurch zu unserem eigenen Leid beitragen, dass wir jede ärgerliche Situation so personalisieren, als ob sie bewusst gegen uns gerichtet wäre. In diesem Fall war das Endergebnis letztlich nur ein ruiniertes Essen, eine Stunde voller Trübsal. Aber wenn ein solches Denken zu einem durchgängigen Muster dafür wird, wie wir mit der Welt in Beziehung treten, und sich auf jede Bemerkung von Familienmitgliedern und Freunden oder auch auf gesellschaftliche Ereignisse erstreckt, dann kann es zu einer beachtlichen Leidensquelle für uns werden.

Bei seiner Schilderung der weiter reichenden Folgen eines solchermaßen eingeengten Denkens machte Jacques Lusseyran eine sehr scharfsinnige Beobachtung. Lusseyran, der seit seinem achten Lebensjahr blind war, hatte im Zweiten Weltkrieg eine der Résistance-Gruppen gegründet. Schließlich wurde er von den Deutschen gefangen genommen und im Konzentrationslager Buchenwald eingesperrt. Als er später seine Erfahrungen im Lager beschrieb, stellte Lusseyran fest: »... Ich begriff, dass das Unglück jeden von uns ereilt, weil wir uns für den Mittelpunkt der Welt halten, weil wir der elenden Überzeugung sind, dass wir allein unerträglich leiden müssten. Unglück besteht immer darin, sich selbst in seiner eigenen Haut, in seinem eigenen Hirn gefangen zu fühlen.«

»Aber das ist nicht fair!«

In unserem Alltag treten ständig Probleme auf. Aber Probleme verursachen nicht automatisch Leid. Wenn wir sie direkt angehen und unsere Energie darauf richten können, eine Lösung zu finden, können sie sich in eine Herausforderung umwandeln. Haben wir jedoch das Gefühl, dass unser Problem »unfair« sei, fügen wir etwas hinzu, das zu einem kraftvollen Treibstoff der geistigen Unruhe und des emotionalen Leidens werden kann. Und dann haben wir nicht nur zwei Probleme statt einem, sondern das Gefühl der Ungerechtigkeit bringt uns auch noch aus dem Gleichgewicht, erschöpft uns und raubt uns die Energie, die wir benötigen, um das eigentliche Problem zu lösen.

Eines Morgens schnitt ich dieses Thema gegenüber dem Dalai Lama an: »Wie können wir mit dem Gefühl der Ungerechtigkeit umgehen, das uns anscheinend so oft quält, wenn wir Probleme haben?«

Er antwortete: »Es gibt eine ganze Reihe von Möglichkeiten, dem Gefühl zu begegnen, dass das eigene Leid etwas Ungerechtes sei. Ich habe bereits von der Wichtigkeit gesprochen, Leid als eine natürliche Tatsache der menschlichen Existenz zu akzeptieren. Vermutlich sind die Tibeter besser in der Lage, die Realität schwieriger Situationen hinzunehmen, weil sie sich sagen: ›Vielleicht geschieht das wegen meines Karmas aus der Vergangenheit.‹ Sie werden das Problem negativen Handlungen zuschreiben, die sie entweder in diesem oder in einem früheren Leben begangen haben, und es dadurch leichter akzeptieren.

In unseren Siedlungen in Indien habe ich einige Familien in sehr schwierigen Situationen gesehen. Sie leben unter ärmlichsten Bedingungen und haben zudem noch Kinder, die auf beiden Augen blind oder manchmal zurückgeblieben sind. Und irgendwie schaffen es diese armen Frauen auch noch, sich um die Kinder zu kümmern; sie sagen einfach: ›Das ist wegen ihres Karmas, es ist ihr Schicksal.‹

Beim Begriff ›Karma‹ ist es meiner Meinung nach wichtig herauszustellen, dass manchmal aufgrund eines falschen Verständnisses der Karma-Lehre die Tendenz besteht, alles dem Karma zuzuschreiben, wodurch man sich von der Verantwortung oder der Notwendigkeit freispricht, selbst die Initiative zu ergreifen. Man könnte ganz leicht behaupten: ›Das liegt an meinem vergangenen Karma, was soll ich tun? Da bin ich hilflos.‹ Hier haben wir es mit einem völlig falschen Verständnis des Karmas zu tun, denn obwohl die eigenen Erfahrungen eine Konsequenz vergangener Taten sind, heißt das nicht, dass der Einzelne keine Wahl hätte oder dass kein Raum für Eigeninitiative und Veränderung, eine Veränderung zum Positiven, bliebe. Und das gilt für alle Bereiche des Lebens. Man sollte sich keinesfalls in die Passivität flüchten und sich von seiner Verpflichtung, persönlich die Initiative zu ergreifen, freisprechen, weil alles ein Resultat des Karmas sei.

Denn der Begriff ›Karma‹ bedeutet richtig verstanden ›Handlung‹. Karma ist ein höchst aktiver Prozess. Und wenn wir von Karma oder ›Handlung‹ sprechen, meinen wir die Tat, die von einem Handelnden – nämlich uns selbst – in der Vergangenheit ausgeführt wurde. Was für eine Zukunft uns bevorsteht, ist daher in der Gegenwart in hohem Maße von uns selbst abhängig. Unsere Zukunft wird also durch die Handlungen bestimmt, die wir jetzt durchführen.

Deshalb sollte Karma nicht als passive, statische Kraft verstanden werden, sondern eher als aktiver Prozess. Das bedeutet, dass der Einzelne eine wichtige Rolle bei der Bestimmung des Kurses spielt, den der karmische Prozess einschlägt. Zum Beispiel auch bei ganz einfachen Handlungen oder simplen Absichten wie der, unsere Nahrungsbedürfnisse zu stillen ... Schon um dieses einfache Ziel zu erreichen, bedarf es einer Handlung unsererseits. Wir müssen nach Nahrung Ausschau halten und sie dann essen. Dies zeigt, dass auch das kleinste Ziel durch Handeln erreicht wird ...«

»Nun ja, das Gefühl der Ungerechtigkeit dadurch zu reduzieren, dass man es als Resultat seines eigenen Karmas hinnimmt, mag ja für Buddhisten möglich sein«, warf ich ein. »Aber was ist mit denen, die nicht an die Karma-Lehre glauben? Im Westen zum Beispiel.«

»Menschen, die an einen Schöpfer, einen Gott, glauben, können schwierige Umstände leichter hinnehmen, wenn sie diese als Teil der göttlichen Schöpfung oder Seines Planes sehen. Sie mögen das Gefühl haben, dass die Situation zwar sehr negativ erscheint, dass Gott jedoch allmächtig und voller Gnade ist, weshalb dahinter irgendeine Bedeutung, irgendein Sinn steht, dessen sie sich nicht bewusst sind. Ein solcher Glaube kann sie stützen und ihnen durch ihre Leidenszeit hindurchhelfen.«

»Und was ist mit denen, die weder an die Karma-Lehre noch an die Idee eines Schöpfergottes glauben?«

Der Dalai Lama überlegte eine Weile. »Für Nicht-Gläubige mag ein praktischer, wissenschaftlicher Ansatz hilfreich sein. Wissenschaftler halten es gewöhnlich für sehr wichtig, ein Problem objektiv zu betrachten, es ohne emotionale Beteiligung zu untersuchen. Durch diese Methode kann man sich dem Problem mit einer Haltung nähern wie: ›Wenn es einen Weg gibt, das Problem zu bekämpfen, dann kämpfe, sogar wenn du vor Gericht ziehen musst.‹«

Er lachte. »Gibt es keine Chance zu gewinnen, dann vergiss es. Eine objektive Analyse schwieriger oder problematischer Situationen kann sehr bedeutsam sein, denn mit diesem Ansatz wird man oft entdecken, dass hinter den Kulissen noch ganz andere Faktoren eine Rolle spielen. Wenn man sich zum Beispiel bei der Arbeit von seinem Chef ungerecht behandelt fühlt, können viele Faktoren im Spiel sein: Er mag über etwas anderes verärgert sein, vielleicht über eine Auseinandersetzung mit seiner Frau am Morgen; sein Verhalten hat also gar nichts mit Ihnen persönlich zu tun und ist überhaupt nicht gegen Sie gerichtet.

Natürlich müssen Sie sich der Situation immer noch stellen, aber wenigstens tritt bei diesem Ansatz nicht die zusätzliche Besorgnis auf, die sonst damit einherginge.«

»Könnte diese ›wissenschaftliche‹ Methode, mit der wir eine Situation objektiv analysieren, uns möglicherweise auch helfen zu entdecken, wie wir selbst zu dem Problem beigetragen haben? Und könnte das mit der schwierigen Situation verbundene Gefühl der Ungerechtigkeit dadurch reduziert werden?«

»Ganz gewiss!«, antwortete er enthusiastisch. »Das würde definitiv viel ausmachen. Wenn wir jede Situation auf sehr unvoreingenommene und ehrliche Weise untersuchen, werden wir im Allgemeinen erkennen, dass auch wir selbst in hohem Maße für die Entwicklung der Ereignisse verantwortlich sind.

Zum Beispiel haben viele Saddam Hussein die Schuld am Golfkrieg gegeben. Danach habe ich bei mehreren Gelegenheiten gesagt: ›Das ist nicht fair!‹ Unter solchen Umständen tut mir Saddam Hussein beinahe Leid. Natürlich ist er ein Diktator und natürlich gibt es nicht viel Gutes über ihn zu berichten. Betrachtet man die ganze Situation nur oberflächlich, ist es leicht, ihm die ganze Schuld zuzuschieben – er ist ein Diktator, totalitär, und sogar seine Augen machen einem irgendwie Angst!«, lachte er. »Aber ohne seine Armee wäre seine Fähigkeit, Schaden anzurichten, begrenzt, und ohne militärische Ausrüstung kann diese mächtige Armee nicht funktionieren. Die militärische Ausrüstung fällt ja nicht vom Himmel! So gesehen sind viele Nationen involviert.

Normalerweise tendieren wir dahin, die Schuld an unseren Problemen anderen, äußeren Faktoren zuzuschieben. Außerdem neigen wir dazu, nach einer einzigen Ursache Ausschau zu halten und uns dann von der Verantwortung freizusprechen. Wann immer intensive Emotionen im Spiel sind, scheint ein Ungleichgewicht zwischen dem zu bestehen, wie die Dinge erscheinen, und wie sie wirklich sind.

Analysiert man die Situation sehr gründlich, wird man feststellen, dass Saddam Hussein nur zum Teil der Ursprung des Problems ist, nur einer der Faktoren, und dass da noch andere Umstände mitwirken. Hat man das einmal erkannt, entfällt automatisch die frühere Auffassung, er sei die *einzige*

Ursache, und die wahre Situation kommt zum Vorschein. Diese Praxis beeinhaltet eine ganzheitliche Betrachtungsweise der Dinge aufgrund der Einsicht, dass es viele Geschehnisse sind, die schließlich zu einer Situation führen.

Zu unserem Problem mit den Chinesen haben sicher auch wir Tibeter viel beigetragen. Vielleicht sogar unsere Generation, definitiv aber waren die vorhergehenden Generationen, wie ich meine, sehr nachlässig. Ich glaube daher, dass wir als Tibeter diese tragische Situation mit herbeigeführt haben. Es ist nicht fair, alles auf China zu schieben. Aber es gibt so viele Ebenen. Obwohl wir bei der Entstehung der heutigen Situation mitgewirkt haben, bedeutet das nicht, dass wir allein verantwortlich zu machen wären. Die Tibeter haben sich beispielsweise niemals völlig der chinesischen Unterdrückung gebeugt, sondern kontinuierlich Widerstand geleistet. Deswegen haben die Chinesen eine neue politische Taktik entwickelt: die Umsiedlung großer Mengen von Chinesen nach Tibet, sodass die tibetische Bevölkerung daneben unbedeutend, das tibetische Volk durch Chinesen ersetzt und die Freiheitsbewegung ineffektiv werden würden. In diesem Fall können wir nicht sagen, dass der tibetische Widerstand die Schuld oder Verantwortung für die chinesische Politik trägt.«

»Wenn man nach dem eigenen Beitrag zu einer Situation sucht, was ist dann mit Situationen, die offensichtlich nicht auf eigenes Verschulden zurückzuführen sind, mit denen man selbst nichts zu tun hat? Ich meine auch unbedeutende Alltagssituationen, in denen man zum Beispiel absichtlich belogen wird.«

»Natürlich mag man zunächst enttäuscht sein, wenn jemand nicht aufrichtig ist, aber auch hier gilt: Untersuche ich die Situation genauer, entdecke ich vielleicht, dass sein Motiv dafür, etwas vor mir zu verbergen, nicht unbedingt auf einer schlechten Absicht beruht. Möglicherweise hat er nicht genug Vertrauen zu mir. Wenn ich daher manchmal bei solchen Vorfällen Enttäuschung verspüre, bemühe ich mich, mein Gegenüber aus einem anderen Blickwinkel zu betrachten. Ich denke mir dann, dass diese Person mir etwas vielleicht nicht völlig anvertrauen wollte, weil ich es nicht für mich behalten hätte. Von meinem Wesen her neige ich dazu, ganz geradeheraus zu sein. Vielleicht hat dieser Mensch deswegen entschieden, dass ich nicht fähig bin, Geheimnisse zu bewahren. So gesehen, würde ich die Ursache meinen eigenen Mängeln zuschreiben.«

Sogar aus dem Munde des Dalai Lama schien mir diese Argumentation ein wenig überzogen zu sein: Man müsse »den eigenen Anteil« an der Unehrlichkeit des anderen herausfinden. Aber er klang aufrichtig. Offenbar hatte er diese Technik in der Praxis, in seinem persönlichen Leben, erfolgreich angewandt, um mit solchem Missgeschick fertig zu werden. In unserem eigenen Leben mag es uns nicht immer gelingen, unseren Beitrag zu einer problematischen Situation zu ermitteln. Aber ob wir dabei erfolgreich sind oder nicht, sogar der ehrliche *Versuch*, nach unserer Mitwirkung an einem Problem zu suchen, erlaubt bereits eine gewisse Verschiebung des Standpunkts. Und das wiederum hilft uns, die engen, zu dem destruktiven Gefühl der Ungerechtigkeit führenden Denkmuster zu durchbrechen, die die Quelle von so viel Unzufriedenheit in uns selbst und auf der ganzen Welt sind.

Schuld

Als Produkte einer unvollkommenen Welt sind auch wir alle unvollkommen. Jeder von uns hat irgendwann etwas falsch gemacht. Es gibt Dinge, die wir bedauern: Dinge, die wir getan haben, die wir nicht hätten tun sollen oder die wir unterlassen haben. Wenn wir uns mit einem echten Gefühl der Reue zu unserem Fehlverhalten bekennen, können wir im Leben auf dem richtigen Weg bleiben und dazu ermutigt werden, unsere Fehler, wann immer möglich, zu beheben und in Zukunft korrekt zu handeln. Aber wenn wir unsere Reue zu einem übertriebenen Schuldgefühl ausarten lassen und die Erinnerung an unsere vergangenen Übertretungen kontinuierlich durch Selbstbezichtigung und Selbsthass aufrechterhalten, so kann das nur als Quelle der unerbittlichen Selbstbestrafung und des selbsterzeugten Leidens dienen.

In einem früheren Gespräch hatte der Dalai Lama Reue im Zusammenhang mit dem Tod seines Bruders geäußert. Da ich wissen wollte, wie er mit Reue und möglichen Schuldgefühlen umging, fragte ich in einer späteren Sitzung: »Als wir über Lobsangs Tod sprachen, erwähnten Sie eine gewisse Reue. Gab es auch andere Situationen in Ihrem Leben, die Sie bedauert haben?«

»O ja. Ich kannte zum Beispiel einen älteren Mönch, der als Einsiedler lebte. Er suchte mich regelmäßig auf, um Unterweisungen zu erhalten, obwohl ich glaube, dass er fortgeschrittener war als ich und eher der Form halber zu mir kam. Jedenfalls erschien er eines Tages und fragte mich nach der Ausübung einer sehr hoch entwickelten esoterischen Praktik. Beiläufig meinte ich, dies sei eine schwierige Übung, die vielleicht besser von einem Jüngeren durchzuführen sei, denn traditionell beginne man mit dieser Praktik als Fünfzehn- oder Sechzehnjähriger. Ich fand später heraus, dass der Mönch sich umgebracht hatte, um in einem jüngeren Körper wieder geboren zu werden und die Praktik effektiver durchführen zu können ...«

Überrascht sagte ich: »Das ist ja furchtbar! Es muss sehr schwer für Sie gewesen sein, als Sie davon hörten …«

Der Dalai Lama nickte traurig.

»Wie sind Sie mit diesem Gefühl der Reue fertig geworden? Wie haben Sie es schließlich überwunden?«

Eine ganze Weile sann der Dalai Lama schweigend nach, bevor er antwortete: »Ich habe es nicht überwunden. Es ist immer noch da.« Er hielt wiederum inne, ehe er hinzufügte: »Ich empfinde zwar noch Reue, aber sie verursacht kein Gefühl der Schwere mehr, das mich bremsen würde. Niemandem wäre geholfen, wenn ich mich von diesem Reuegefühl niederdrücken ließe. Das wäre nur eine Quelle der Entmutigung und Depression – ohne jeden Sinn. Meine Fähigkeit, mein Leben nach besten Kräften fortzuführen, wäre dadurch beeinträchtigt.«

In dem Moment wurde mir auf eindringliche Weise wieder die sehr reale Möglichkeit bewusst, dass sich ein Mensch voll den Tragödien des Lebens stellen und emotional darauf reagieren kann: sogar mit tiefer Reue, aber ohne in exzessive Schuldgefühle oder Selbstverachtung zu verfallen. Die Möglichkeit, dass ein Mensch sich selbst – mit allen Begrenzungen, Schwächen und Fehlurteilen – uneingeschränkt akzeptiert. Die Möglichkeit, eine schlimme Situation als solche anzuerkennen und emotional darauf zu reagieren, aber eben nicht überzureagieren.

Der Dalai Lama fühlte aufrichtige Reue angesichts des beschriebenen Vorfalls, aber er trug diese Reue mit Würde und Anmut. Er ließ nicht zu, dass die Reue ihn niederdrückte, sondern entschied sich dafür, nach vorn zu blicken und anderen nach besten Kräften zu helfen.

Manchmal frage ich mich, ob die Fähigkeit, ohne selbstzerstörerische Schuldgefühle zu leben, kulturell bedingt ist. Als ich einem Freund, der Philologe ist, von meinem Gespräch mit dem Dalai Lama über die Reue erzählte, erfuhr ich, dass es im Tibetischen nicht einmal eine Entsprechung für das deutsche Wort »Schuld« gibt; allerdings existieren Begriffe mit der Bedeutung »Bedauern«, »Gewissensbiss« oder »Reue« – in dem Sinne, »die Dinge in Zukunft richtig zu stellen«. Ungeachtet der kulturellen Komponente glaube ich jedenfalls, dass wir alle lernen können, ohne das Stigma der Schuld zu leben, das uns nichts als unnötiges Leid beschert. Und zwar dadurch, dass wir unsere Denkgewohnheiten infrage stellen und eine alternative Sichtweise übernehmen, die auf den vom Dalai Lama beschriebenen Prinzipien beruht.

Unser Widerstand gegen den Wandel

Schuldgefühle kommen auf, wenn wir selbst davon überzeugt sind, einen nicht wieder gutzumachenden Fehler begangen zu haben. Die Qual des Schuldgefühls besteht in dem Denken, dass jedes Problem permanent sei. Da es jedoch nichts gibt, was sich nicht ändert, vergeht auch der Schmerz irgendwann: Kein Problem verharrt für immer. Das ist die positive Seite des Wandels. Die negative Seite ist, dass wir uns dem Wandel in fast jedem Lebensbereich widersetzen. Die Befreiung vom Leid beginnt mit der Erforschung einer der primären Ursachen: des Widerstands gegen den Wandel.

Bei der Beschreibung der sich fortwährend wandelnden Natur des Lebens erklärte der Dalai Lama: »Es ist extrem wichtig, die Ursachen oder die Entstehung des Leidens zu erforschen. Zunächst müssen wir die Vergänglichkeit unserer Existenz klar erkennen. Alle Dinge, Ereignisse und Phänomene sind dynamisch, sie ändern sich jeden Moment. Nichts bleibt statisch. Die Meditation über den eigenen Blutkreislauf kann dazu dienen, diese Vorstellung zu verstärken: Das Blut ist unaufhörlich im Fluss, in Bewegung, es steht nie still. Diese Natur des momentanen Wandels der Phänomene gleicht einem eingebauten Mechanismus.

Und da alle Dinge dem Wandel unterworfen sind, existiert nichts in einem Zustand der Permanenz, kann nichts aus eigener Kraft dasselbe bleiben. Deshalb unterliegen alle Dinge der Macht oder dem Einfluss anderer Faktoren. In keinem Moment wird also die eigene Erfahrung andauern, wie angenehm oder erfreulich sie auch sein mag. Das ist die Grundlage einer Kategorie des Leidens, die im Buddhismus als das ›Leid des Wandels‹ bezeichnet wird.«

Der Begriff der Unbeständigkeit spielt im buddhistischen Denken eine zentrale Rolle, und die Kontemplation der Vergänglichkeit ist eine der wichtigsten Praktiken. Sie dient zwei Hauptfunktionen auf dem buddhistischen Pfad. Auf einer konventionellen Ebene oder in einem alltäglichen Sinne betrachtet der Praktizierende seine eigene Unbeständigkeit: die Tatsache, dass das Leben sehr fragil ist und wir nie wissen, wann wir sterben werden. Geht diese Überlegung mit dem Glauben an die Seltenheit der menschlichen Existenz und an die Möglichkeit einher, einen Zustand spiritueller Befreiung zu erlangen, der Freiheit von Leid und den endlosen Serien der Wiedergeburten, dann stärkt diese Kontemplation den Entschluss des Praktizierenden, seine Zeit durch die Hingabe an die spirituellen, zu dieser Befreiung führenden Praktiken bestmöglich zu nutzen.

Auf einer tieferen Ebene leitet die Betrachtung der subtileren Aspekte der Vergänglichkeit, der unbeständigen Natur aller Phänomene, die Suche des Praktizierenden nach dem Verständnis des wahren Wesens der Realität ein. Durch dieses Verständnis wiederum wird die Unwissenheit vertrieben, welche die tiefste Quelle unseres Leidens ist.

Wiewohl die Kontemplation der Unbeständigkeit eine enorme Bedeutung innerhalb des buddhistischen Kontexts besitzt, erhebt sich die Frage: Lassen sich die Betrachtung und das Verständnis der Vergänglichkeit auch im Alltagsleben von Nicht-Buddhisten praktisch anwenden? Sieht man den Begriff »Vergänglichkeit« vom Standpunkt des Wandels aus, lautet die Antwort eindeutig Ja. Ob man das Leben aus einer buddhistischen oder einer westlichen Perspektive betrachtet, die Tatsache bleibt schließlich bestehen, dass *das Leben Wandel ist*. Und solange wir uns weigern, diese Tatsache zu akzeptieren, und uns weiterhin dem natürlichen Wandel des Lebens widersetzen, werden wir auch unser eigenes Leid verlängern.

Sich dem Wandel zu fügen kann ein wichtiger Faktor bei der Verringerung unseres selbsterzeugten Leidens sein. Oft genug verursachen wir unser eigenes Leid durch die Weigerung, die Vergangenheit loszulassen. Wenn wir unser Selbstbild nach dem Kriterium festlegen, wie wir früher ausgesehen haben, oder danach, was wir früher tun konnten und nun nicht mehr tun können, dann dürften wir mit fortschreitendem Alter bestimmt nicht glücklicher werden. Manchmal wird unser Leben umso grotesker und verzerrter, je mehr wir an der Vergangenheit festzuhalten suchen.

Finden wir uns dagegen prinzipiell mit der Unvermeidlichkeit des Wandels ab, kann uns diese Einstellung helfen, mit vielen Problemen fertig zu werden. Wenn wir insbesondere etwas über die normalen Wechselfälle des Lebens lernen, können wir eine noch größere Ansammlung von alltäglichen Ängsten, welche die Ursache vieler unserer Probleme sind, verhindern.

Eine junge Mutter erzählte mir von einem Besuch in der Notaufnahme um zwei Uhr morgens.

»Was ist denn das Problem?«, fragte der Kinderarzt.

»Mein Baby! Irgendetwas stimmt nicht!«, schrie sie verzweifelt. »Ich glaube, es erstickt! Seine Zunge hängt heraus, es streckt sie dauernd raus, als müsse es würgen, aber es hat nichts im Mund ...«

Nach ein paar weiteren Fragen und einer kurzen Untersuchung versicherte ihr der Arzt: »Sie brauchen sich keine Sorgen zu machen. Wenn ein Baby heranwächst, wird es sich seines Körpers und seiner Fähigkeiten zunehmend bewusster. Ihr Kind hat gerade seine Zunge entdeckt.«

Margaret, eine einunddreißigjährige Journalistin, liefert ein weiteres Beispiel dafür, wie entscheidend es ist, den Wandel innerhalb einer persönlichen Beziehung zu erkennen und zu akzeptieren. Sie kam zu mir, um sich über ein unterschwelliges Angstgefühl zu beklagen, das sie ihrer kürzlichen Scheidung zuschrieb.

»Vielleicht ist es eine gute Idee, ein paar Sitzungen zu machen, nur um mal mit jemandem zu sprechen«, erklärte sie. »Damit ich die Vergangenheit wirklich ruhen lassen und den Übergang zurück zu einem Leben als Single schaffen kann. Ehrlich gesagt, ich bin deswegen ein bisschen beunruhigt ...«

Ich bat sie, mir die Umstände ihrer Scheidung zu schildern.

»Man kann sie wohl als freundschaftlich beschreiben. Es gab keine großen Streitigkeiten. Mein Exmann und ich haben beide gute Jobs, es gab also keine finanziellen Probleme. Wir haben einen Sohn, aber er scheint sich mit der Scheidung abgefunden zu haben. Mein Exmann und ich haben eine gemeinsame Sorgerechtsvereinbarung, die gut funktioniert ...«

»Können Sie mir sagen, was zu der Scheidung führte?«

»Wir liebten uns wohl einfach nicht mehr«, seufzte sie. »Irgendwie scheint die Romantik allmählich verflogen zu sein. Wir hatten nicht mehr die gleiche Nähe wie damals, als wir frisch verheiratet waren. Wir waren beide sehr beschäftigt mit unserer Arbeit und unserem Sohn und schienen uns irgendwie auseinander gelebt zu haben. Auch eine Eheberatung half uns nicht. Zwar kamen wir immer noch gut miteinander aus, aber eher wie Bruder und Schwester. Ich spürte keine Liebe wie in einer wirklichen Ehe. Jedenfalls stimmten wir darin überein, dass eine Scheidung wohl das Beste wäre. Irgendetwas fehlte plötzlich.«

Nach zwei weiteren Sitzungen, in denen sie ihr Problem ausbreitete, entschieden wir uns für eine Kurztherapie zur Reduzierung ihrer Ängste und zur Anpassung an ihre neuen Lebensumstände. Margaret war eine intelligente und emotional gefestigte Person; sie reagierte sehr gut auf die Therapie und schaffte die Rückkehr zum Single-Leben ohne Mühe.

Obwohl sie einander immer noch gern mochten, hatten Margaret und ihr Mann das Abnehmen ihrer »Leidenschaft« als ein Zeichen dafür interpretiert, dass ihre Ehe zu Ende war. Allzu oft halten wir ein Nachlassen der Leidenschaft für einen Hinweis auf ein unheilvolles Beziehungsproblem. Und häufig mag die erste Regung eines Wandels in unserer Partnerschaft ein Panikgefühl hervorrufen. Haben wir vielleicht doch nicht den richtigen Partner gewählt? Er oder sie erscheint uns einfach nicht mehr als die Person, in die wir uns einmal verliebt haben. Uneinigkeiten kommen auf – uns ist vielleicht gerade nach Sex zumute, aber unser Partner ist müde. Oder wir wollen einen bestimmten Film sehen, aber unser Partner interessiert sich nicht dafür oder hat keine Zeit.

Vielleicht entdecken wir Differenzen, die wir nie zuvor bemerkt haben. Also gelangen wir zu dem Schluss, dass wir uns auseinander gelebt haben müssen. Die Lage ist einfach nicht mehr dieselbe, und vielleicht sollten wir uns scheiden lassen.

Was kann man da tun? Beziehungsexperten produzieren am laufenden Band Bücher, die uns genau mitteilen, was zu unternehmen ist, wenn die Flamme der Leidenschaft und der Romantik schwächer wird. Sie bieten eine Unzahl von Vorschlägen an, welche die romantische Liebe wieder entfachen sollen: Ändere deinen Zeitplan, um den romantischen Augenblicken Priorität zu verschaffen, organisiere Abendessen oder Wochenendtrips zu zweit, mach deinem Partner Komplimente und lerne, ein sinnvolles Gespräch zu führen. Manchmal helfen diese Dinge, manchmal aber auch nicht.

Bevor wir die Beziehung jedoch für tot erklären, ist es überaus nützlich, Abstand zu gewinnen, die Situation einzuschätzen und uns mit so viel Wissen wie möglich über die normalen zwischenmenschlichen Muster des Wandels auszurüsten.

Im Laufe unseres Lebens entwickeln wir uns vom Säuglingsalter zur Kindheit, zum Erwachsenendasein und zum Greisentum. Das akzeptieren wir als natürlichen Gang der Dinge. Aber auch eine Beziehung ist ein dynamisches, lebendiges System, bestehend aus zwei Organismen, die in einer lebendigen Umgebung miteinander interagieren. Und in einem lebendigen System ist es natürlich und richtig, dass man verschiedene Stufen durchläuft. In jeder Beziehung gibt es verschiedene Grade der physischen, emotionalen und intellektuellen Nähe. Ob körperlicher Kontakt oder Austausch von Gefühlen, Gedanken und Ideen – all das sind legitime Wege, mit denjenigen in Verbindung zu treten, die wir lieben.

Es ist ganz normal, dass das Gleichgewicht schwankt: Manchmal nimmt die physische Nähe ab, während sich die emotionale Nähe verstärkt; ein andermal ist uns nicht danach zumute, Worte auszutauschen, sondern wir wollen einfach nur umarmt werden. Wenn wir sensibel sind, können wir immer wieder in den Genuss des anfänglichen Zaubers der Leidenschaft in unserer Beziehung kommen. Und wenn sie abkühlt, können wir uns – statt Besorgnis oder Ärger zu empfinden – neuen Formen der Intimität in unserer Partnerschaft öffnen, die gleichwertig oder sogar noch befriedigender sind. Wir können uns an unserem Partner als Gefährten erfreuen und eine stetigere, tiefere Bindung genießen.

In seinem Buch *Liebe geht durch die Haut* beschreibt Desmond Morris die normalen Veränderungen, die im Bedürfnis eines Menschen nach Nähe auftreten. Er meint, dass jeder von uns immer wieder drei Phasen durchläuft: »Halt mich fest«, »Lass mich los« und »Lass mich allein«. Dieser Kreislauf wird bereits in den ersten Lebensjahren deutlich, wenn Kinder von der »Halt-mich-fest«-Phase des Säuglingsalters zur »Lass-mich-los«-Phase übergehen, in der sie die Welt zu erforschen, zu krabbeln und zu laufen beginnen und eine gewisse Unabhängigkeit und Autonomie gegenüber der Mutter erlangen. Das gehört zur normalen Entwicklung und zum normalen Wachstum.

Diese Phasen gehen jedoch nicht nur in eine Richtung: In verschiedenen Stadien mag ein Kind Angst empfinden, wenn das Gefühl der Trennung zu stark wird, und es kehrt zur Mutter zurück, um Trost und Nähe zu suchen. In der Pubertät hingegen wird das »Lass mich allein« zur vorherrschenden Phase, denn das Kind kämpft darum, eine Identität auszuformen. Obgleich sie für die Eltern schwierig oder schmerzvoll ist, erkennen die meisten Experten diese Phase als normal und notwendig für den Übergang von der Kindheit zum Erwachsenenalter an. Auch innerhalb dieses Stadiums gibt es weiterhin eine Mischung von Bedürfnissen. Während der Heranwachsende zu Hause seinen Eltern gegenüber »Lass mich allein« schreit, mag das »Halt-mich-fest«-Bedürfnis durch Identifizierung mit den Gleichaltrigen befriedigt werden.

In Beziehungen zwischen Erwachsenen läuft das gleiche Muster ab. Stufen stärkerer Intimität wechseln sich mit Perioden größerer Distanz ab. Auch das gehört zum normalen Wachstums- und Entwicklungszyklus. Zur Ausschöpfung unseres vollen Potenzials als Menschen müssen wir in der Lage sein, unser Bedürfnis nach Nähe und Kontakt mit den Phasen auszubalancieren, in denen wir uns mit einem Gefühl der Autonomie nach innen wenden, um als Individuen zu wachsen und uns weiterzuentwickeln.

Wenn wir das begreifen, werden wir nicht mehr mit Schrecken oder Panik reagieren, sobald wir ein »Auseinanderleben« zwischen uns und unserem Partner bemerken. Schließlich geraten wir auch nicht in Panik, wenn wir an der Küste Ebbe und Flut beobachten. Gewiss kann eine zunehmende emotionale Distanz manchmal ernste Probleme (eine Unterströmung von Ärger zum Beispiel) in einer Beziehung signalisieren, und auch Trennungen kommen vor. In solchen Fällen kann eine Therapie hilfreich sein. Aber vor allem sollte man berücksichtigen, dass eine zunehmende Distanz nicht *automatisch* mit einem Unglück gleichzusetzen ist. Sie kann genauso gut Teil eines Zyklus sein, der zu einer Neubestimmung der Partnerschaft zurückführt, welche die Intimität der Vergangenheit wieder erreichen oder sogar noch übertreffen kann.

Der Akt der Akzeptanz, der Erkenntnis, dass der Wandel einen natürlichen Bestandteil unserer Interaktion mit anderen bildet, kann daher für unsere Beziehungen eine entscheidende Rolle spielen. Wir mögen entdecken, dass gerade zu den Zeiten, in denen wir uns am stärksten enttäuscht fühlen, eine tiefe Transformation eintreten kann. Diese Übergangsperioden können zu Wendepunkten werden, an denen wahre Liebe zu reifen und zu blühen beginnt. Unsere Beziehung basiert dann vielleicht nicht mehr auf intensiver Leidenschaft, auf der Sicht des anderen als Verkörperung der Vollkommenheit oder dem Gefühl, mit dem Partner zu verschmelzen. Aber dafür sind wir nun in der Lage, den anderen wirklich kennen zu lernen: ihn als eigenständiges Individuum einzuschätzen, mit Fehlern und Schwächen vielleicht, aber als menschliches Wesen wie wir selbst. Erst an diesem Punkt können wir eine echte Verpflichtung eingehen, eine Verpflichtung gegenüber dem Wachstum eines anderen menschlichen Wesens – und das ist ein wahrer Akt der Liebe.

Vielleicht hätte Margarets Ehe gerettet werden können, wenn beide den natürlichen Wandel in ihrer Beziehung akzeptiert und eine neue, auf anderen Faktoren als Leidenschaft und Romantik basierende Partnerschaft aufgebaut hätten. Zum Glück jedoch endete die Geschichte hier noch nicht. Zwei Jahre nach meiner letzten Sitzung mit Margaret stieß ich in einer Einkaufspassage auf sie. (Einem früheren Patienten in einem gesellschaftlichen Umfeld zu begegnen ist eine Situation, die mich – wie die meisten Therapeuten – stets etwas peinlich berührt.)

»Wie ist es Ihnen ergangen?«, fragte ich.

»Es könnte nicht besser sein!«, rief sie. »Letzten Monat haben mein Exmann und ich wieder geheiratet!«

»Wirklich?«

»Ja, und es läuft prima. Wir haben uns natürlich wegen des gemeinsamen Sorgerechts weiterhin getroffen. Am Anfang war es schwierig ..., aber nach der Scheidung ließ der Druck irgendwie nach. Wir erwarteten nichts mehr voneinander. Und wir merkten, dass wir uns immer noch mochten und liebten. Es ist nicht mehr dasselbe wie damals, als wir frisch verheiratet waren, aber das macht nichts. Wir sind wirklich glücklich miteinander. Wir gehören einfach zusammen.«

Änderung der Perspektive

Der Schüler eines griechischen Philosophen bekam von seinem Meister einmal die Anweisung, drei Jahre lang jedem Geld zu geben, der ihn beleidigte. Als diese Probezeit abgelaufen war, sagte der Meister zu ihm: »Nun kannst du nach Athen gehen und Weisheit erlernen.« Als der Schüler Athen betrat, sah er einen Weisen am Tor; dieser beschimpfte jeden, der ein- und ausging. Er beschimpfte auch den Schüler, der in Gelächter ausbrach. »Warum lachst du, wenn ich dich beleidige?«, fragte der Weise. »Weil ich drei Jahre lang dafür bezahlt habe«, erwiderte der Schüler, »und jetzt gibst du es mir umsonst.«

»Tritt in die Stadt ein«, sagte der Weise, »sie gehört dir ...«

Die Wüstenväter des 4. Jahrhunderts, eine Schar von Exzentrikern, die sich in die Einöde zurückgezogen hatten, um ein Leben der Hingabe und des Gebets zu führen, lehrten diese Geschichte, um den Wert von Leid und Not aufzuzeigen. Es war jedoch nicht allein die Not, die dem Schüler den Zugang zur »Stadt der Weisheit« eröffnete. Der Hauptfaktor, der ihn eine schwierige Situation bewältigen ließ, war seine Fähigkeit, *die Perspektive zu ändern*, seine Lage von einem anderen Standpunkt aus zu betrachten.

Die Fähigkeit, die Perspektive zu ändern, kann für uns eines der wirksamsten Instrumente sein, um mit den Problemen des täglichen Lebens fertig zu werden. Der Dalai Lama erklärte: »Die Fähigkeit, Ereignisse aus verschiedenen Perspektiven zu betrachten, kann sehr nützlich sein. Dadurch kann man einmal gemachte Erfahrungen heranziehen, um

Gemütsruhe zu erlangen. Man muss erkennen, dass jedes Phänomen, jedes Geschehen unterschiedliche Aspekte hat. Alles ist relativ.

Ich zum Beispiel habe mein Land verloren. Für sich betrachtet, ist das sehr tragisch. Außerdem geschehen dort noch schlimmere Dinge, vieles wird zerstört, und das ist etwas sehr Negatives. Aber wenn ich das gleiche Geschehen von einem anderen Standpunkt aus betrachte, wird mir klar, dass ich als Flüchtling nun eine andere Perspektive habe. Als Flüchtling muss ich mich weniger als früher an Formalitäten, Zeremoniell und Protokoll halten. Wenn alles beim Alten bleibt, wenn die Dinge in Ordnung sind, dann agiert man häufig nur ganz mechanisch und täuscht etwas vor. Wenn man aber eine schreckliche Situation durchmacht, hat man keine Zeit, etwas vorzutäuschen. So gesehen, war diese tragische Erfahrung sehr nützlich für mich.

Das Leben als Flüchtling bietet außerdem zahlreiche neue Gelegenheiten, mit Menschen zusammenzutreffen. Menschen aus verschiedenen religiösen Traditionen, aus unterschiedlichen Gesellschaftsschichten – Menschen, die ich nicht kennen gelernt hätte, wenn ich in meinem Land geblieben wäre. In der Hinsicht war das sehr, sehr hilfreich.

Wenn Probleme auftauchen, scheint sich unser Blickfeld häufig zu verengen. Unsere ganze Aufmerksamkeit richtet sich auf die Sorgen über das Problem, und wir haben das Gefühl, womöglich die Einzigen zu sein, die solche Schwierigkeiten durchmachen. Das kann dazu führen, dass unsere Gedanken nur noch um uns selbst kreisen, wodurch das Problem überproportional wichtig erscheint. In solchen Fällen kann es helfen, die Dinge aus einer breiteren Perspektive zu sehen und zu erkennen, dass es viele andere Menschen gibt, die ähnliche und sogar schlimmere Erfahrungen durchgemacht haben. Diese Perspektivänderung kann auch bei bestimmten Krankheiten oder Schmerzen von Nutzen sein. Während der Schmerz akut auftritt, ist es natürlich oftmals sehr schwierig, formelle Meditationen zur Beruhigung des Geistes durchzuführen. Aber wenn man Vergleiche anstellen und seine Situation aus einer anderen Perspektive sehen kann, dann ereignet sich etwas. Blickt man dagegen nur auf das eine Ereignis, dann wird es immer größer. Konzentriert man sich zu intensiv auf ein Problem, so wirkt es unkontrollierbar. Aber wenn man das Problem mit einem anderen vergleicht oder es aus einer gewissen Distanz betrachtet, dann erscheint es kleiner und nicht mehr so überwältigend.«

Kurz vor einer Sitzung mit dem Dalai Lama begegnete ich zufällig einem Verwaltungsangestellten einer Einrichtung, für die ich früher gearbeitet hatte. Damals hatten wir eine Reihe von Zusammenstößen, weil ich glaubte, dass er die Patientenpflege zugunsten finanzieller Erwägungen zu kurz kommen ließ. Ich hatte ihn eine ganze Weile nicht gesehen, doch sobald ich ihn erblickte, erinnerte ich mich wieder an all unsere Streitgespräche, und ich spürte, wie Ärger und Hass in mir aufwallten.

Als ich etwas später am selben Tag in die Hotelsuite des Dalai Lama geführt wurde, war ich zwar schon sehr viel ruhiger, fühlte mich aber immer noch ein wenig unausgeglichen.

»Angenommen, jemand macht uns ärgerlich«, begann ich. »Die natürliche Reaktion auf eine Verletzung, die spontane Reaktion, ist doch die, zornig zu werden. Aber in vielen Fällen ärgert man sich nicht nur zum Zeitpunkt der Verletzung. Man denkt vielleicht später über den Vorfall nach, vielleicht sogar sehr viel später, und jedes Mal überkommt einen der Ärger von neuem. Wie sollte man Ihrer Meinung nach mit einer solchen Situation umgehen?«

Der Dalai Lama nickte gedankenvoll und musterte mich. Ich fragte mich, ob er spürte, dass ich das Thema nicht nur aus rein akademischen Gründen ansprach.

»Wenn Sie es von einem anderen Gesichtspunkt aus betrachten, hat die Person, die den Ärger in Ihnen hervorgerufen hat, wohl auch eine Menge positiver Aspekte, positiver Eigenschaften. Bei gründlicher Überlegung werden Sie entdecken, dass der Vorfall, der Sie so verärgert hat, Ihnen bestimmte Chancen bietet, die sich sonst nicht eröffnet hätten. Mit einiger Mühe werden Sie daher viele unterschiedliche Aspekte eines einzigen Ereignisses erkennen können. Und das wird Ihnen nützen.«

»Aber was ist, wenn Sie nach den positiven Merkmalen einer Person oder eines Vorfalls suchen und nichts finden?«

»In dem Fall wären Sie wahrscheinlich in einer Situation, die etwas mehr Anstrengung erfordert: Verwenden Sie einige Zeit darauf, ernsthaft nach einer anderen Perspektive hinsichtlich der Situation zu suchen. Kratzen Sie nicht nur an der Oberfläche, sondern forschen Sie ganz gezielt und direkt. Hier sind alle logischen Kräfte gefragt, um die Situation so objektiv wie nur möglich betrachten zu können.

Sie könnten zum Beispiel über die Tatsache reflektieren, dass wir dazu neigen, jemandem, auf den wir ärgerlich sind, nur negative Eigenschaften zuzuschreiben. Ebenso tendieren wir dazu, jemanden, den wir anziehend finden, rein positiv zu sehen. Aber diese Wahrnehmung entspricht nicht der Realität. Wenn ein Freund, den Sie für so wundervoll halten, Ihnen absichtlich Schaden zufügt, wird Ihnen schmerzlich bewusst, dass diese Person nicht nur gute Eigenschaften besitzt.

Ebenso ist es unwahrscheinlich, dass Sie Ihren Feind, den Sie hassen, weiterhin als hundertprozentig schlecht wahrnehmen würden, wenn dieser Sie aufrichtig um Vergebung bittet und Sie auch weiterhin freundlich behandelt. Obwohl man also, wenn man auf jemanden ärgerlich ist, das Gefühl haben mag, dass der Betreffende keine positiven Eigenschaften hat, ist es in Wahrheit doch so, dass niemand hundertprozentig schlecht ist. Er muss irgendwelche guten Eigenschaften haben, wenn man nur gründlich genug danach sucht. Die Tendenz, jemanden als völlig negativ zu sehen, beruht also auf der eigenen Wahrnehmung, die wiederum von der eigenen geistigen Projektion und nicht von der wahren Natur jener Person abhängt.

In gleicher Weise kann eine Situation, die man zunächst als hundertprozentig negativ wahrnimmt, auch einige positive Aspekte haben. Oft reicht es aber nicht aus, einen positiven Gesichtspunkt an einer schlimmen Situation zu finden, sondern man muss dieser Idee Nachdruck verleihen. Vielleicht muss man sich diesen positiven Faktor viele Male in Erinnerung rufen, bis sich das eigene Gefühl allmählich ändert. *Allgemein gesprochen: Steckt man erst einmal in einer schwierigen Situation, ist es nicht möglich, seine Haltung dadurch zu ändern, dass man ein- oder zweimal einen bestimmten Gedanken verfolgt. Vielmehr ist es ein regelrechter Lern-, Übungs- und Gewöhnungsprozess hinsichtlich der neuen Aspekte, der einen befähigt, das Problem zu bewältigen.*«

Der Dalai Lama überlegte einen Moment und fügte – pragmatisch wie immer – hinzu: »Wenn man jedoch trotz aller Bemühungen keine positiven Faktoren oder Perspektiven hinsichtlich des Handelns einer Person findet, mag es vorläufig die beste Verhaltensregel sein, das Ganze einfach zu vergessen.«

Durch die Worte des Dalai Lama inspiriert, versuchte ich später am selben Abend, einige »positive Gesichtspunkte« an dem Verwaltungsangestellten zu finden – Züge, die nicht

»hundertprozentig schlecht« zu sein schienen. Es war gar nicht so schwer. Ich kannte ihn zum Beispiel als einen liebevollen Vater, der seine Kinder nach bestem Vermögen aufzog. Und ich musste zugeben, dass meine Zusammenstöße mit ihm mir letztlich genutzt hatten: Sie waren ausschlaggebend für meine Entscheidung, meine Stelle in jener Einrichtung zu kündigen, was mich dann schließlich zu einer befriedigenderen Arbeit führte.

Zwar mündeten diese Überlegungen nicht unmittelbar in eine überströmende Zuneigung zu diesem Mann, aber sie nahmen meiner Antipathie überraschend mühelos die Schärfe. Bald sollte mir der Dalai Lama eine noch tiefgründigere Lektion erteilen: wie man seine Haltung gegenüber den eigenen Feinden völlig wandelt und lernt, sie zu schätzen.

Eine neue Perspektive gegenüber dem Feind

Die Grundmethode des Dalai Lama zur Transformation unserer Haltung gegenüber unseren Feinden beinhaltet eine systematische und rationale Analyse unserer gewöhnlichen Reaktion auf jene, die uns Schaden zufügen.

Er erklärte: »Lassen Sie uns damit beginnen, unsere typische Haltung gegenüber unseren Rivalen zu untersuchen. Allgemein gesprochen, wünschen wir unseren Feinden natürlich nichts Gutes. Aber selbst wenn es unserem Feind aufgrund unserer Handlungen schlecht geht, wieso sollte uns das Freude bereiten? Denkt man sorgfältig darüber nach: Wie kann es etwas Erbärmlicheres geben, als die Last solcher Gefühle von Feindseligkeit und bösem Willen mit sich herumzutragen! Will man denn wirklich so gemein sein?

Rächt man sich an seinem Feind, so erzeugt das eine Art Teufelskreis. Wenn Sie Rache üben, wird der andere das nicht hinnehmen und seinerseits an Ihnen Vergeltung üben, und dann werden Sie wieder das Gleiche tun, und so geht es immer weiter. Vor allem wenn so etwas auf einer Gemeinschaftsebene geschieht, kann es sich von Generation zu Generation fortsetzen, sodass beide Parteien leiden. Und dann wird der ganze Lebenszweck verfehlt sein. Man kann das in den Flüchtlingslagern beobachten, wo der Hass auf eine andere Gruppe von Kindheit an kultiviert wird. Das ist sehr bedauerlich. Ärger oder Hass sind also wie ein Angelhaken. Wir müssen unbedingt darauf achten, dass wir nicht von diesem Haken gefangen werden.

Manche sind der Meinung, dass starker Hass gut für das Nationalinteresse sei. Ich halte das für sehr negativ. Es ist sehr kurzsichtig. Dieser Art Denken entgegenzuwirken ist die Basis für den Geist der Gewaltlosigkeit und des Verstehens.«

Nachdem der Dalai Lama unsere typische Haltung gegenüber Feinden infrage gestellt hatte, ging er dazu über, eine alternative Betrachtung der eigenen Feinde darzulegen – eine neue Perspektive, die eine revolutionäre Auswirkung auf das eigene Leben haben könnte.

»Im Buddhismus wird der Haltung gegenüber Rivalen oder Feinden im Allgemeinen große Aufmerksamkeit gewidmet. Und zwar deshalb, weil Hass der größte Stolperstein bei der Entwicklung von Mitgefühl und Glück ist. Wenn Sie lernen können, Ihren Feinden gegenüber Geduld und Toleranz zu entwickeln, dann wird alles viel leichter – Ihr Mitgefühl mit allen anderen wird ganz natürlich zu fließen beginnen.

Daher spielen die eigenen Feinde für spirituell Praktizierende eine wichtige Rolle. Meiner Ansicht nach ist Mitgefühl die Essenz eines spirituellen Lebens. Und um bei der Entwicklung von Liebe und Mitgefühl erfolgreich zu sein, ist die Praxis von Geduld und Toleranz unverzichtbar. Es gibt keine innere Kraft, die der Geduld gleichkäme, ebenso wie es keine schlimmere Heimsuchung als den Hass gibt. Deshalb sollten wir uns nach besten Kräften bemühen, keinen Hass gegenüber unserem Feind zu hegen, sondern die Begegnung mit ihm vielmehr als Gelegenheit zur Vertiefung der eigenen Geduld und Nachsicht nutzen.

Die Auseinandersetzung mit dem Feind ist eine notwendige Voraussetzung zur Einübung von Geduld. Ohne das Zutun des Feindes besteht keine Möglichkeit für die Entstehung von Geduld und Nachsicht. Unsere Freunde stellen uns gewöhnlich nicht auf die Probe und bieten uns keine Gelegenheit, Geduld zu kultivieren. Nur unsere Feinde tun das. Von diesem Standpunkt aus können wir unseren Feind als großen Lehrer ansehen und ihn dafür verehren, dass er uns die kostbare Gelegenheit bietet, Geduld zu üben.

Nun gibt es zwar sehr, sehr viele Menschen auf der Welt, aber relativ wenige, mit denen wir zu tun haben, und noch weniger, die uns Probleme verursachen. Wenn man also auf solch eine Chance trifft, Geduld und Toleranz zu üben, sollte man ihr mit Dankbarkeit begegnen. Sie ist selten. Gerade als ob man unerwartet einen Schatz in seinem Haus gefunden hätte, sollte man sich freuen und jenen dankbar sein, die einem diese kostbare Gelegenheit bieten. Denn zeigt sich jemals ein Erfolg in unserer Praxis von Geduld und Nachsicht – den entscheidenden Faktoren zur Bekämpfung negativer Emotionen –, dann geht er ebenso auf das Zusammenwirken der eigenen Bemühungen wie auf die durch unseren Feind gebotene Chance zurück.

Natürlich könnte man immer noch denken: ›Wieso sollte ich meinen Feind hoch schätzen oder seinen Beitrag anerkennen, denn mein Feind hatte bestimmt nicht die Absicht, mir die kostbare Gelegenheit zur Übung von Geduld zu geben? Er wollte mir gar nicht helfen, sondern hegte sogar den entschieden böswilligen Plan, mir zu schaden! Es ist daher nur recht und billig, ihn zu hassen. Er hat bestimmt keinen Respekt verdient.‹

In Wirklichkeit ist es gerade dieser hasserfüllte Geisteszustand des Feindes, seine Absicht, uns zu schaden, die seine Handlung so einzigartig macht. Denn ginge es nur um den Akt der Verletzung, würden wir auch Ärzte hassen und sie als Feinde ansehen, weil sie manchmal Mittel – etwa eine Operation – anwenden, die schmerzhaft sein können. Aber dennoch betrachten wir dieses Tun weder als schädigenden noch als feindlichen Akt, weil es die Intention des Arztes ist, uns zu helfen. Daher ist es genau der Vorsatz, uns zu schaden, der den Feind einzigartig macht und uns die kostbare Gelegenheit gibt, Geduld zu üben.«

Der Vorschlag des Dalai Lama, die eigenen Feinde wegen der Gelegenheiten zum inneren Wachstum, die sie einem bieten, hoch zu schätzen, mag zunächst etwas schwer zu verdauen sein. Aber die Situation ist damit vergleichbar, dass jemand versucht, durch Gewichtheben seinen eigenen Körper zu formen und zu stärken. Man müht sich ab, schwitzt und kämpft. Dennoch ist es gerade der Akt, gegen einen Widerstand anzukämpfen, der letztlich unsere Kraft erhöht. Man schätzt eine gute Ausstattung an Gewichten nicht, weil sie für unmittelbares Vergnügen sorgt, sondern wegen des Nutzens, den man am Ende daraus zieht.

Vielleicht sind sogar die Behauptungen des Dalai Lama hinsichtlich der »Seltenheit« und »Kostbarkeit« des Feindes nicht nur merkwürdige Rationalisierungen. Wenn ich meinen Patienten bei der Beschreibung ihrer Schwierigkeiten mit anderen zuhöre, wird eines ganz klar: Im Grunde kämpfen die meisten Menschen nicht gegen Legionen von Feinden und Rivalen, wenigstens nicht auf einer persönlichen Ebene. Gewöhnlich ist ihre Abneigung auf wenige Personen beschränkt – vielleicht auf einen Chef oder einen Kollegen, einen früheren Partner, einen Bruder oder eine Schwester. So gesehen, ist der Feind wirklich »selten« und unser Nachschub begrenzt. Es ist der Kampf, der Prozess, den Konflikt mit dem Feind zu lösen – durch Lernen, Untersuchen und Auffinden alternativer Wege zum Umgang mit ihm –, der letztlich zu wahrem Wachstum, Einsicht und einem erfolgreichen psychotherapeutischen Ergebnis führt.

Man stelle sich vor, wie es wäre, wenn wir durchs Leben gingen und dabei niemals auf einen Feind oder auf andere Hindernisse treffen würden; wenn uns von der Wiege bis zum Grab alle, denen wir begegnen, nur verwöhnen, umarmen, (mit weicher, leicht verdaulicher Nahrung) füttern und uns mit komischen Grimassen und einem gelegentlichen sentimentalen Koselaut unterhalten würden; wenn wir von Kindheit an in einem Korb (später vielleicht in einer Sänfte) herumgetragen, nie auf irgendeine Herausforderung treffen, nie geprüft würden – kurz, wenn uns jeder fortwährend wie ein Baby behandelte.

Das mag zunächst gut klingen. Für die ersten Lebensmonate ist es auch angemessen. Aber würde es andauern, könnte es nur dazu führen, dass wir zu einer gallertartigen Masse, einem Monstrum würden – mit dem geistigen und emotionalen Entwicklungsstand von Kalbfleisch. Es ist gerade der Lebenskampf, der uns zu dem macht, was wir sind. Und es sind unsere Feinde, die uns prüfen und uns den zum Wachstum nötigen Widerstand liefern.

Ist diese Haltung praktikabel?

Die Praxis, unsere Probleme rational anzugehen und unsere Schwierigkeiten oder unsere Feinde aus unterschiedlichen Perspektiven zu betrachten, schien mir ein lohnendes Unterfangen zu sein. Aber ich fragte mich, in welchem Maße dies wirklich zu einem grundlegenden Wandel der eigenen Einstellung führen kann. Ich erinnerte mich, in einem Interview gelesen zu haben, dass zu den täglichen Übungen des Dalai Lama die Rezitation eines Gebetes gehört: der *Acht Verse zur Geistesschulung*, die im 11. Jahrhundert von dem tibetischen Heiligen Langri Thangpa verfasst wurden. Das Gebet lautet auszugsweise:

»Wannimmer ich auf einen anderen treffe, möge ich mich für den Geringsten unter allen halten und den anderen als den Höchsten in der Tiefe meines Herzens bewahren! …

Wenn ich Wesen von boshafter Natur sehe, angetrieben von heftiger Sünde und Leidenschaft, möge ich diese seltenen Wesen für so wertvoll halten, als hätte ich einen kostbaren Schatz gefunden! … Wenn andere mich aus Neid beschimpfen und verleumden und so fort, möge ich die Niederlage erleiden und den anderen den Sieg gönnen! … Wenn derjenige, dem ich mit großer Hoffnung wohl getan habe, mich sehr schlimm verletzt, möge ich ihn als meinen höchsten Lehrer betrachten! …

Kurz, möge ich direkt und indirekt allen Wesen Nutzen und Glück bringen, möge ich insgeheim Unbill und Leid aller Wesen auf mich nehmen! …«

Nachdem ich es gelesen hatte, fragte ich den Dalai Lama: »Ich weiß, dass Sie dieses Gebet umfassend kontempliert haben, aber halten Sie es heutzutage wirklich für anwendbar? Schließlich wurde es von einem Mönch geschrieben, der in einem Kloster lebte – in einer Umgebung, in der schlimmstenfalls jemand über den anderen klatscht oder Lügen erzählt oder eventuell eine Keilerei anzettelt. Unter solchen Umständen könnte es leicht sein, anderen ›den Sieg zu gönnen‹. Aber in der heutigen Gesellschaft kann die ›Verletzung‹ oder schlechte Behandlung, die man durch andere erfährt, Vergewaltigung, Folter, Mord etc. beinhalten. Von dem Standpunkt aus scheint die in dem Gebet beschriebene Haltung kaum anwendbar zu sein.« Ich fühlte mich ein bisschen selbstgefällig, da ich doch bestimmt eine zutreffende Bemerkung gemacht hatte, sozusagen ein Bonmot.

Der Dalai Lama schwieg ein paar Sekunden mit nachdenklich gerunzelter Stirn und sagte dann: »Vielleicht haben Sie nicht ganz Unrecht.« Er ging dazu über, Fälle zu erörtern, bei denen es vielleicht einer gewissen Modifizierung dieser Einstellung bedarf, Situationen, die starke Gegenmaßnahmen gegen Aggression erfordern, um Schaden von sich und anderen abzuwenden.

Später am Abend dachte ich über unser Gespräch nach. Zwei Punkte waren mir besonders in Erinnerung geblieben: Erstens war ich beeindruckt von seiner außergewöhnlichen Bereitschaft, seine eigenen Glaubenssätze und Praktiken neu zu bewerten – das heißt in diesem Fall, sein geliebtes Gebet, das zweifellos in all den Jahren wiederholten Rezitierens mit seinem ganzen Wesen verschmolzen war, einer neuen Betrachtungsweise zu unterziehen.

Der zweite Punkt war weniger ermutigend. Ich wurde von dem Gefühl meiner eigenen Arroganz überwältigt! Ich hatte ihm nahe gelegt, dass das Gebet nicht angemessen sei, weil es nicht mit der harten Realität der heutigen Welt übereinstimme. Da erst wurde mir klar, wem ich das gesagt hatte: Einem Mann, der ein ganzes Land infolge einer der brutalsten Invasionen der Geschichte verloren hatte. Einem Mann, der seit fast vier Jahrzehnten im Exil lebt, während ein ganzes Volk seine Hoffnungen und Freiheitsträume auf ihn setzt. Einem Mann mit einem tiefen Empfinden persönlicher Verantwortung, der voller Mitgefühl einem unaufhörlichen Strom tibetischer Flüchtlinge zuhört, die ihre Geschichten von Mord, Vergewaltigung, Folter und Erniedrigung durch die Chinesen vor ihm ausbreiten. Mehr als einmal hatte ich diesen unendlich liebevollen und traurigen Ausdruck in seinem Gesicht gesehen, als er diesen Berichten lauschte, oft aus dem Munde von Menschen, die den Himalaya zu Fuß überquert hatten (auf einer zweijährigen Reise), nur um einen Blick auf ihn zu erhaschen.

Und diese Geschichten handeln nicht nur von physischer Gewalt. Häufig geht es auch um den Versuch, den Geist des tibetischen Volkes zu brechen. Ein tibetischer Flüchtling erzählte mir einmal von der chinesischen »Schule«, die er besuchen musste, als er in Tibet aufwuchs. Die Vormittage waren der Indoktrination und dem Studium von Maos *Kleinem roten Buch* gewidmet, die Nachmittage der Berichterstattung über verschiedene »Hausarbeiten«. Die »Hausaufgaben« galten im Allgemeinen dem Ausradieren des im tibetischen Volk tief verwurzelten buddhistischen Geistes.

Beispielsweise beauftragte ein Lehrer im Wissen um das buddhistische Verbot des Tötens und um den Glauben, dass ausnahmslos jede lebende Kreatur ein kostbares »fühlendes Wesen« ist, seine Schüler, ein Lebewesen zu töten und es am nächsten Tag in die Schule mitzubringen. Die Schüler wurden dann eingestuft: Für jedes tote Tier erhielten sie eine bestimmte Punktzahl – eine Fliege war einen Punkt wert, ein Wurm zwei, eine Maus fünf, eine Katze zehn etc. (Als ich die Geschichte kürzlich einem Freund erzählte, schüttelte er voller Widerwillen den Kopf und meinte: »Ich frage mich, wie viele Punkte ein Schüler wohl bekommen hätte, wenn er den verdammten Lehrer umgebracht hätte?«)

Durch seine spirituellen Übungen, wie die Rezitation der *Acht Verse zur Geistesschulung*, konnte der Dalai Lama die Realität dieser Situation bewältigen und vierzig Jahre lang seine

Kampagne für Frieden und Menschenrechte in Tibet aktiv fortsetzen. Gleichzeitig hat er sich gegenüber den Chinesen eine Haltung der Demut und des Mitgefühls bewahrt, die Millionen Menschen weltweit inspiriert. Und da behauptete ich, dass dieses Gebet hinsichtlich der »Realitäten« der heutigen Welt nicht relevant sei. Ich erröte immer noch vor Verlegenheit, wenn ich an jenes Gespräch denke.

Neue Perspektiven entdecken

Bei dem Versuch, die vom Dalai Lama beschriebene Methode des Perspektivenwechsels gegenüber »dem Feind« anzuwenden, stieß ich eines Nachmittags zufällig auf eine andere Technik. Im Verlauf der Arbeit an diesem Buch besuchte ich einige Vorträge des Dalai Lama an der Ostküste. Bei meiner Rückkehr nach Hause nahm ich einen Direktflug nach Phoenix. Wie üblich hatte ich einen Sitz am Gang gebucht. Obwohl ich gerade spirituellen Unterweisungen beigewohnt hatte, war ich in einer recht unleidlichen Stimmung, als ich an Bord des überfüllten Flugzeugs ging. Dann merkte ich, dass man mir versehentlich einen Mittelsitz zugeteilt hatte. Ich war eingepfercht zwischen einem schwergewichtigen Mann mit der ärgerlichen Angewohnheit, seinen fleischigen Unterarm über *meine* Seite der Armlehne zu schieben, und einer Frau mittleren Alters, der gegenüber ich eine spontane Abneigung empfand, weil sie *meinen* Gangsitz in Beschlag genommen hatte. Etwas an dieser Frau störte mich sehr – vielleicht war ihre Stimme ein bisschen zu schrill oder ihre ganze Art ein wenig zu selbstherrlich. Gleich nach dem Start begann sie ununterbrochen auf den direkt vor ihr sitzenden Mann einzureden. Der Mann erwies sich als ihr Gatte, und ich bot »galant« an, den Platz mit ihm zu tauschen. Aber er weigerte sich, denn beide wollten einen Gangsitz haben. Ich wurde immer ärgerlicher. Die Aussicht, fünf geschlagene Stunden neben dieser Frau zu sitzen, schien mir unerträglich.

Als ich merkte, wie heftig ich gegenüber einer Frau reagierte, die ich nicht einmal kannte, entschied ich, dass es sich um einen »Transfer«, eine Übertragung, handeln musste. Vielleicht erinnerte sie mich unbewusst an jemanden aus meiner Kindheit oder an das alte »ungelöste Hassgefühl gegenüber meiner Mutter«. Ich zerbrach mir den Kopf, aber ich kam auf keine passende Kandidatin. Sie erinnerte mich wirklich an niemanden aus meiner Vergangenheit.

Dann fiel mir ein, dass dies die perfekte Gelegenheit war, um die Entwicklung von Geduld zu üben. Ich begann also mit der Technik, meine Feindin auf dem Gangsitz als meine geschätzte Wohltäterin zu visualisieren, die neben mich platziert worden war, um mich Geduld und Nachsicht zu lehren. Das schien mir ein Kinderspiel zu sein. Schließlich konnte ich, was »Feinde« anbelangt, kaum milder wegkommen: Ich war dieser Frau gerade erst begegnet, und sie hatte eigentlich nichts getan, um mir irgendwie zu schaden.

Nach etwa zwanzig Minuten gab ich auf – sie nervte mich immer noch! Ich fand mich damit ab, für den Rest des Fluges gereizt zu sein. Übel gelaunt starrte ich auf eine ihrer Hände, die kaum merklich auf meine Armlehne übergriff. Ich hasste alles an dieser Frau. Abwesend blickte ich auf ihren Daumennagel, als mir in den Sinn kam: Hasse ich diesen Daumennagel? Eigentlich nicht. Es war nur ein gewöhnlicher Daumennagel. Nicht weiter der Rede wert. Als Nächstes warf ich einen Blick auf eines ihrer Augen und fragte mich: Hasse ich dieses Auge wirklich? Ja, und ob. (Natürlich ohne irgendeinen Grund, was die reinste Form von Hass ist.) Ich fixierte das Auge näher. Hasse ich die Pupille? Nein. Hasse ich die Hornhaut, die Iris oder die Netzhaut? Nein. Hasse ich dieses Auge also wirklich? Ich musste zugeben, dass ich es nicht tat.

Ich spürte, dass ich auf dem richtigen Weg war. Ich ging über zu einem Fingerknöchel, einem Finger, dem Kiefer, einem Ellbogen. Mit einiger Überraschung stellte ich fest, dass es Teile an dieser Frau gab, die ich nicht hasste. Die Konzentration auf Details, auf Besonderheiten anstelle grober Verallgemeinerungen machte einen subtilen inneren Wandel, eine Milderung möglich. Dieser Perspektivenwechsel riss eine Öffnung in mein Vorurteil, die gerade groß genug war, um diese Frau einfach als ein anderes menschliches Wesen zu betrachten. Da wandte sie sich mir plötzlich zu und begann ein Gespräch. Ich weiß nicht mehr, worüber wir sprachen – es war vorwiegend Smalltalk –, aber am Ende des Fluges hatten sich mein Ärger und meine Missstimmung aufgelöst.

Zugegeben, sie wurde nicht meine neue Lieblingsfreundin, aber sie war auch nicht mehr »die böse Usurpatorin« meines Gangsitzes, sondern nur ein anderes menschliches Wesen wie ich, das sich, so gut es kann, durchs Leben schlägt.

Ein beweglicher Geist

Die Fähigkeit des Perspektivenwechsels, das Vermögen, seine Probleme aus verschiedenen Blickwinkeln zu sehen, wird durch *die Eigenschaft eines beweglichen Geistes* genährt. Der letztliche Nutzen eines beweglichen Geistes besteht darin, dass er uns erlaubt, alles Leben wahrzunehmen – ganz und gar lebendig und menschlich zu sein. Nach einem langen Tag öffentlicher Vorträge in Tucson ging der Dalai Lama nachmittags zu Fuß zurück zu seiner Hotelsuite. Eine pur-

purrote Regenwolkenbank überspannte den Himmel, nahm das Spätnachmittagslicht in sich auf und ließ die Catalina Mountains reliefartig hervortreten. Die Landschaft bildete eine einzige Riesenpalette von Purpurtönen. Die Wirkung war spektakulär – warme Luft, erfüllt von dem Duft der Wüstenpflanzen, von Salbei, von Feuchtigkeit und einer ruhelosen Brise, kündigte einen der heftigen Stürme von Sonora an.

Der Dalai Lama blieb stehen. Einige Momente lang blickte er ruhig, das ganze Panorama in sich aufnehmend, zum Horizont und machte schließlich eine Bemerkung über die Schönheit der Kulisse. Er ging weiter, hielt jedoch nach wenigen Schritten wieder inne und bückte sich, um eine winzige Lavendelknospe an einem kleinen Strauch zu untersuchen. Er berührte sie sanft, erwähnte ihre zarte Form, dachte laut über den Namen der Pflanze nach. Mich beeindruckte die Leichtigkeit, mit der sein Geist funktionierte. Seine Aufmerksamkeit schien so mühelos von der Landschaft zu einer einzelnen Knospe überzugehen. Es war eine gleichzeitige Wertschätzung der gesamten Umgebung ebenso wie des kleinsten Details. Er hatte die Fähigkeit, alle Fassetten und das volle Spektrum des Lebens zu umfassen.

Jeder von uns kann die gleiche Beweglichkeit des Geistes entwickeln. Sie ergibt sich, zumindest teilweise, aus unserem Bemühen, unsere Perspektive zu erweitern und neue Blickwinkel zu erproben. Das Resultat ist eine simultane Bewusstheit des Gesamtbildes ebenso wie unserer individuellen Umstände. Dieser zweifache Ausblick, eine gleichzeitige Sicht der »großen Welt« und unserer eigenen »kleinen Welt«, kann als eine Art Raster dienen und uns helfen, das, was im Leben wichtig ist, vom Unwichtigen zu trennen.

In meinem eigenen Fall bedurfte es im Laufe unser Gespräche sanfter Anstöße durch den Dalai Lama, bis ich aus meiner eigenen begrenzten Perspektive auszubrechen begann. Von Natur aus und von meiner Ausbildung her habe ich immer versucht, Probleme vom Standpunkt der individuellen Dynamik anzugehen – aus der Sicht psychologischer Prozesse, die ausschließlich innerhalb des Verstandesbereichs vorkommen. Für soziologische oder politische Aspekte brachte ich nie viel Interesse auf. In einer Diskussion mit dem Dalai Lama befragte ich ihn über die Bedeutung einer umfassenderen Perspektive. Da ich zuvor einige Tassen Kaffee getrunken hatte, wurde ich immer lebhafter und fing an, über die Fähigkeit zum Perspektivenwechsel als einem inneren Prozess zu sprechen. Es sei ein einsames Unterfangen, das nur auf der bewussten Entscheidung des Individuums beruhe, einen unterschiedlichen Standpunkt einzunehmen.

Mitten in meiner schwungvollen Rede unterbrach mich der Dalai Lama schließlich, um mich an Folgendes zu erinnern: »Wenn Sie von einer umfassenderen Perspektive sprechen, muss dabei auch die kooperative Zusammenarbeit mit anderen Menschen gemeint sein. Globale Krisen wie Naturkatastrophen, Umweltprobleme oder Probleme der modernen Wirtschaftsstruktur erfordern eine aufeinander abgestimmte und gemeinsame Anstrengung vieler Menschen mit Verantwortungs- und Pflichtbewusstsein. Das reicht über ein individuelles oder persönliches Anliegen weit hinaus.«

Ich ärgerte mich darüber, dass er das Thema auf die *Welt* ausweitete, während ich versuchte, mich auf das *Individuum* zu konzentrieren. (Und mit dieser Haltung ging ich – so peinlich es mir auch ist, das zuzugeben – ausgerechnet das Thema »Wie erweitere ich meinen Horizont« an.)

»Aber in dieser Woche«, beharrte ich, »haben Sie in unseren Diskussionen und in Ihren öffentlichen Vorträgen betont, wie wichtig es sei, einen persönlichen Wandel von innen zu vollziehen, durch innere Transformation. Sie haben erwähnt, dass es darum geht, Mitgefühl und Warmherzigkeit zu entwickeln, Ärger und Hass zu überwinden, Geduld und Toleranz zu kultivieren …«

»Ja, natürlich muss der Wandel im Inneren des Individuums stattfinden. Aber wenn Sie nach Lösungen für globale Probleme suchen, müssen Sie in der Lage sein, sich diesen Problemen sowohl vom Standpunkt des Individuums wie auch von der gesellschaftlichen Ebene aus zu nähern. Wenn Sie also davon sprechen, flexibel zu sein, eine erweiterte Perspektive zu haben etc., dann erfordert das die Fähigkeit, Probleme von verschiedenen Ebenen aus anzugehen: der individuellen, der gesellschaftlichen und der globalen Ebene.

Beispielsweise bin ich vor ein paar Tagen in meinem Vortrag an der Universität auf die Notwendigkeit eingegangen, Zorn und Hass durch die Entwicklung von Geduld und Toleranz zu reduzieren. Der Abbau des Hasses gleicht einer inneren Abrüstung. Aber ich erwähnte in dem Vortrag auch, dass die innere Abrüstung mit der äußeren einhergehen muss. Das ist, glaube ich, sehr, sehr wichtig.

Zum Glück besteht nach dem Zusammenbruch der Sowjetunion, wenigstens derzeit, nicht mehr die Gefahr eines nuklearen Holocaust. Daher ist dies ein guter Zeitpunkt, ein sehr guter Start. Wir sollten die Gelegenheit nicht verpassen! Jetzt müssen wir den echten Friedenswillen stärken. Wirklichen Frieden, nicht nur die Abwesenheit von Gewalt oder Krieg. Eine bloße Abwesenheit von Krieg kann durch Waffen hergestellt werden, etwa durch die atomare Abschreckung.

Die bloße Abwesenheit von Krieg ist jedoch kein echter, dauerhafter Weltfrieden. Frieden muss im Zeichen gegenseitigen Vertrauens entwickelt werden. Und da Waffen das größte Hindernis für die Entwicklung gegenseitigen Vertrauens bilden, wird es Zeit herauszufinden, wie wir uns dieser Waffen entledigen. Das ist sehr wichtig. Natürlich werden wir das nicht über Nacht erreichen. Der realistische Weg führt Schritt für Schritt zum Ziel. Jedenfalls müssen wir uns über unser Ziel im Klaren sein: Die ganze Welt sollte entmilitarisiert werden. So arbeiten wir auf einer Ebene auf die Entwicklung des inneren Friedens hin, aber auf einer anderen Ebene auch auf die äußere Abrüstung und den äußeren Frieden. Dazu müssen wir einen kleinen, uns möglichen Beitrag leisten. Dafür sind wir verantwortlich.«

Die Wichtigkeit flexiblen Denkens

Es besteht eine wechselseitige Beziehung zwischen einem beweglichen Geist und der Fähigkeit, die eigene Perspektive zu verschieben. Ein beweglicher, flexibler Geist hilft uns, unsere Probleme von unterschiedlichen Standpunkten aus anzugehen. Umgekehrt kann der ganz bewusste Versuch, unsere Probleme objektiv aus verschiedenen Blickwinkeln zu prüfen, als eine Art Flexibilitätstraining für den Geist betrachtet werden. In der heutigen Welt ist das Bemühen um eine flexible Denkweise nicht nur eine selbstbezogene Übung für müßige Intellektuelle – sie kann sogar zur Überlebensfrage werden. Im Laufe der Evolution haben die Arten, die am flexibelsten, am anpassungsfähigsten gegenüber Umweltänderungen waren, überlebt und sind gediehen.

Das heutige Leben ist durch plötzliche, unerwartete und manchmal gewaltsame Wechsel geprägt. Ein beweglicher Geist kann uns helfen, die äußeren, um uns herum vorgehenden Veränderungen miteinander in Einklang zu bringen. Er ermöglicht uns, all unsere inneren Konflikte, Ungereimtheiten und Ambivalenzen zu integrieren. Ohne die Kultivierung eines geschmeidigen Geistes wird unsere Haltung brüchig und unsere Beziehung zur Welt von Furcht geprägt. Nehmen wir dagegen eine flexible, bewegliche Haltung gegenüber dem Leben ein, können wir unsere Gelassenheit sogar unter den unruhigsten und turbulentesten Bedingungen bewahren. Und durch unsere Bemühungen, flexibel zu denken, stärken wir die Widerstandskraft des menschlichen Geistes.

Je besser ich den Dalai Lama kennen lernte, umso mehr überraschte mich das Ausmaß seiner Flexibilität, seiner Fähigkeit, eine Vielfalt von Standpunkten zu berücksichtigen. Man hätte erwarten können, dass seine einzigartige Rolle als wohl bekanntester Buddhist der Welt ihn genötigt hätte, als »Verfechter des Glaubens« aufzutreten.

Aus dieser Überlegung heraus fragte ich ihn: »Stellen Sie jemals fest, dass Sie zu starr in Ihrer Haltung, zu engstirnig sind?«

»Hm ...« Er sann kurz nach, bevor er antwortete: »Nein, das glaube ich nicht. Im Gegenteil, manchmal bin ich so flexibel, dass man mir vorwirft, keine konsequente Politik zu verfolgen.« Er lachte auf. »Jemand kommt zu mir und präsentiert mir eine Idee; ich sehe, dass das Hand und Fuß hat, und stimme mit den Worten zu: ›Das ist großartig!‹ Aber dann kommt der Nächste mit der entgegengesetzten Meinung, die mir ebenso vernünftig erscheint, und ich stimme ihm ebenfalls zu. Manchmal werde ich deswegen kritisiert und muss ermahnt werden: ›Wir haben uns auf diesen Kurs festgelegt und sollten uns eine Zeit lang daran halten!‹«

Diese Aussage mag den Eindruck erwecken, der Dalai Lama sei unschlüssig und lasch. Aber nichts könnte von der Wahrheit ferner sein. Der Dalai Lama hat eine Reihe von Grundüberzeugungen, die all seine Handlungen prägen: den Glauben an das Gute im Menschen; den Glauben an den Wert des Mitgefühls; eine Politik der Güte und ein Gefühl der Verbundenheit mit allen Lebewesen.

Wenn ich betone, wie wichtig es ist, flexibel und anpassungsfähig zu sein, meine ich natürlich nicht, dass wir uns in Chamäleons verwandeln sollten und jedes neue Glaubenssystem übernehmen, unsere Identität dauernd ändern und uns jede Idee passiv einverleiben. Höhere Wachstums- und Entwicklungsstadien sind auf Leitprinzipien angewiesen: auf ein Wertesystem, das unserem Leben Beständigkeit und Klarheit verleiht und als Maßstab für unsere Erfahrungen dient; das uns entscheiden hilft, welche unserer Ziele wertvoll und welche bedeutungslos sind.

Die Frage ist, wie wir solche Werte standhaft und konsequent wahren und gleichzeitig flexibel bleiben können. Der Dalai Lama scheint dies erreicht zu haben, indem er sein Wertesystem auf wenige grundlegende Fakten reduziert hat:

1. Ich bin ein Mensch.
2. Ich möchte glücklich sein und nicht leiden.
3. Andere Menschen möchten wie ich ebenfalls glücklich sein und nicht leiden.

Nicht die Betonung der Unterschiede, sondern der gemeinsamen Basis führt zur Verbundenheit mit allen Menschen und zu seinem fundamentalen Glauben an den Wert von Mitgefühl und Altruismus. Genauso kann es sich für uns lohnen, wenn wir einige Zeit darauf verwenden, über unser eigenes Wertesystem nachzudenken und es auf seine Grundprinzipien zu reduzieren. Die Fähigkeit, unsere Prinzipien auf ihre Urelemente zurückzuführen und unser Leben darauf zu gründen, verschafft uns die größte Freiheit und Flexibilität im Umgang mit der Vielzahl von Problemen, die uns alltäglich begegnen.

Eine flexible Einstellung zum Leben hilft uns nicht nur, mit Alltagsproblemen fertig zu werden, sie wird auch zur Basis einer unverzichtbaren Voraussetzung für ein glückliches Leben: der *Gelassenheit.*

Nachdem der Dalai Lama es sich eines Morgens in seinem Sessel bequem gemacht hatte, erläuterte er den Wert einer ausgeglichenen Lebensführung. »Eine ausgeglichene und geschickte Lebensweise, die Extreme vermeidet, ist ein sehr wichtiger Faktor im Alltag. Wer einen Schössling pflanzt, muss gerade im ersten Stadium sehr behutsam und geschickt vorgehen. Zu viel Feuchtigkeit oder zu viel Sonnenlicht werden ihn abtöten – und zu wenig ebenfalls. Nötig ist also ein sehr ausgeglichenes Umfeld, in dem der Schössling gesund heranwachsen kann. Auch für die Gesundheit eines Menschen kann ein Zuviel oder Zuwenig destruktive Auswirkungen haben. Zu viel Eiweiß ist, glaube ich, schädlich und zu wenig ebenfalls.

Dieses behutsame und geschickte Verfahren, das Extreme vermeidet, wirkt sich auch auf die geistige Gesundheit und das emotionale Wachstum aus. Entdecken wir an uns selbst beispielsweise zunehmende Arroganz und Aufgeblasenheit, weil wir uns aufgrund unserer eingebildeten oder wirklichen Errungenschaften oder Qualitäten überschätzen, dann besteht das Gegenmittel darin, mehr über die eigenen Probleme und Leiden nachzudenken und die unbefriedigenden Aspekte der Existenz zu betrachten. Das wird dazu beitragen, uns von einem überhöhten Geisteszustand herunter und wieder mehr auf den Boden der Tatsachen zu bringen.

Lässt man sich umgekehrt durch die Reflexion über die unbefriedigende Natur der Existenz, über Leid, Schmerz etc. überwältigen, dann besteht die Gefahr, ins andere Extrem zu verfallen. In dem Fall wird man womöglich entmutigt, hilflos und depressiv und denkt: ›Ach, ich bin zu nichts imstande, ich tauge einfach nichts.‹ Unter solchen Umständen ist es wichtig, dass wir uns durch das Nachdenken über unsere Errungenschaften, die Fortschritte, die wir gemacht haben, und unsere anderen positiven Eigenschaften aufrichten und die Demoralisierung überwinden. Hier ist also ein sehr ausgewogener und geschickter Ansatz erforderlich.

Diese Methode fördert nicht nur die physische und emotionale Gesundheit, sondern wirkt sich auch auf das spirituelle Wachstum aus. Die buddhistische Tradition enthält viele verschiedene Techniken und Praktiken, aber man muss bei der Anwendung der unterschiedlichen Methoden geschickt vorgehen und darf nicht übertreiben. Auch kommt es auf Ausgewogenheit an. Bei buddhistischen Praktiken ist es wichtig, Studium und Wissen mit Kontemplation und Meditation zu verbinden, damit kein Ungleichgewicht zwischen dem akademischen oder intellektuellen Wissen und der praktischen Anwendung entsteht. Denn eine zu starke Intellektualisierung könnte die kontemplativen Praktiken lähmen. Aber ein zu großer Nachdruck auf der praktischen Ausführung – ohne jedes Studium – wird wiederum das intellektuelle Verständnis behindern. Da bedarf es also eines Gleichgewichts …«

Nach kurzer Überlegung fuhr er fort: »Die Praxis des Dharma, die wirkliche spirituelle Praxis, gleicht in gewisser Hinsicht einem Spannungsstabilisator. Die Funktion des Stabilisators ist es, Stromschwankungen auszugleichen und eine kontinuierliche Stromversorgung zu gewährleisten.«

»Sie betonen die Wichtigkeit, Extreme zu vermeiden«, warf ich ein. »Aber sorgen nicht gerade die Extreme für Aufregung und Würze im Leben? Wenn man alle Extreme im Leben vermeidet und immer den ›Mittelweg‹ wählt, führt das nicht zu einer öden, farblosen Existenz?«

Er schüttelte den Kopf. »Man muss die Ursachen von extremem Verhalten begreifen. Nehmen Sie zum Beispiel das Streben nach materiellen Gütern – nach Wohnung, Möbeln, Kleidung etc. Einerseits kann Armut als Extrem angesehen werden, und wir haben fraglos das Recht, sie zu überwinden und unsere physische Bequemlichkeit zu sichern. Auf der anderen Seite bildet zu viel Luxus, das Trachten nach exzessivem Reichtum, ein weiteres Extrem. Unser Endziel auf der Suche nach mehr Wohlstand ist ein Gefühl der Befriedigung, des Glücks. Aber die eigentliche Basis dafür, *immer mehr* zu suchen, ist ein Gefühl des Mangels, ein Gefühl der Unzufriedenheit. Diese Unzufriedenheit, diese Gier nach immer mehr, wird nicht von einer den angestrebten Objekten innewohnenden Attraktivität, sondern vielmehr von unserem eigenen Geisteszustand ausgelöst.

Unsere Tendenz, in Extreme zu verfallen, beruht oft auf einem unterschwelligen Gefühl der Unzufriedenheit. Und natürlich sind auch andere Faktoren im Spiel. Es ist wichtig, Extreme als schädlich zu erkennen, selbst wenn sie anziehend oder aufregend erscheinen. Extreme Verhaltensweisen sind gefährlich und führen zu Leiden. Wer Beispiele extremen Verhaltens sorgfältig untersucht, wird unweigerlich zu diesem Schluss gelangen. Betreiben wir etwa – auf globaler Ebene – exzessiven Fischfang, ohne Rücksicht auf langfristige Konsequenzen zu nehmen, hat das einen Rückgang der Fischbestände zur Folge … Oder sexuelles Verhalten: Natürlich gibt es den biologischen Reproduktionstrieb und die Befriedigung durch sexuelle Aktivität. Aber extremes sexuelles Verhalten ohne Verantwortungsbewusstsein führt zu vielen Problemen wie sexuellem Missbrauch und Inzest.«

»Sie erwähnten, dass es neben dem Gefühl der Unzufriedenheit noch andere Faktoren geben kann, die Extreme bewirken …«

»Ja, natürlich.« Er nickte.

»Können Sie ein Beispiel geben?«

»Ich glaube, Engstirnigkeit könnte ein weiterer Faktor sein, der zu Extremen führt.«

»Engstirnigkeit in welchem Sinne?«

»Das Überfischen, das zu einem Schwund der Bestände führt, wäre ein Beispiel für engstirniges Denken in dem Sinne, dass man *ausschließlich* kurzfristig plant und das Gesamtbild ignoriert. Hier könnte man durch Aufklärung und Wissen die eigene Perspektive erweitern und einen weniger engstirnigen Standpunkt vertreten.«

Der Dalai Lama nahm seine Gebetskette von einem Beistelltisch und rieb sie zwischen den Händen, während er schweigend nachsann. Dann fuhr er plötzlich fort: »Ich meine, dass engstirnige Haltungen auf vielerlei Weise zu extremem Denken führen. Und das schafft Probleme. Zum Beispiel war Tibet für viele Jahrhunderte ein buddhistisches Land. Daraufhin hielten die Tibeter den Buddhismus natürlich für die beste Religion und neigten zu der Auffassung, dass die *ganze* Menschheit buddhistisch werden solle. Die Vorstellung, dass *jeder* Buddhist sein solle, ist ziemlich extrem. Und diese Art extremen Denkens verursacht einfach Probleme.

Aber jetzt, da wir Tibet verlassen haben, bietet sich uns die Möglichkeit, mit anderen religiösen Traditionen in Kontakt zu treten und etwas über sie zu erfahren. Das hat zu einer Annäherung an die Realität geführt, weil wir erkannt haben, dass es viele geistige Einstellungen unter den Menschen gibt. Wenn wir versuchten, die ganze Welt buddhistisch zu machen, wäre das unpraktisch. Durch den engeren Kontakt mit anderen Traditionen erkennen wir deren positive Seiten. Werden wir nun mit einer anderen Religion konfrontiert, wird gleich zu Anfang ein positives, behagliches Gefühl entstehen. Wenn jemand eine unterschiedliche Tradition für passender und effektiver hält, dann ist nichts dagegen einzuwenden! Das lässt sich mit einem Restaurantbesuch vergleichen: Wir können alle an einem Tisch sitzen und uns verschiedene Gerichte nach unserem jeweiligen Geschmack bestellen. Jeder isst etwas anderes, aber niemand streitet sich deswegen!

Daher denke ich, dass wir durch die bewusste Erweiterung unserer Perspektive solch ein extremes, sich negativ auswirkendes Denken überwinden können.«

Mit diesen Worten wand der Dalai Lama seine Gebetskette um sein Handgelenk, tätschelte freundschaftlich meine Hand und beendete das Gespräch.

In Schmerz und Leid einen Sinn finden

Viktor Frankl, ein jüdischer Psychiater, der während des Zweiten Weltkriegs von den Nazis inhaftiert wurde, sagte einmal: »Der Mensch ist bereit und gewillt, jegliches Leid auf seine Schultern zu laden, sobald und solange er einen Sinn darin erkennen kann.« Frankl nutzte seine Erfahrung der Brutalität und Unmenschlichkeit in den Konzentrationslagern, um zu untersuchen, wie Menschen solche Gräueltaten überleben konnten. Durch gründliche Beobachtung entdeckte er, dass das Überleben nicht von Jugend und physischer Kraft abhing, sondern von der Fähigkeit des einzelnen Menschen, einen Sinn und eine Bedeutung in seinen Erfahrungen und in seinem Leben zu finden.

Einen Sinn im Leid finden zu können ist eine unschätzbare Hilfe bei der Bewältigung der dunkelsten Perioden des Lebens. Aber das ist keine leichte Aufgabe, denn Leid scheint oft zufällig, sinnlos und willkürlich aufzutreten. Solange wir ganz von Schmerz und Leid verzehrt werden, konzentriert sich unsere Energie einzig darauf, uns von ihnen zu befreien. Während akuter Krisen und Tragödien scheint es unmöglich, über irgendeinen hinter dem Leid verborgenen Sinn nachzudenken. In solchen Zeiten bleibt uns nicht viel anderes übrig, als die Schwierigkeiten zu ertragen.

Es ist verständlich, dass wir unsere Leiden als sinnlos und ungerecht betrachten und uns fragen: »Warum gerade ich?« Glücklicherweise können wir aber in relativ unbeschwerten Perioden vor oder nach akuten Leiderfahrungen die Bedeutung des Leidens reflektieren und zu verstehen suchen. Die dabei aufgewandte Zeit und Mühe wird sich dann bezahlt machen, wenn uns Böses zustößt. Um diese Früchte jedoch ernten zu können, müssen wir uns schon während der guten Zeiten auf die Suche begeben. Ein Baum mit starken Wurzeln kann selbst dem stärksten Sturm trotzen, aber er kann sie nicht erst wachsen lassen, wenn der Sturm bereits aufzieht.

Wo sollten wir also mit unserer Suche nach dem Sinn des Leidens anfangen? Für viele beginnt sie bei ihrer religiösen Tradition. Obwohl die einzelnen Religionen unterschiedliche Wege beschreiten, um dem menschlichen Leid einen Sinn und Zweck zuzumessen, bietet doch jede Weltreligion eine bestimmte Strategie, mit der man dem Leid auf der Grundlage des jeweiligen Glaubens begegnen kann. Im buddhistischen und hinduistischen Modell wird Leid beispielsweise als Resultat unserer eigenen negativen Handlungen in der Vergangenheit sowie als Katalysator für das Streben nach spiritueller Freiheit angesehen.

Nach jüdisch-christlicher Tradition wurde die Welt von einem barmherzigen und gerechten Gott erschaffen. Und selbst wenn Sein göttlicher Plan manchmal mysteriös und unerforschlich sein mag, können wir unser Leid durch das Vertrauen in Seine Pläne leichter akzeptieren, denn wie es im Talmud heißt: »Was immer Gott tut, tut Er zum Besten.«

Das Leben mag weiterhin schmerzvoll sein, aber wie eine gebärende Mutter vertrauen wir darauf, dass letztlich das Gute überwiegen wird. Das Herausfordernde dieser Traditionen besteht allerdings in der Tatsache, dass uns, anders als bei der Geburt eines Kindes, das letztlich Gute oft verborgen bleibt. Und doch werden diejenigen mit einem starken Gottesglauben von dem Vertrauen getragen, dass das Leid einen göttlichen Sinn in sich berge, wie ein chassidischer Weiser meinte:

»Wenn ein Mann leidet, sollte er nicht sagen: ›Das ist schlecht! Das ist schlecht!‹ Nichts, was Gott den Menschen auferlegt, ist schlecht. Aber es ist angebracht zu sagen: ›Das ist bitter! Das ist bitter!‹ Denn Heilmittel werden oft aus bitteren Kräutern hergestellt.«

Aus jüdisch-christlicher Sicht kann Leid vielerlei Zwecke erfüllen: Es kann unseren Glauben prüfen und stärken, uns Gott auf fundamentale und intime Weise näher bringen, die Bande zur materiellen Welt lockern und uns an Gott als unserer Zuflucht fest halten lassen.

Zwar hilft uns die Religion dabei, einen Sinn zu finden, aber selbst jene, die keiner religiösen Tradition angehören, können nach eingehender Reflexion eine Bedeutung und einen Wert in ihrem Leid erkennen. Wiewohl die Begegnung mit Leid immer und überall unangenehm ist, besteht kein Zweifel daran, dass es unsere Lebenserfahrung zu prüfen, zu stärken und zu vertiefen vermag. Dr. Martin Luther King junior sagte einmal: »Was mich nicht tötet, macht mich hart.« Natürlich will man sich dem Leid entziehen, aber es kann uns auch auf die Probe stellen und das Beste in uns zutage fördern.

In dem Film *Der dritte Mann* nach Graham Greenes gleichnamigem Roman heißt es: »In Italien herrschten unter den Borgias dreißig Jahre lang Krieg, Terror, Mord und Blutvergießen, aber sie brachten einen Michelangelo, einen Leonardo da Vinci und die Renaissance hervor. In der Schweiz herrschen brüderliche Liebe, fünfhundert Jahre der Demokratie und des Friedens, und was haben sie hervorgebracht? Die Kuckucksuhr.«

Leid dient manchmal dazu, uns zu festigen und zu stärken, aber es kann auch in entgegengesetzter Weise wirken und uns erweichen, sensibler und sanfter machen. Die Verletzlichkeit, die wir durch unser Leid erfahren, kann uns offener werden lassen und unsere Verbindung zu anderen vertiefen. Wie der Dichter William Wordsworth einst behauptete: »Menschlich wurde meine Seele durch tiefe Not.«

Ich kann den »humanisierenden« Effekt des Leids an Robert, einem Bekannten von mir, verdeutlichen. Robert war Generaldirektor eines sehr erfolgreichen Unternehmens. Einige Jahre zuvor hatte er einen großen finanziellen Verlust erlitten, der eine schwere, lähmende Depression bei ihm auslöste. Wir trafen uns an einem Tag, an dem seine Depression ihren Höhepunkt erreicht hatte. Ich hatte Robert immer als Musterbeispiel für Zuversicht und Enthusiasmus gekannt und war erschrocken, ihn in einer solchen Verfassung zu sehen. Mit schmerzlicher Stimme berichtete er: »Das ist das Schlimmste, was ich je in meinem Leben durchgemacht habe. Es lässt sich einfach nicht abschütteln. Ich wusste nicht einmal, dass es möglich ist, sich so machtlos, hilflos und außer Kontrolle zu fühlen.«

Nachdem wir eine Weile über seine Schwierigkeiten gesprochen hatten, überwies ich ihn zur Behandlung seiner Depression an einen Kollegen. Mehrere Wochen später traf ich Roberts Frau Karen und erkundigte mich nach seinem Befinden. »Es geht ihm schon viel besser, danke. Der von Ihnen empfohlene Psychiater hat ihm ein Antidepressivum verschrieben, das sehr hilft. Natürlich wird es noch dauern, bis wir die geschäftlichen Probleme in den Griff bekommen, aber er fühlt sich jetzt viel besser, und wir werden es schon schaffen ...«

»Ich bin wirklich froh, das zu hören.«

Karen zögerte einen Moment, bevor sie mir anvertraute: »Wissen Sie, ich konnte seine Depression kaum mit ansehen. Aber in gewisser Hinsicht war es ein Segen. Eines Nachts fing er in einem Anfall von Niedergeschlagenheit an, unkontrolliert zu weinen. Er konnte einfach nicht aufhören. Ich musste ihn schließlich stundenlang in den Armen halten, bis er einschlief. Es war das erste Mal in den dreiundzwanzig Jahren unserer Ehe, dass so etwas geschah ... Und um ehrlich zu sein, ich habe mich ihm im Leben noch nie so nahe gefühlt. Obwohl seine Depression abgeklungen ist, haben sich die Dinge irgendwie geändert. Etwas scheint sich geöffnet zu haben ..., und das Gefühl der Nähe ist geblieben. Die Tatsache, dass wir seine Probleme geteilt haben, hat unsere Beziehung umgewandelt. Wir sind einander näher gekommen.«

Auf der Suche nach Möglichkeiten, dem Leid einen Sinn zu verleihen, wenden wir uns wieder dem Dalai Lama zu, der aufzeigt, wie wir Leid im buddhistischen Kontext positiv verstehen können.

»In der buddhistischen Praxis kann man sein persönliches Leid zur Stärkung des Mitgefühls einsetzen, und zwar durch *Tong-len*. Das ist eine Mahayana-Visualisationstechnik, bei der man den Schmerz und das Leid eines anderen im Geiste auf sich nimmt und ihm im Gegenzug das eigene Potenzial, Gesundheit, Glück und Weiteres zukommen lässt. Ich werde diese Übung später noch genauer erklären. Wenn man diese Technik in Phasen von Krankheit, Schmerz oder Leid durchführt, kann man die Situation nutzen, indem man denkt: ›Möge mein Leid stellvertretend für das aller anderen fühlenden Wesen stehen. Möge ich durch diese Erfahrung fähig sein, alle anderen Wesen zu retten, die vielleicht ähnliches Leid durchmachen müssen.‹ So nutzt man sein eigenes Leid für die Übung, das Leid anderer auf sich zu nehmen.

Hier muss ich noch eines verdeutlichen. Sind Sie beispielsweise erkrankt, dann können Sie diese Technik mit dem Gedanken üben: ›Mögen durch meine Krankheit andere Lebewesen von vergleichbaren Beschwerden befreit werden.‹ Dabei sollten Sie visualisieren, dass Sie einerseits die Krankheit und das Leid der anderen annehmen und ihnen andererseits Ihre gute Gesundheit übergeben. Das heißt jedoch nicht, dass Sie Ihre eigene Gesundheit ignorieren oder vernachlässigen sollten. Natürlich sind alle notwendigen vorbeugenden Maßnahmen zu ergreifen, etwa die der richtigen Ernährung. Sollten Sie dennoch erkranken, ist es wichtig, die erforderlichen Arzneimittel sowie alle anderen konventionellen Heilmethoden anzuwenden.

Allerdings können sich Praktiken wie *Tong-len* ganz entschieden darauf auswirken, wie Sie mental auf die Krankheitssituation *reagieren*. Anstatt über Ihre Lage zu klagen, sich selbst zu bemitleiden und von Angst und Sorgen überwältigt zu werden, können Sie sich durch die richtige geistige Einstellung vielmehr zusätzlichen geistigen Schmerz ersparen. Die Übung von *Tong-len* (Geben und Nehmen) wird zwar nicht immer den körperlichen Schmerz mildern oder gar eine physische Heilung bewirken, aber Sie können sich dadurch vor unnötigen zusätzlichen geistigen Schmerzen, Leiden und Ängsten schützen, zum Beispiel durch den Gedanken: ›Möge ich durch das Erfahren dieser Schmerzen und Leiden fähig sein, anderen Menschen zu helfen, und sie davor bewahren, das Gleiche durchleben zu müssen.‹

Dann wird Ihr Leid eine neue Bedeutung erhalten, denn es dient als Grundlage für eine religiöse oder spirituelle Praktik. Bei manchen, die diese Technik anwenden, kommt es sogar vor, dass ihre Leidenserfahrung sie nicht betrübt oder sorgenvoll stimmt, sondern ihnen vielmehr als eine Art Privileg erscheint, als günstige Gelegenheit; und sie können sich darüber freuen, dass diese spezielle Erfahrung sie bereichert.«

»Sie erwähnen, dass Leid in der Übung von *Tong-len* genutzt werden kann. Zuvor hatten Sie erläutert, dass die gezielte Kontemplation der Leidensnatur unseres Seins, rechtzeitig genug durchgeführt, uns davor bewahrt, von den eigentlichen Schwierigkeiten überwältigt zu werden – in dem Sinne, dass man Leid als natürlichen Bestandteil des Lebens leichter zu akzeptieren vermag.«

»Ganz genau …« Der Dalai Lama nickte.

»Gibt es noch andere Möglichkeiten, unser Leid als bedeutungsvoll oder zumindest die Kontemplation unserer Leiden als etwas von praktischem Wert anzusehen?«

»Ja, gewiss«, antwortete er. »Wir hatten bereits erwähnt, dass dem Nachdenken über das Leid im Rahmen des buddhistischen Pfades eine enorme Bedeutung zukommt. Denn durch die Einsicht in die Natur des Leidens wird man zum einen umso entschlossener versuchen, den Ursachen der Leiden und den unheilsamen Taten, die zu Leid führen, ein Ende zu setzen. Zum anderen wird man energischer darum bemüht sein, heilsame Handlungen auszuführen, die Glück und Freude bewirken.«

»Und sehen Sie auch für Nicht-Buddhisten irgendwelche Vorteile darin, über das Leid nachzudenken?«

»Ja, das kann in manchen Situationen praktischen Nutzen mit sich bringen. Zum Beispiel, um unsere Arroganz und unseren Dünkel zu dämpfen.« Er lachte herzlich. »Natürlich werden jene, die an Arroganz und Stolz nichts Nachteiliges finden, dies nicht für einen praktischen Nutzen oder einen überzeugenden Grund halten.«

Etwas ernster fügte der Dalai Lama hinzu: »Im Hinblick auf Leid halte ich jedenfalls Folgendes für entscheidend: Sind Sie sich Ihrer Leiden und Schmerzen bewusst, wird Ihnen dies zu mehr Empathie verhelfen, einer Fähigkeit, die Ihnen ermöglicht, sich auf die Empfindungen und Leiden anderer einzustellen. Und das wiederum verstärkt Ihre Fähigkeit zum Mitfühlen. So kann das bewusste Annehmen von Schmerz eine wertvolle Hilfe dabei sein, mit anderen in Verbindung zu treten. Wenn wir das Leid also auf diese Weise betrachten«, schloss der Dalai Lama, »kann sich unsere Haltung zu ändern beginnen, und unser Leid mag dann nicht mehr so nutzlos sein, wie wir dachten.«

Denken wir während der ruhigeren Momente unseres Lebens über das Leid nach – immer dann, wenn es uns relativ gut geht –, werden wir vielleicht einen tieferen Sinn in unserem Leid entdecken. Manchmal werden wir jedoch mit Leiden konfrontiert, die sinnlos und ohne jegliche befreiende Wirkung zu sein scheinen: Physischer Schmerz fällt häufig in diese Kategorie. Aber es gibt einen Unterschied zwischen körperlichem Schmerz als einem physiologischen Prozess und dem Leid, das aus unserer mentalen und emotionalen Reaktion auf diesen Schmerz hervorgeht. Damit stellt sich die Frage: Falls wir eine tiefer liegende Bedeutung, einen tiefer liegenden Sinn in unserem Schmerz zu finden vermögen, wird dies unsere Haltung dem Schmerz gegenüber ändern oder nicht? Und kann eine derart veränderte Einstellung im Falle einer physischen Verletzung den Schmerz lindern?

In seinem Buch *Pain: The Gift Nobody Wants* untersucht Dr. Paul Brand, ein weltbekannter Handchirurg und Lepra-Spezialist, den Sinn und Wert von körperlichem Schmerz. Dr. Brand verbrachte seine Jugend in Indien, wo er als Sohn eines Missionarsehepaars von Menschen in extremen Härtesituationen umgeben war. Ihm fiel auf, dass sie im Gegensatz zu den Menschen im Westen physischen Schmerz viel leichter ertragen konnten, und er begann, sich für das menschliche Schmerzsystem zu interessieren.

Als er anfing, mit Lepra-Patienten in Indien zu arbeiten, machte er eine bemerkenswerte Entdeckung: Die verheerenden Entstellungen der Lepra kamen nicht direkt durch die Krankheitserreger zustande, die das Gewebe zersetzten, sondern durch den krankheitsbedingten Verlust der Schmerzempfindlichkeit in den Gliedmaßen! Ohne die Schutzfunktion des Schmerzes fehlte den Lepra-Kranken das Warnsystem für Verletzungen. Er beobachtete Patienten, die mit aufgerissener, wunder Haut und sogar mit herausstehenden Knochen umherliefen, was natürlich zu steten Verschlimmerungen führte. Ohne jegliches Schmerzempfinden steckten sie bisweilen sogar ihre Hände ins Feuer, um etwas herauszuholen. Die Betroffenen waren ganz und gar gleichgültig gegenüber Selbstverstümmelungen.

In Dr. Brands Buch findet man eine Fallgeschichte nach der anderen über die verheerenden Folgen mangelnden Schmerzempfindens, über die ständig neuen Verletzungen, über Ratten, die an Fingern und Zehen des Lepra-Kranken nagten, während dieser friedlich schlief.

Nach seiner lebenslangen Arbeit mit Patienten, die an Schmerzen, aber auch an Schmerzmangel litten, gelangte Dr. Brand allmählich zu dem Schluss, dass Schmerz nicht als der universelle Feind angesehen werden kann, für den wir ihn im Westen halten, sondern als bemerkenswertes und verfeinertes biologisches System, das uns vor Schädigungen des Körpers warnt und uns auf diese Weise schützt. Aber warum muss die Erfahrung von Schmerz so unangenehm sein? Nach Dr. Brand ist es gerade dieser lästige Aspekt des Schmerzes, der uns effektiv vor Gefahren warnt und behütet. Die unangenehme Eigenschaft des Schmerzes zwingt den gesamten menschlichen Organismus, sich dem Problem zuzuwenden. Obwohl der Körper automatische Reflexe als eine Art äußerer Abwehr besitzt und uns dadurch schnell von Schmerz verursachenden Umständen zurückschrecken lässt, ist es die Unerquicklichkeit, die den gesamten Organismus aktiviert. Außerdem prägt sich die Erfahrung unserem Gedächtnis als Schutz für die Zukunft ein.

Ebenso wie das Finden eines Sinnes in unserem Leid uns hilft, die Probleme des Lebens zu bewältigen, wird die Einsicht in den Sinn des physischen Schmerzes unser Leid nach

Meinung von Dr. Brand abschwächen. Im Rahmen seiner Theorie schlägt er das Konzept einer »Schmerz-Versicherung« vor: indem wir uns frühzeitig, das heißt, solange wir gesund sind, auf Schmerz vorbereiten, seine Gründe verstehen lernen und uns vorstellen, wie ein Leben ohne Schmerz aussehen würde. Da akuter Schmerz jedoch keine Objektivität zulässt, müssen wir diese Dinge reflektieren, bevor uns der Schmerz überfällt.

Wenn wir den Schmerz als »eine Mitteilung« begreifen, »die dir dein Körper über ein Thema von lebenswichtiger Bedeutung macht, um auf effektive Weise deine Aufmerksamkeit zu erlangen«, wird sich unsere Haltung dem Schmerz gegenüber ändern, sodass sich unser Leid abschwächt. Dr. Brand formuliert es so: »Ich bin davon überzeugt, dass die Haltung, die wir im Vorfeld entwickeln, unser Leid beeinflusst, wenn es uns dann trifft.« Seines Erachtens sind wir sogar fähig, Dankbarkeit gegenüber dem Schmerz zu entwickeln: zwar nicht der *Erfahrung* des Schmerzes, aber dem System der Schmerzwahrnehmung gegenüber.

Zweifellos beeinflusst unsere geistige Haltung in hohem Maße den Grad des Leidens, den wir zurzeit physischen Schmerzes durchmachen. Angenommen, ein Bauarbeiter und ein Konzertpianist leiden an der gleichen Fingerverletzung. Während der physische Schmerz bei beiden gleich sein mag, wird das geistige Leid des Bauarbeiters eher gering sein, ja vielleicht freut er sich sogar über die Verletzung, da sie einen lang erhofften, bezahlten Monatsurlaub mit sich bringt. Der Pianist hingegen mag sehr intensiv leiden, weil das Klavierspielen für ihn die Hauptquelle seiner Lebensfreude ist.

Die Idee, dass unsere geistige Haltung uns befähigt, Schmerzen leichter zu ertragen, beschränkt sich nicht auf theoretische Situationen wie die beschriebene, sondern wird durch zahlreiche wissenschaftliche Studien und Experimente nachgewiesen. Die Forscher sind dabei der Frage nachgegangen, wie Schmerz wahrgenommen und erfahren wird. Schmerz fängt mit einem sensorischen Signal an, einem Alarm, der ausgelöst wird, wenn die Nervenenden durch etwas stimuliert werden, das als Gefahr empfunden wird. Millionen von Signalen werden durch die Wirbelsäule zur Gehirnbasis gesendet. Dort werden sie dann sortiert und in Form einer Botschaft an eine höhere Gehirnregion weitergeleitet, wo sie »Schmerz« melden.

Das Gehirn sondiert daraufhin diese vorgefilterten Botschaften und entscheidet sich zu einer Reaktion. An dieser Stelle kann der Geist dem Schmerz Wert und Bedeutung beimessen und unsere Wahrnehmung von Schmerz intensivieren oder abmildern; *wir konvertieren Schmerz in geistiges Leid.* Um das Leid zu verringern, müssen wir eine äußerst wichtige Unterscheidung vornehmen: Wir trennen den eigentlichen von dem bloß gedanklich erzeugten Schmerz. Furcht, Zorn und das Gefühl von Einsamkeit, Schuld und Hilflosigkeit sind allesamt mentale und emotionale Reaktionen, die den Schmerz vermehren können.

Im Umgang mit unserem Schmerz können wir natürlich erst einmal an der unteren Wahrnehmungsgrenze arbeiten, indem wir die Mittel der modernen Medizin wie etwa Medikation und andere Therapien anwenden. Wir können aber auch auf höheren Ebenen arbeiten und unsere Geisteshaltung umwandeln. Die Rolle des Geistes bei der Wahrnehmung von Schmerz wurde vielfach untersucht. Iwan Petrowitsch Pawlow trainierte sogar Hunde dazu, den Schmerzinstinkt zu überwinden, indem er Elektroschocks mit einer Futterbelohnung koppelte.

Der Forscher Ronald Melzak hat Pawlows Experiment aufgegriffen und erweitert. Er ließ schottische Terrierwelpen in einer ausgepolsterten Umgebung aufwachsen, in der sie keinen Schrammen und Stößen ausgesetzt waren. Diese Hunde waren unfähig, angemessen auf Schmerz zu reagieren; zum Beispiel, wenn ihre Pfoten mit einem Nagel gestochen wurden – ganz im Gegensatz zu ihren normal aufgewachsenen Geschwistern, die natürlich aufjaulten, wenn man sie stach. Auf der Grundlage solcher Experimente kam Melzak zu dem Schluss, dass viel von dem, was wir Schmerz nennen – einschließlich der unangenehmen Gefühlsreaktion darauf –, eher angelernt als instinktiv angeboren ist.

Hypnose- und Placebo-Versuche an Menschen haben gezeigt, dass die höheren Hirnfunktionen oft die Signale der unteren Schmerzreizübermittlungen dominieren können. Offensichtlich entscheidet der Geist darüber, wie er den Schmerz wahrnimmt. Das verhilft uns auch zu einem besseren Verständnis der interessanten Entdeckungen von Forschern wie Dr. Richard Strenback und Bernhard Tursky von der Harvard Medical School (die später durch eine Studie von Dr. Maryann Bates und anderen bestätigt wurden). Diese stellten bei verschiedenen ethnischen Gruppen signifikante Unterschiede hinsichtlich ihrer Leidensfähigkeit fest.

Die Annahme, dass unsere Haltung gegenüber Schmerzen das Maß des Leidens beeinflusst, stützt sich also nicht nur auf philosophische Spekulationen, sondern wird durch wissenschaftliche Beweise erhärtet. Wenn uns unsere Suche nach der Bedeutung von Schmerz zu einer veränderten Haltung dem Schmerz gegenüber führt, sind unsere Bemühungen nicht umsonst. Bei der Erforschung eines verborgenen Sinns des Schmerzes machte Dr. Brand eine weitere bemerkenswerte Beobachtung. Viele seiner Lepra-Patienten berichten: »Natürlich kann ich meine Hände und Füße sehen; aber irgendwie fühlen sie sich nicht wie Teile von *mir* an. Ich empfinde sie eher als Werkzeuge.«

Demnach warnt und schützt uns der Schmerz nicht nur, sondern er *vereint uns*. Ohne Schmerzempfinden in unseren Händen oder Füßen erscheinen diese Glieder nicht länger als unserem Körper zugehörig.

Auf dieselbe Weise, wie physischer Schmerz uns mit unserem Körper »vereint«, können wir uns die generelle Schmerzerfahrung als Kraft vorstellen, die uns mit anderen verbindet. Vielleicht liegt hier sogar die letztendliche Bedeutung unserer Leiden. *Unser Leid bildet das Grundelement, das wir mit anderen gemein haben; es ist der Faktor, der uns mit allen Lebewesen verbindet.*

Wir beschließen unsere Diskussion des menschlichen Leidens mit der Anweisung des Dalai Lama zur Übung von *Tonglen*, auf die er schon vorher Bezug genommen hat. Der Zweck dieser Visualisationstechnik besteht in der Stärkung des Mitgefühls. Sie kann aber auch als ein machtvolles und hilfreiches Instrument bei der Umwandlung unserer persönlichen Leiden fungieren. In jeder Leidenssituation können wir diese Praxis nutzen, um unser Mitgefühl zu vertiefen. Hierzu stellen wir uns vor, dass wir andere leidende Wesen von ihrer Pein befreien, indem wir ihr Leid durch unser eigenes, stellvertretendes Leid absorbieren und auflösen.

Der Dalai Lama gab diese Anweisung an einem besonders heißen Septembernachmittag vor einer großen Zuhörerschaft in Tucson. Die Klimaanlage der Halle, die nicht nur gegen die brütenden Außentemperaturen der Wüste, sondern auch gegen die Hitze ankämpfen musste, die von sechzehnhundert Leibern erzeugt wurde, fiel schließlich aus. Die ansteigenden Temperaturen im Saal sorgten für generelles Unbehagen, das für die Meditation des Leidens besonders geeignet war!

»Lassen Sie uns am heutigen Nachmittag die Übung von ›Geben und Nehmen‹, *Tong-len*, meditieren. Diese Praktik zielt darauf ab, die Geistesschulung zu unterstützen und die natürliche Kraft des Mitgefühls in uns zu stärken. Die *Tong-len*-Meditation wirkt unserer Eigensucht entgegen, indem wir uns den Leiden anderer öffnen.

Zu Beginn dieser Übung visualisieren Sie neben sich eine Gruppe von Menschen, die dringender Hilfe bedürfen und die unter Armut, Elend und Schmerzen zu leiden haben. Stellen Sie sich diese Gruppe deutlich auf der einen Seite vor. Dann denken Sie sich selbst auf der anderen Seite als die Personifikation eines selbstsüchtigen Menschen, als jemanden mit einer gewohnheitsmäßig egoistischen Einstellung, dem das Wohlergehen und die Bedürfnisse der anderen gleichgültig ist. Zwischen dieser Gruppe von Leidenden und diesem egozentrischen Abbild Ihrer selbst stellen Sie sich in der Mitte als neutralen Beobachter vor.

Als Nächstes prüfen Sie, zu welcher Seite Sie sich natürlicherweise hingezogen fühlen. Neigen Sie stärker zu der Einzelperson, der Verkörperung der Selbstsucht? Oder zieht Ihre natürliche Anteilnahme Sie eher zu der Gruppe der Schwachen und Bedürftigen? Wenn Sie objektiv sind, können Sie erkennen, dass das Wohlergehen einer Gruppe oder einer großen Anzahl von Personen wichtiger ist als das eines Einzelnen.

Danach richten Sie Ihre Aufmerksamkeit auf die verzweifelten und bedürftigen Menschen. Konzentrieren Sie Ihre gesamte positive Energie auf sie. Übertragen Sie geistig Ihren Erfolg, Ihre Ressourcen und Tugenden auf diese Menschen. Anschließend visualisieren Sie, wie Sie all deren Leiden, Probleme und negative Aspekte auf sich nehmen.

Sie können sich beispielsweise ein unschuldiges hungerndes Kind aus Somalia vorstellen und erkunden, wie Sie entsprechend ihren natürlichen Veranlagungen auf dieses innere Bild reagieren. Sollten Sie in diesem Fall eine tiefe Anteilnahme an dem Leid dieses Kindes spüren, so basiert das nicht auf Betrachtungen wie ›Es ist ein Verwandter von mir‹ oder ›Es gehört zu meinen Freunden‹. Sie kennen das Kind nicht einmal. Aber der Umstand, dass es sich bei dem anderen um ein menschliches Wesen handelt und Sie selbst ebenfalls ein Mensch sind, lässt Ihre angeborene Fähigkeit zum Mitempfinden aktiv werden und erlaubt Ihnen, sich dem anderen zuzuwenden. Während der Visualisation denken Sie: ›Diesem Kind ist es nicht möglich, sich selbst aus seinem derzeitigen Elend und aus den akuten Schwierigkeiten zu befreien.‹

Dann nehmen Sie geistig all das Leid in Form von Armut, Hunger und dem Gefühl des Verlassenseins auf sich und schenken dem Kind all Ihre eigenen Ressourcen, Ihren Reichtum und Ihren Erfolg. Auf diese Art können Sie durch ›Geben und Nehmen‹ Ihren Geist trainieren. Wenn wir uns mit dieser Übung befassen, kann es manchmal hilfreich sein, sich zunächst die eigenen zukünftigen Leiden vor Augen zu führen, um dann, gestützt auf eine mitfühlende Haltung, dieses eigene Leid schon jetzt auf sich zu nehmen. Dies sollte mit dem ernsthaften Wunsch einhergehen, sich selbst von allen zukünftigen Leiden zu befreien. Nachdem Sie darin geübt sind, sich selbst gegenüber eine von Mitgefühl geprägte Geisteshaltung zu beziehen, können Sie diese Vorgehenweise ausweiten, um das Leiden der anderen auf sich zu nehmen.

Wenn Sie die Visualisation des ›Auf-sich-selbst-Nehmens‹ durchführen, ist es nützlich, sich die Leiden, Probleme und Schwierigkeiten in Form von giftigen Substanzen, gefährlichen Waffen oder Furcht einflößenden Tieren vorzustellen – also als etwas, das einen normalerweise beim bloßen

Anblick erschaudern lässt. Dergestalt visualisieren Sie sich die Leiden und absorbieren sie dann direkt in Ihr Herz.

Der Zweck dieser Vorstellung von negativen und Furcht erregenden Formen, die in unser Herz eingehen, besteht in der Auslöschung unserer dort angesiedelten selbstsüchtigen Haltungen. Für bestimmte Personen, die Probleme mit ihrem Selbstwertgefühl, mit Selbsthass oder eine geringe Selbstachtung haben oder aber auf sich selbst ärgerlich sind, ist es wichtig abzuwägen, ob diese spezielle Praktik angemessen ist oder nicht. Vielleicht ist sie es nicht.

Die *Tong-len*-Praktik kann recht kraftvoll werden, wenn Sie das ›Geben und Nehmen‹ mit dem Atem verbinden; das heißt, man lässt das ›Nehmen‹ mit der Einatmung einhergehen und das ›Geben‹ mit der Ausatmung. Wenn Sie diese Visualisation wirkungsvoll durchführen, kann sie Ihnen leichtes Unbehagen bereiten. Dies ist ein Anzeichen dafür, dass das Ziel getroffen wurde – die egozentrische, selbstbezogene Einstellung, die wir gewöhnlich in uns tragen. Jetzt lassen Sie uns meditieren.«

Zum Abschluss seiner Anweisungen zu *Tong-len* sprach der Dalai Lama einen wichtigen Punkt an. Keine Übung wird allen Menschen gleichermaßen zusagen oder ihnen angenehm sein. Auf unserer spirituellen Reise ist es für jeden von uns von Bedeutung, sich zu entscheiden, ob eine spezielle Praxis für uns relevant ist oder nicht. Manchmal scheint uns eine Übung am Anfang nicht anzusprechen, und damit sie ihre Wirkung entfalten kann, müssen wir sie gründlicher verstehen.

Dies war sicherlich bei mir der Fall, als ich an jenem Nachmittag den Ausführungen des Dalai Lama über *Tong-len* folgte. Ich merkte, dass mir die Übung nicht leicht fiel, dass ein gewisses Gefühl von Widerstand vorhanden war. Allerdings fühlte ich mich in jenem Moment nicht imstande, das Problem zu identifizieren. Später an jenem Abend dachte ich jedoch über die Anweisungen des Dalai Lama nach und begriff, dass sich mein Widerstand schon zu Beginn seiner Erklärungen entwickelt hatte, nämlich als er davon sprach, dass eine Gruppe von Menschen wichtiger sei als ein Einzelner. Diesen Gedanken hatte ich schon zuvor gehört, und zwar in *Star Trek* als »Vulcan Axiom« von Mr. Spock: *Die Bedürfnisse von vielen überwiegen gegenüber denen eines Einzelnen.* Aber das überzeugte mich nicht. Bevor ich jedoch mit dem Dalai Lama darüber sprach, holte ich die Meinung eines Freundes und langjährigen Buddhismus-Forschers ein – vielleicht weil ich nicht den Eindruck erwecken wollte, nur an mich selbst zu denken.

»Eine Sache stört mich ...«, sagte ich zu meinem Freund. »Wenn man erklärt, dass die Bedürfnisse vieler Menschen gegenüber den Bedürfnissen einer einzigen Person überwiegen, macht das zwar theoretisch Sinn, aber im Alltag haben wir es nicht mit Menschenmengen zu tun. Wir beschäftigen uns jeweils mit einer Person, sozusagen mit einer Reihe von Individuen. Warum sollten auf der Basis dieser ›Zweierbeziehung‹ die Bedürfnisse dieses Einzelnen wichtiger als meine eigenen sein? Ich bin ja schließlich auch ein einzelnes Individuum ... Wir sind alle gleich ...«

Mein Freund überlegte einen Augenblick. »Nun ja, das ist wahr. Aber wenn du wirklich versuchst, jeden Einzelnen als dir *wahrhaft* gleich gestellt anzusehen – als nicht wichtiger, aber auch nicht *weniger* wichtig –, dürfte das für den Anfang ausreichen.«

Daraufhin sprach ich dieses Thema dem Dalai Lama gegenüber nicht mehr an.

IV

Hindernisse überwinden

Der Prozess des Wandels

Wir haben die Möglichkeit erörtert, Glück zu erlangen, indem wir unsere negativen Verhaltensweisen und Denkgewohnheiten ablegen. Wie würden Sie vorgehen, um dies nun tatsächlich umzusetzen? Welches sind die konkreten Schritte bei der Überwindung negativen Verhaltens und der positiven Veränderung der eigenen Lebensweise?«, fragte ich.

»*Der erste Schritt besteht im Lernen, in der Ausbildung*«, antwortete der Dalai Lama. »Ich habe, glaube ich, bereits erwähnt, wie wichtig das Lernen ist ...«

»Meinen Sie unser Gespräch darüber, wie wichtig es ist zu lernen, dass die negativen Gefühle und Verhaltensweisen unsere Suche nach Glück behindern und die positiven Gefühle sie fördern?«

»Ja, genau. Das Lernen ist aber nur der erste Schritt in dem Prozess, sich selbst zum Positiven zu verändern. Weitere Faktoren sind Überzeugung, Entschlossenheit, Handeln und Bemühen oder Anstrengung. *Der zweite Schritt ist also die Entwicklung von Überzeugung.* Lernen und Ausbildung sind wichtig, weil sie uns helfen, unsere Überzeugung, dass wir uns ändern müssen, zu entwickeln und weil sie unsere Hingabe an diesen Vorsatz verstärken. *Die Überzeugung wandelt sich mit der Zeit und wird zu Entschlossenheit; und diese wiederum setzen wir in Handeln um* – die unumstößliche Entschlossenheit, sich zu ändern, befähigt uns schließlich zu dem verstärkten Bemühen, die Veränderung konkret herbeizuführen. *Dieser letzte Schritt, die nötige Anstrengung, ist entscheidend.*

Wenn Sie zum Beispiel das Rauchen aufgeben wollen, müssen Sie sich zuerst dessen bewusst werden, dass es dem

Körper schadet. Sie müssen etwas darüber lernen. Die Erziehung und die Verbreitung von Informationen über die schädlichen Wirkungen des Rauchens hat bereits zu einem veränderten Verhalten der Menschen geführt. Heute rauchen in westlichen Ländern sicherlich weniger Menschen als in einem kommunistischen Land wie China, weil ihnen die nötigen Informationen zugänglich sind. Aber *Lernen* allein reicht oft nicht aus.

Als Nächstes machen Sie sich die Schädlichkeit Ihres Verhaltens bewusst, bis Sie eine feste *Überzeugung* über die schädlichen Folgen des Rauchens entwickelt haben. Dies wiederum verstärkt Ihre *Entschlossenheit*, sich zu ändern. Schließlich müssen Sie noch die *Anstrengung* aufbringen, um die neuen Verhaltensweisen einzuüben. Auf diese Weise vollziehen sich innerer Wandel und Transformation, ganz gleich, um welches Thema oder welche Handlung es geht.

Gleichgültig, welches Verhalten Sie ändern wollen oder welches Ziel, welche Handlung Sie anstreben, am Anfang steht immer die Entwicklung des Willens oder eines starken Wunsches. Sie müssen großen Enthusiasmus für Ihr Ziel entwickeln. *Der Schlüsselfaktor dabei ist ein Gefühl der Dringlichkeit*, das sehr hilfreich bei der Überwindung von Problemen ist. Zum Beispiel hat das Wissen um die Gefahren von Aids viele Menschen dazu gedrängt, ihr Sexualverhalten zu ändern. Mir scheint, dass das Gefühl für die Notwendigkeit und die Handlungsbereitschaft wie von selbst entsteht, wenn wir umfassende und angemessene Informationen erhalten.

Die Überzeugung, dass etwas sehr dringend ist, kann also einen entscheidenden Impuls zur Veränderung liefern. Das lässt sich auch an politischen Bewegungen beobachten: Wenn die Verzweiflung groß genug ist, entsteht ein enormes Gefühl der Dringlichkeit, ja es kommt sogar vor, dass die Menschen in ihrem Streben Hunger und Erschöpfung vergessen.

Ein Sinn für die Dringlichkeit zum Handeln ist nicht nur für die Bewältigung persönlicher Probleme wichtig, sondern auch auf gesellschaftlicher und globaler Ebene. Bei meinem Besuch in St. Louis traf ich den dortigen Gouverneur, kurz nachdem seine Provinz von schweren Überschwemmungen heimgesucht worden war. Er erzählte mir, er habe zu Beginn der Katastrophe befürchtet, dass die Menschen aufgrund der starken individualistischen Tendenzen in der amerikanischen Gesellschaft nicht zusammenarbeiten könnten, obwohl die Situation große gemeinsame Anstrengungen erforderte. Er wurde jedoch von der Kooperationsbereitschaft der Menschen überrascht. Ihn beeindruckten der enorme Einsatz und die Zusammenarbeit, die sie zur Bewältigung der Überschwemmungsfolgen aufbrachten.

Dies zeigt meiner Meinung nach, dass wichtige Ziele nur dann erreicht werden, wenn ein deutliches Gefühl für die Dringlichkeit der Situation besteht. Nur dann schließen sich die Menschen wie in dem geschilderten Fall instinktiv zusammen und begegnen der Krise gemeinsam. Leider fehlt uns dieser Sinn für die Dringlichkeit sehr oft«, schloss er betrübt.

Mich überraschte es, ihn den Sinn für die Dringlichkeit so sehr betonen zu hören, da ich von der im Westen vorherrschenden stereotypen Vorstellung ausging, dass die asiatische Haltung des »Gewährenlassens« durch den Glauben an viele Wiedergeburten noch verstärkt werde; wenn es jetzt nicht geschieht, dann vielleicht beim nächsten Mal …

»Aber dann stellt sich die Frage, wie man diesen großen Enthusiasmus beziehungsweise diese Dringlichkeit für die Veränderung im Alltag entwickelt. Gibt es da einen spezifisch buddhistischen Ansatz?«, fragte ich.

»Praktizierende Buddhisten wenden viele verschiedene Techniken an, um Enthusiasmus und Vertrauen zu erzeugen«, antwortete der Dalai Lama. »Häufig werden Schriften des Buddha herangezogen, die den Wert des menschlichen Lebens verdeutlichen. Wir sprechen über das Potenzial, das in unserem Körper enthalten ist, über seine Bedeutung und die guten Möglichkeiten, für die es eingesetzt werden kann, über die Nützlichkeit und die Vorteile der menschlichen Gestalt und so weiter. Diese Diskussionen sollen ein Gefühl des Vertrauens und des Mutes schaffen und uns dazu verpflichten, unseren menschlichen Körper auf positive Weise zu nutzen.

Um dann ein Gefühl der Dringlichkeit zu fördern, das die Menschen veranlasst, sich spirituellen Praktiken zuzuwenden, wird auf die Unbeständigkeit unserer Existenz, auf den Tod, hingewiesen. In diesem Zusammenhang sprechen wir von der ganz konventionellen Vergänglichkeit, nicht von den subtileren Aspekten der Unbeständigkeit. Wir machen uns einfach bewusst, dass wir eines Tages nicht mehr da sein werden. Das Anerkennen der Vergänglichkeit und unsere Wertschätzung des enormen menschlichen Potenzials führen zu einem Gefühl der Dringlichkeit: *Ich muss unbedingt jeden kostbaren Moment nutzen.*«

»Die Kontemplation unserer Vergänglichkeit und Sterblichkeit scheint eine sehr kraftvolle Technik zu sein, die dazu motiviert, sich mit aller Dringlichkeit für positive Veränderungen einzusetzen«, bemerkte ich. »Könnte man sie nicht auch als Technik für Nicht-Buddhisten heranziehen?«

»Man muss vorsichtig sein, wenn man die verschiedenen Techniken auch auf Nicht-Buddhisten anwendet«, sagte er nachdenklich. »Möglicherweise sind sie eher für buddhistische Praktiken geeignet.« Er lachte. »Schließlich könnte ich ja dieselbe Meditation für genau den entgegengesetzten Zweck benutzen, indem ich mir sage: ›Vielleicht bin ich morgen schon tot, da will ich mich heute möglichst gut amüsieren.‹«

»Haben Sie Vorschläge, wie Nicht-Buddhisten ein Gefühl für die Dringlichkeit entwickeln könnten?«

»Wie ich bereits erklärt habe, ist dies der Punkt, an dem Lernen und Ausbildung wichtig werden. Zum Beispiel war ich mir der Umweltkrise nicht bewusst, ehe ich mit Experten und Spezialisten auf diesem Gebiet zusammenkam. Sobald sie mir klar machten, welchen Problemen wir heute gegenüberstehen, verstand ich den Ernst der Lage. Das lässt sich natürlich auf andere Probleme übertragen.«

»Aber manchmal bringen wir die nötige Energie für eine Veränderung nicht auf, obwohl wir informiert sind. Wie können wir den Mangel überwinden?« hakte ich nach.

Der Dalai Lama überlegte. »Die Gründe dafür fallen vermutlich in verschiedene Kategorien. Zum einen mögen biologische Faktoren dazu beitragen, dass ein Mensch apathisch ist oder dass es ihm an Energie mangelt. In diesem Fall sollte er vielleicht seine Lebensführung ändern. Ausreichender Schlaf, eine gesunde Ernährung, Verzicht auf Alkohol etc. werden seinen Geist wacher machen. Wenn eine Krankheit der Grund ist, muss man eventuell sogar auf Medikamente oder sonstige physische Heilmittel zurückgreifen. Aber es gibt ja noch eine andere Art von Apathie oder Faulheit, die aus einer gewissen Geistesschwäche erwächst ...«

»Ja, genau das meinte ich ...«

»Um diese Art von Apathie abzulegen und Hingabe und Enthusiasmus zur Überwindung der eigenen negativen Verhaltensweisen oder Denkgewohnheiten aufzubringen, gibt es nur eine effektive Methode: sich ständig der destruktiven Wirkung des negativen Verhaltens bewusst zu sein. Man muss sich wohl die destruktiven Folgen wieder und wieder in Erinnerung rufen.«

Das hörte sich sehr überzeugend an, doch als Psychiater wusste ich genau, wie tief einige negative Verhaltensmuster und Denkweisen sitzen können und wie schwer es manchen Menschen fällt, sich zu ändern. In der Annahme, dass hier komplexe psychodynamische Faktoren im Spiel seien, hatte ich unzählige Stunden damit verbracht, den Widerstand meiner Patienten gegen Veränderung unter die Lupe zu nehmen.

Aufgrund solcher Überlegungen fragte ich: »Die Menschen wollen ja häufig ihr Leben positiv verändern, sie wünschen sich ein gesünderes Verhalten und so fort. Aber dann befällt sie eine Art von Trägheit oder Widerstand ... Wie erklären Sie sich das?«

»Das ist ganz einfach ...«, begann er ungezwungen.

EINFACH?

»Der Grund dafür ist, dass wir uns daran gewöhnen, auf eine bestimmte Art und Weise zu handeln. Nach einer Weile sind wir dann verwöhnt und tun nur noch das, was uns gefällt oder was unseren Gepflogenheiten entspricht.«

»Und wie überwinden wir diesen Zustand?«

»Wir machen uns die Gewohnheitsbildung zunutze. *Indem wir etwas wieder und wieder tun, können wir unzweifelhaft neue Verhaltensmuster einüben.* Ich will Ihnen ein Beispiel geben: In Dharamsala beginne ich den Tag um 3.30 Uhr morgens; hier in Arizona stehe ich allerdings erst um 4.30 Uhr auf und bekomme eine Stunde mehr Schlaf«, lachte er. »Anfangs bedarf es einiger Anstrengung, um sich an einen solchen Rhythmus zu gewöhnen, aber nach wenigen Monaten ist er dann zur Routine geworden, und man braucht sich nicht mehr besonders darum zu bemühen.

Selbst wenn man einmal spät zu Bett geht und vielleicht gern einige Minuten länger schlafen möchte, wacht man immer um 3.30 Uhr auf, ohne einen besonderen Gedanken darauf zu verwenden, und beginnt seine täglichen Übungen. Das verdanken wir der Kraft der Gewohnheit.

Durch stetiges Bemühen können wir jegliche Form der negativen Konditionierung überwinden und positive Veränderungen in unserem Leben herbeiführen. Trotzdem sollten wir uns darüber im Klaren sein, dass sich echte Veränderungen nicht über Nacht einstellen. Nehmen wir zum Beispiel mich selbst. Vergleiche ich meinen normalen Geisteszustand von heute mit dem von vor zwanzig, dreißig Jahren, so erkenne ich einen großen Unterschied. Diesen Unterschied habe ich jedoch Schritt für Schritt entwickelt. Etwa im Alter von fünf oder sechs Jahren bekam ich den ersten Unterricht über Buddhismus, aber damals interessierte ich mich noch gar nicht dafür, und das, obwohl ich als höchste Reinkarnation betrachtet wurde«, lachte er.

»Ich glaube, ich begann erst mit etwa sechzehn Jahren, den Buddhismus wirklich ernst zu nehmen und eine echte religiöse Praxis auszuüben. Im Laufe vieler Jahre entwickelte ich dann eine tiefe Wertschätzung für die buddhistischen Prinzipien und Praktiken, die mir zunächst unmöglich und beinahe unnatürlich erschienen waren. Schließlich kamen sie mir aber viel natürlicher vor, und ich konnte etwas damit anfangen. Der Weg bestand in der allmählichen Gewöhnung, und dieser Prozess dauerte mehr als vierzig Jahre.

Sie sehen, wirkliche geistige Veränderung braucht Zeit. Wenn mir jemand erzählt: ›Im Laufe vieler Jahre und nach diversen Schwierigkeiten haben sich die Dinge geändert‹, kann ich das ernst nehmen, denn es besteht eine größere Wahrscheinlichkeit, dass die Veränderung echt und nachhaltig ist. Sagt mir dagegen jemand: ›In den letzten beiden Jahren habe ich mich sehr verändert‹, so halte ich das für unrealistisch.«

Obwohl der Ansatz des Dalai Lama zur persönlichen Veränderung zweifellos vernünftig war, schien mir ein Punkt nicht ausreichend erklärt zu sein.

»Sie haben darauf hingewiesen, dass einerseits für die Transformation des eigenen Geistes, für seine Veränderung zum Positiven sehr viel Enthusiasmus und Entschlossenheit nötig sind. Andererseits stimmen wir darin überein, dass wirkliche Veränderungen allmählich eintreten und lange dauern können«, stellte ich fest. »Wenn etwas viel Zeit in Anspruch nimmt, lassen wir uns leicht entmutigen. Waren Sie jemals wegen des langsamen Fortschritts in Ihrer religiösen Praxis oder in anderen Lebensbereichen entmutigt?«

»Ja, natürlich«, sagte er.

»Und wie reagieren Sie darauf?«, fragte ich.

»Was meine persönliche spirituelle Praxis betrifft, *so finde ich es bei auftretenden Hindernissen oder Problemen hilfreich, ein bisschen Abstand zu nehmen und mir die Schwierigkeiten eher aus einer langfristigen als aus einer kurzfristigen Perspektive anzuschauen*. In solchen Momenten denke ich oft an eine Strophe, die mir Mut macht und meine Entschlossenheit stärkt.

Sie lautet:

›Möge ich leben,
so lange der Raum währt,
so lange es fühlende Wesen gibt,
um das Leid der Welt zu zerstreuen.‹

Geht es jedoch um den Freiheitskampf Tibets, wäre diese Art von Glauben und die Bereitschaft, Äonen auszuharren – oder so lange der Raum währt und so fort –, eher dumm. Hier ist unmittelbares, aktives Engagement gefordert. Wenn ich an Tibets Freiheitskampf denke und an die vierzehn, fünfzehn Jahre ergebnisloser Bemühungen um Verhandlungen, an diese beinahe fünfzehn Jahre des Scheiterns, dann entsteht in mir schon ein gewisses Gefühl der Ungeduld oder der Frustration. Aber die Frustration lässt mich nicht die Hoffnung verlieren.«

»Was genau bewahrt Sie denn davor, die Hoffnung aufzugeben?«, fragte ich.

»Selbst im Hinblick auf die Situation in Tibet kann eine umfassendere Perspektive hilfreich sein. Wenn ich die Lage in Tibet aus einem engen Blickwinkel und isoliert betrachte, so erscheint sie beinahe hoffnungslos. Schaue ich jedoch aus einer weiteren, einer globalen Perspektive, so sehe ich, dass auf internationaler Ebene ganze kommunistische und totalitäre Systeme zusammenbrechen, dass sogar in China eine Demokratiebewegung existiert und die Tibeter nicht den Mut verlieren. Also gebe ich nicht auf.«

Angesichts seines umfassenden Hintergrunds und seiner Schulung in buddhistischer Philosophie und Meditation ist es besonders interessant, dass der Dalai Lama Lernen und Ausbildung als den ersten Schritt zur inneren Transformation nennt und nicht etwa mystische oder transzendentale spirituelle Praktiken. Obwohl Erziehung und Ausbildung allgemein als wichtig für das Erlernen neuer Fertigkeiten und für die Sicherung eines guten Arbeitsplatzes betrachtet werden, wird ihre Rolle als grundlegender Faktor auf dem Weg zum Glück meistens übersehen. Dabei erweisen Studien, dass selbst eine rein akademische Ausbildung in direktem Zusammenhang mit einem glücklicheren Leben steht. Zahlreiche Forschungen haben eine Korrelation zwischen höherer Bildung und besserer Gesundheit sowie einer längeren Lebensdauer aufgezeigt. Mehr noch, Bildung schützt vor Depressionen.

Bei dem Versuch, die Gründe für diesen wohl tuenden Effekt der Bildung zu ermitteln, argumentieren Wissenschaftler, dass sich Menschen mit höherer Bildung der gesundheitsgefährdenden Faktoren bewusster seien. Außerdem falle es ihnen leichter, sich einen gesünderen Lebensstil anzugewöhnen, sie hätten eine höhere Selbstachtung, verfügten über mehr Geschick bei Problemlösungen und über bessere Bewältigungsmechanismen – alles Faktoren, die zu einem gesünderen, glücklicheren Leben beitragen können.

Wenn also bereits ein Studium ein glücklicheres Leben bewirkt, wie viel einflussreicher kann dann erst die Art von Lernen und Ausbildung sein, von welcher der Dalai Lama spricht – einer Ausbildung, die sich darauf konzentriert, das volle Spektrum der Faktoren, die zu dauerhaftem Glück führen, zu verstehen und umzusetzen?

Die nächste Stufe auf dem Pfad der Wandlung, den der Dalai Lama beschreibt, ist »Entschlossenheit und Enthusiasmus«. Dieser Schritt wird auch von der zeitgenössischen westlichen Wissenschaft als ein wichtiger Faktor zum Erreichen der eigenen Ziele akzeptiert. Zum Beispiel untersuchte der Erziehungspsychologe Benjamin Bloom das Leben einiger erfolgreicher amerikanischer Künstler, Sportler und Wissenschaftler. Er entdeckte, dass es die Dynamik und Entschlossenheit und nicht das Naturtalent waren, die zum Erfolg auf dem jeweiligen Gebiet führten. Wenn das in anderen Bereichen zutrifft, darf man wohl annehmen, dass dieses Prinzip ebenso für die Kunst des Glücklichseins gilt.

Verhaltenswissenschaftler haben die Mechanismen, die unsere Handlungen hervorrufen, aufrechterhalten und steuern, gründlich erforscht und diese Disziplin das »Studium der menschlichen Motivation« genannt. Sie entdeckten drei Arten von Motiven.

Der erste Typ, *die primären Motive*, sind Triebe, die auf biologischen Bedürfnissen zur Sicherung des Überlebens beruhen. Hierher gehört zum Beispiel das Bedürfnis nach Nahrung, Flüssigkeit und Luft. Eine zweite Kategorie von Motiven bildet das menschliche *Bedürfnis nach Anregung und Information*. Man vermutet, es handele sich um ein angeborenes Verlangen, welches für die Entwicklung, Reifung und die Funktionen des Nervensystems erforderlich ist. Die dritte Kategorie, *die sekundären Motive*, besteht aus angelernten Bedürfnissen und Trieben. Viele sekundäre Motive sind verknüpft mit erworbenen Bedürfnissen nach Erfolg, Macht, Status oder Leistung.

Auf dieser Motivationsebene sind Verhalten und Antrieb durch soziale Kräfte und Ausbildung beeinflussbar. Hier berühren sich die modernen psychologischen Theorien und das Konzept der »Entwicklung von Entschlossenheit und Enthusiasmus« des Dalai Lama. Seiner Auffassung nach werden Enthusiasmus und Entschlossenheit jedoch nicht allein um des Verfolgens weltlicher Ziele willen entwickelt, sondern sie entstehen dadurch, dass man ein klareres Verständnis der Faktoren gewinnt, die zu wirklichem Glück führen. Außerdem werden sie dazu eingesetzt, höhere Ziele wie Güte, Mitgefühl und spirituellen Fortschritt zu erreichen.

»Anstrengung« oder »Bemühen« ist der letzte Faktor, der Veränderung bewirkt. Der Dalai Lama betrachtet die Anstrengung als einen notwendigen Aspekt beim Einüben neuer Gewohnheiten. Die Vorstellung, dass wir unsere negativen Verhaltensweisen und Denkgewohnheiten durch neue Konditionierung ändern können, wird von westlichen Psychologen nicht nur geteilt, sondern sie bildet sogar den Grundpfeiler der modernen Verhaltenstherapie. Diese stützt sich auf die Theorie, dass die Menschen größtenteils *gelernt* hätten, so zu sein, wie sie sind. Die Verhaltenstherapie bietet Strategien zur Neukonditionierung an und erweist sich auf einem breiten Spektrum von Problemen als effektiv.

Zwar wurde unlängst wissenschaftlich nachgewiesen, dass die genetische Veranlagung durchaus eine Rolle dabei spielt, wie ein Individuum auf die Welt reagiert. Dennoch sind die meisten Sozialwissenschaftler und Psychologen der Auffassung, dass ein hoher Anteil unseres Verhaltens, Denkens und Fühlens durch Lernen und Konditionierung bestimmt wird, die sich wiederum von unserer Erziehung und den sozialen und kulturellen Kräften unserer Umgebung ableitet. Da Verhaltensweisen also hauptsächlich durch Konditionierung entstehen und durch »Gewöhnung« verfestigt und vertieft werden, eröffnet sich dem Dalai Lama zufolge die Möglichkeit, schädliche oder negative Konditionierungen auszulöschen und durch hilfreiche, lebenserhaltende Konditionierungen zu ersetzen.

Eine stetige Anstrengung, die eigenen äußeren Verhaltensweisen zu ändern, hilft nicht nur, schlechte Gewohnheiten zu überwinden, sondern kann auch unsere zugrundeliegenden Haltungen und Gefühle wandeln. Experimente haben gezeigt, dass unser Verhalten nicht nur durch unsere Einstellung und unsere Charakterzüge bestimmt wird – was allgemein anerkannt ist –, sondern dass unser Verhalten umgekehrt auch unsere Einstellung verändern kann. Sogar ein künstlich hervorgebrachtes Lächeln oder Stirnrunzeln ist in der Lage, das entsprechende Gefühl, also Ärger oder Freude, hervorzurufen. Daraus lässt sich folgern, dass die reine Mechanik und die Wiederholung von positiven Verhaltensweisen einen echten inneren Wandel hervorzubringen vermögen.

Das könnte wichtige Konsequenzen für den Ansatz des Dalai Lama zur Gestaltung eines glücklichen Lebens haben. Beginnen wir zum Beispiel mit der einfachen Handlung, regelmäßig anderen zu helfen, auch wenn wir in keiner besonders freundlichen oder mitfühlenden Stimmung sind, so könnten wir eine innere Transformation erleben, während wir Schritt für Schritt aufrichtiges Mitgefühl entwickeln.

Realistische Erwartungen

Der Dalai Lama betont immer wieder, wie wichtig ein anhaltendes Bemühen um eine echte innere Transformation und Veränderung sei. Es handele sich um einen allmählichen

Prozess. Diese Einstellung steht in krassem Gegensatz zu der Fülle von Selbsthilfetechniken und -therapien »im Eilverfahren« – von »positiven Affirmationen« bis hin zu »Entdecke dein inneres Kind« –, die in den vergangenen Jahrzehnten im Westen so populär geworden sind.

Das Vorgehen des Dalai Lama zielt auf langsames Wachstum und Reifen. Er glaubt an die enorme, vielleicht sogar unbegrenzte Macht des Geistes – doch eines Geistes, der systematisch trainiert, konzentriert und über Jahre hinweg durch Erfahrung und wohlbegründete Vernunft geformt worden ist. Schließlich dauert es lange, das Verhalten und die Denkgewohnheiten zu erlernen, die zu unseren Problemen beitragen. Genauso lange brauchen wir, uns die neuen, das Glück fördernden Gewohnheiten anzueignen. Dazu sind folgende Faktoren unerlässlich: Entschlossenheit, Anstrengung und Zeit. Sie sind die eigentlichen Geheimnisse auf dem Weg zum Glück.

Wenn wir uns auf den Pfad der Veränderung begeben, müssen unsere Erwartungen angemessen sein. Stecken wir sie zu hoch, ist die Enttäuschung schon vorprogrammiert. Setzen wir sie zu niedrig an, ersticken wir unsere Bereitschaft, Grenzen zu überschreiten und unser wahres Potenzial zu verwirklichen. Nach unserem Gespräch über den Prozess des Wandels erklärte der Dalai Lama:

»Man vergesse auf seinem gemächlichen Weg zum Endziel nie, wie wichtig eine realistische Haltung ist – eine sensible und respektvolle Haltung gegenüber der konkreten Realität der eigenen Situation. Man sei sich der Schwierigkeiten des Weges und der Tatsache bewusst, dass man viel Zeit und einen langen Atem brauchen wird. Es kommt darauf an, eine klare Unterscheidung zwischen den eigenen *Idealen* und den *Maßstäben* zu treffen, an denen man seinen Fortschritt misst.

Als Buddhist zum Beispiel strebt man sehr hohe Ideale an, denn man erwartet letztlich die volle Erleuchtung. Das Streben nach dem Ideal der vollen Erleuchtung ist an sich noch kein Extrem – im Gegensatz zu der Erwartung, das Ziel schnell, hier und jetzt zu erreichen. Wer das *Ideal* zum *Maßstab* macht, wird unweigerlich enttäuscht und gibt die Hoffnung auf, wenn er die Erleuchtung nicht rasch erlangt. Deshalb benötigt man einen realistischen Ansatz.

Sagt man sich aber: ›Ich werde mich ganz auf das Hier und Jetzt konzentrieren; das ist am praktischsten, und mir ist die Zukunft oder das Erlangen der Buddhaschaft gleichgültig‹, dann handelt es sich um ein weiteres Extrem. Wir brauchen also eine Methode, die in der Mitte liegt; wir benötigen Ausgewogenheit.

Erwartungen sind ein sehr heikles Thema. Einerseits führen überhöhte Erwartungen ohne solide Grundlage gewöhnlich zu Problemen. Andererseits gibt es ohne Erwartungen und Hoffnungen – ohne Ehrgeiz – keinen Fortschritt. Ein gewisses Maß an Hoffnung ist unerlässlich. Es ist also schwer, den Mittelweg zu finden. Man muss jede Situation individuell beurteilen.«

Mich bedrängten immer noch Zweifel. Wenn wir uns die Zeit nehmen und uns die erforderliche Mühe geben, können wir natürlich einige unserer negativen Haltungen und Gewohnheiten modifizieren, dachte ich, aber ist es möglich, die negativen Gefühle wirklich auszulöschen?

Ich begann: »Wir haben darüber gesprochen, dass das höchste Glück nur zu erlangen ist, wenn wir unsere negativen Verhaltensweisen und Gefühle wie Ärger, Hass, Habgier völlig beseitigen …«

Der Dalai Lama nickte.

»Aber diese Emotionen sind doch anscheinend ein Teil

unserer natürlichen psychischen Ausstattung. Alle Menschen sind diesen negativen Gefühlen auf die eine oder andere Art ausgesetzt. Wenn das zutrifft, wie realistisch ist es dann, einen Teil von uns selbst zu hassen, zu verleugnen und zu bekämpfen? Ich halte den Versuch, etwas zu entfernen, das doch ein Teil unseres Wesens ist, für unnatürlich.«

Der Dalai Lama schüttelte den Kopf. »Manche Menschen nehmen an, dass Ärger, Hass und andere negative Gefühle zur Natur des Geistes gehören. Da sie ein Teil unserer natürlichen psychischen Ausstattung seien, könnten sie keinesfalls geändert werden. Aber das ist falsch. Zum Beispiel werden wir alle in einem unwissenden Zustand geboren, der demnach natürlich wäre. Jedenfalls sind wir als Kinder ziemlich unwissend.

Wenn wir älter werden, können wir uns Tag für Tag durch Erziehung und Lernen Wissen aneignen und so die Unwissenheit allmählich beseitigen. Verharren wir jedoch in einem Zustand, in dem wir das Lernen verschmähen, werden wir die Unwissenheit nicht verringern. Wenn wir uns diesem ›natürlichen Zustand‹ ohne jegliches Bemühen um Veränderung überlassen, können die Gegenkräfte Ausbildung und Lernen nicht greifen.

Ebenso ist es möglich, schrittweise unsere negativen Emotionen zu verringern und die positiven Geisteszustände wie Liebe, Barmherzigkeit und Vergebung zu vermehren.«

»Wenn diese Dinge aber doch zu unserer Psyche gehören? Wie können wir etwas erfolgreich bekämpfen, das doch ein Teil von uns selbst ist?«

»Denkt man über den Kampf gegen die negativen Emotionen nach, ist es nützlich zu wissen, wie die menschliche Psyche funktioniert«, antwortete der Dalai Lama. »Sie ist natürlich sehr kompliziert, aber auch äußerst flexibel, denn sie kann sich auf eine Vielzahl von Situationen und Umständen einstellen. Die Psyche verfügt nämlich über die Fähigkeit, unterschiedliche Probleme aus ganz verschiedenen Perspektiven anzugehen.

In der buddhistischen Praxis wird diese Fähigkeit, verschiedene Standpunkte einzunehmen, in einer Reihe von Meditationen genutzt, in denen wir verschiedene Aspekte unseres Selbst mental isolieren und dann in einen Dialog mit ihnen treten. Beispielsweise gibt es eine Meditation zur Förderung des Altruismus, in der man einen Dialog zwischen dem Selbst in seiner ›egozentrischen Einstellung‹ und dem Selbst als spirituell Praktizierendem beginnt. Ganz ähnlich kann man auch mit Zorn und Hass umgehen, obwohl es sich um Eigenschaften des eigenen Geistes handelt. Man stelle sich seinen Zorn und Hass einfach als Objekte vor und bekämpfe sie.

Ein weiteres Beispiel kennen wir aus der Alltagserfahrung: Häufig befinden wir uns in Situationen, in denen wir uns selbst kritisieren oder anklagen. Wir sagen dann etwa: ›Neulich war ich so enttäuscht von mir.‹ Und wir fangen an, uns zu kritisieren. Oder wir beschimpfen uns selbst, weil wir etwas falsch gemacht oder etwas unterlassen haben, und werden dann wütend auf uns. In all diesen Fällen stehen wir bereits im Dialog mit uns selbst. In Wirklichkeit existieren keine zwei unterschiedlichen Formen des ›Selbst‹, sondern es gibt nur ein Kontinuum. Trotzdem hat es Sinn, sich selbst zu kritisieren und wütend auf sich zu werden. Das wissen wir alle aus eigener Erfahrung.

Das heißt, wir können zwei verschiedene Perspektiven einnehmen, obwohl es sich um das Kontinuum ein und derselben Person handelt. Und was passiert, wenn wir uns selbst kritisieren? Das kritische ›Selbst‹ spricht aus der Sicht unserer selbst als Ganzem, aus unserem umfassenderen Sein heraus; das kritisierte ›Selbst‹ hingegen spricht aus der Sicht einer Situation oder einer bestimmten Erfahrung. Auf diese Weise ist eine Beziehung zwischen dem einen und dem anderen Selbst möglich.

Um diesen Punkt zu vertiefen, ist es nützlich, über die verschiedenen Aspekte der eigenen Identität nachzudenken. Nehmen wir einen tibetischen buddhistischen Mönch als Beispiel. Dieser Mann kann ein Gefühl persönlicher Identität daraus gewinnen, dass er sich als Mönch sieht: ›Ich als Mönch.‹ Außerdem kann es für ihn eine persönliche Identitätsebene geben, die weniger mit der Tatsache, dass er Mönch ist, als mit seiner ethnischen Zugehörigkeit zu tun hat: ›Ich als Tibeter.‹ Auf einer noch anderen Ebene mögen weder seine Herkunft noch sein Status als Mönch eine besondere Rolle für seine Identität spielen. Hier mag er denken: ›Ich als Mensch.‹ Das meine ich, wenn ich von verschiedenen Perspektiven innerhalb der persönlichen Identität spreche.

Daraus folgt, dass wir, wenn wir uns begrifflich auf etwas beziehen, ein und dasselbe Phänomen aus vielen verschiedenen Blickwinkeln zu betrachten imstande sind. Diese Fähigkeit ist ausgesprochen selektiv: Wir können uns auf einen Blickwinkel konzentrieren, auf einen besonderen Aspekt des Phänomens, oder eine bestimmte Perspektive einnehmen. Das ist von großer Bedeutung, wenn wir versuchen, negative Aspekte unserer Person zu identifizieren und abzulegen oder positive Züge zu verstärken. *Aufgrund unserer Fähigkeit, verschiedene Perspektiven einzunehmen, können wir einzelne Aspekte unserer selbst, die wir ausschalten wollen, isolieren und dann bekämpfen.*

Gehen wir diesem Thema weiter nach, so stellt sich eine sehr wichtige Frage: Wir mögen ja den Kampf gegen Ärger, Hass und die anderen negativen Geisteszustände aufnehmen, aber welche Garantie oder Bestätigung gibt es denn dafür, dass es überhaupt möglich ist, sie zu besiegen?

Wenn ich von negativen Geisteszuständen spreche, beziehe ich mich auf das, was mit dem tibetischen Wort *Nyön Mong* oder dem Sanskritbegriff *Klesha* gemeint ist. Wörtlich bedeutet dieser Ausdruck: ›Das, was von innen her Leiden schafft.‹ Aus Gründen der Kürze wird er häufig mit ›Verblendung‹ übersetzt. Das tibetische Wort *Nyön Mong* vermittelt anschaulich, dass es um ein emotionales und kognitives Geschehen geht, das unserem Geist spontan zustößt, unseren inneren Frieden zerstört und die Psyche durcheinander bringt.

Wenn wir sehr aufmerksam sind, ist es leicht, die Leid verursachende Natur solcher Verblendungen zu erkennen, weil sie dazu tendieren, unsere Ruhe und Geistesgegenwart zu zerstören. Aber es ist viel schwieriger zu ermitteln, ob wir sie überwinden können. Diese Frage zielt direkt darauf ab, ob es möglich ist, unser ganzes spirituelles Potenzial auszuschöpfen. Und das wiederum ist eine sehr ernste und schwierige Frage.

Auf welche Argumente stützt sich nun die Auffassung, dass die Leid verursachenden Gefühle und psychischen Ereignisse, das heißt die Verblendungen, endgültig überwunden und aus unserem Geist entfernt werden können? Im Buddhismus gibt es drei Prämissen oder Voraussetzungen, die uns zu dieser Annahme berechtigen.

Die erste Prämisse lautet: Alle verblendeten Geisteszustände, alle Leid verursachenden Gefühle und Gedanken sind grundsätzlich verzerrt, denn sie wurzeln in einer falschen Wahrnehmung der eigentlichen Realität der Situation. Gleichgültig, wie stark die negativen Emotionen sind, sie haben keine wirklich zuverlässige Basis in uns, denn sie stützen sich auf Unwissenheit. Dagegen beruhen die positiven Emotionen und Geisteszustände wie Liebe, Mitgefühl, Einsicht etc. auf einer soliden Grundlage. Sobald der eigene Geist diese positiven Zustände erlebt, erfährt er keine Verzerrung mehr. Außerdem sind die positiven Faktoren in der Realität verankert. Wir können sie anhand unserer eigenen Erfahrung überprüfen. Und sie sind in der Vernunft und in unserem Verständnis begründet und tief verwurzelt. Darüber hinaus können wir das Potenzial aller positiven Geisteszustände unbegrenzt erweitern und ausdehnen, wenn wir sie stetig trainieren und uns an sie gewöhnen ...«

»Würden Sie bitte noch ein wenig ausführlicher erklären, was Sie damit meinen, dass die negativen Geisteszustände keine ›zuverlässige Basis‹ hätten, während die positiven auf ›einer soliden Grundlage‹ beruhten?«, unterbrach ich ihn.

»Nun, Mitgefühl oder Erbarmen gilt zum Beispiel als positive Emotion. Wenn Sie Mitgefühl in sich selbst entwickeln wollen, machen Sie sich als Erstes klar, dass Sie Leid vermeiden möchten und ein Recht auf Glück haben. Das lässt sich anhand Ihrer eigenen Erfahrung nachweisen. Als Nächstes akzeptieren Sie, dass andere Menschen ebenso wie Sie selbst Leid vermeiden möchten und ein Recht auf Glück haben. Das ist die Grundlage für die Erzeugung von Erbarmen.

Im Wesentlichen unterscheiden wir zwei Arten von Gefühlen oder Geisteszuständen: positive und negative. Eine Möglichkeit festzustellen, in welche der beiden Kategorien ein Gefühl gehört, ist das Verständnis dafür, dass die positiven Gefühle sich rechtfertigen lassen, die negativen dagegen nicht. In einem früheren Gespräch haben wir zum Beispiel festgestellt, dass das Verlangen positiv oder negativ sein kann. Jedes Verlangen oder dringende Bedürfnis nach lebensnotwendigen Dingen ist positiv. Es ist einfach zu rechtfertigen, denn es beruht auf der Tatsache, dass wir alle existieren und ein Recht auf Überleben haben. Dazu wiederum sind ganz bestimmte Dinge nötig – es gibt grundsätzliche Bedürfnisse, die erfüllt werden müssen. Diese Art von Verlangen hat also eine zuverlässige Basis.

Negative Arten von Verlangen wie exzessive Gelüste und Habgier haben dagegen keine gültige Basis und verursachen häufig nur Ärger und Komplikationen in unserem Leben. Solche Arten des Verlangens beruhen oft einfach auf einem Gefühl der Unzufriedenheit und der Begierde, obwohl die ersehnten Dinge keineswegs notwendig sind. Das ist gemeint, wenn wir sagen, dass die positiven Gefühle eine solide und zuverlässige Basis besitzen, die den negativen Gefühlen fehlt.«

Der Dalai Lama fuhr mit seiner Untersuchung der menschlichen Psyche fort, wobei er ihre verschiedenen Funktionen mit derselben Gewissenhaftigkeit analysierte wie ein Botaniker, der seltene Blumenarten klassifiziert.

»Damit kommen wir zu der zweiten Prämisse, auf die wir die Auffassung stützen, dass unsere negativen Gefühle endgültig ausgeschaltet und aus unserem Geist entfernt werden können. *Diese Prämisse beruht auf der Tatsache, dass unsere positiven Geisteszustände als Mittel gegen unsere negativen Tendenzen und verblendeten Geisteszustände wirken können. Daher lautet die zweite Prämisse: In dem Maße, wie man die als Gegenmittel geeigneten Faktoren stärkt und ihren Effekt fördert, schwächt man die Kraft der geistigen und emotionalen Leidzustände* – und damit deren Einfluss und Wirkung.

Bei der Erörterung der Ausschaltung von negativen Geisteszuständen sollten wir einen Punkt besonders im Auge behalten: Im Rahmen der buddhistischen Praxis wird die Förderung ganz bestimmter positiver geistiger Eigenschaften wie Geduld, Toleranz, Güte und so fort als gezieltes Mittel gegen negative Geisteszustände wie Ärger, Hass und Anhaftung eingesetzt. Dabei kann die Anwendung von Gegenmitteln wie Liebe und Mitgefühl die Intensität oder den Einfluss psychischer und emotionaler Leidensursachen zwar deutlich verringern, aber da sie nur darauf abzielt, ganz spezifische oder individuelle leidhafte Emotionen zu beseitigen, ist sie in gewisser Hinsicht nur eine Teillösung.

Die leidhaften Emotionen wie Anhaftung und Hass gehen letztendlich auf Unwissenheit zurück – auf eine falsche Auffassung von der wahren Natur der Realität. Deshalb – und in diesem Punkt scheinen alle buddhistischen Traditionen übereinzustimmen – muss man zur *vollständigen* Überwindung aller negativen Tendenzen das Mittel gegen die Unwissenheit anwenden, den ›Faktor Weisheit‹. Dies ist unerlässlich. Der ›Faktor Weisheit‹ umfasst das Erlangen von Einsicht in die wahre Natur der Realität.

Im Buddhismus kennen wir nicht nur spezifische Mittel gegen ganz bestimmte Geisteszustände, zum Beispiel Geduld und Toleranz gegen Ärger und Hass, sondern auch ein allgemeines Mittel – die Einsicht in die letztendliche Natur der Realität –, das gegen alle negativen Geisteszustände einzusetzen ist. Es ist so ähnlich, als wolle man sich einer giftigen Pflanze entledigen: Man kann die schädliche Wirkung der Pflanze verhindern, indem man bestimmte Äste und Blätter abschneidet, oder man kann gleich die ganze Pflanze vernichten, indem man sie an den Wurzeln packt und vollständig herauszieht.«

Zum Abschluss seiner Darstellung der Möglichkeiten, unsere negativen Geisteszustände zu beenden, erklärte der Dalai Lama: »Die dritte Prämisse lautet: Die eigentliche Natur des Geistes ist rein. Das beruht auf dem Glauben daran, dass das fundamentale subtile Bewusstsein nicht von negativen Emotionen getrübt ist. Es ist von seiner Natur her rein, ein Zustand, der oft ›das klare Licht des Geistes‹ genannt wird. Diese eigentliche Natur des Geistes bezeichnet man auch als Buddha-Natur. Und da die negativen Emotionen eben kein zur Buddha-Natur gehörender Teil unserer Psyche sind, ist es möglich, sie ganz auszuschalten und den Geist von ihnen zu reinigen.

Das heißt, der Buddhismus akzeptiert auf der Grundlage dieser drei Prämissen, dass es möglich ist, alle geistigen und emotionalen Leid verursachenden Zustände endgültig zu beseitigen, indem man ihnen entgegenwirkende Kräfte wie Liebe, Mitgefühl, Toleranz, Verzeihen kultiviert sowie andere Mittel, etwa Meditation, anwendet.«

Ich hatte den Dalai Lama bereits früher einmal über die Vorstellung sprechen hören, dass die grundsätzliche Natur des Geistes rein sei und wir die Fähigkeit besäßen, unsere negativen Denkgewohnheiten völlig aufzugeben. Damals hatte er den Geist mit einem Glas schmutzigen Wassers verglichen. Die leidhaften Geisteszustände setzte er mit den Schmutzpartikeln oder »Unreinheiten« gleich, die man entfernen kann, sodass die zugrunde liegende »reine« Natur des Wassers zum Vorschein kommt. Das erschien mir zu abstrakt. Deshalb unterbrach ich ihn, um das Gespräch wieder auf praktischere Belange hinzusteuern.

»Nehmen wir an, wir akzeptierten die Möglichkeit, dass wir uns unserer negativen Emotionen völlig entledigen können, und unternehmen sogar erste Schritte in diese Richtung«, sagte ich. »Aus unseren Diskussionen schließe ich jedoch, dass es einer ungeheuren Anstrengung bedarf, diese Aspekte in uns zu beseitigen. Man braucht ein gründliches Studium, Kontemplation, die unablässige Anwendung von Gegenmitteln, intensive Meditationspraxis und so fort. Das mag einem Mönch möglich sein oder jemandem, der viel Zeit und Aufmerksamkeit für solche Dinge erübrigen kann.

Aber wie steht es mit einem ganz gewöhnlichen Menschen, der vielleicht verheiratet ist, einem Beruf nachgeht und keinesfalls die Zeit und Gelegenheit für so intensive

Techniken hat? Wäre es für solche Menschen nicht sinnvoller, sie würden einfach lernen, wie sie ihre Leid verursachenden Emotionen kontrollieren, mit ihnen leben und angemessen mit ihnen umgehen können, statt gleich auf deren Beseitigung abzuzielen? Das wäre mit der Situation von Diabetes-Patienten vergleichbar. Sie können oft nicht vollständig geheilt werden, aber indem sie auf ihre Ernährung achten, Insulin nehmen und so weiter, können sie die Diabetes unter Kontrolle bekommen und ohne die Symptome und andere Folgen der Krankheit leben.«

»Ja, genau so ist es!«, antwortete er begeistert. »Ich bin ganz Ihrer Meinung. Jeder Schritt dahin, dass wir lernen, wie wir den Einfluss der negativen Emotionen verringern können, und sei er auch noch so klein, ist sehr hilfreich. Er kann unzweifelhaft dazu beitragen, dass wir ein glücklicheres und befriedigenderes Leben führen. Es ist aber auch möglich, dass Laien – also Menschen, die Arbeit und Familie und eine sexuelle Beziehung zum Ehepartner haben – ein hohes Niveau spiritueller Verwirklichung erreichen. Mehr noch, es gibt sogar Menschen, die erst relativ spät im Leben, als sie vierzig, fünfzig oder sogar achtzig Jahre alt waren, mit ernsthafter Praxis begannen und trotzdem noch hochverwirklichte Meister wurden.«

»Sind Sie persönlich vielen Menschen begegnet, die nach Ihrer Ansicht ein so hohes Niveau erreicht haben?«, fragte ich.

»So etwas ist sehr, sehr schwer zu beurteilen. Ich glaube, echte Meister brüsten sich nie mit ihren Leistungen«, lachte er.

Im Westen wenden sich viele Menschen der Religion als einer Quelle des Glücks zu. Doch der Ansatz des Dalai Lama unterscheidet sich fundamental von dem vieler westlicher Religionen, da er die Vernunft und die Geistesschulung wesentlich stärker betont als den Glauben. In mancher Hinsicht ähnelt die Methode des Dalai Lama einer geistbezogenen Wissenschaft, welche die Menschen ähnlich nutzen könnten wie die Psychotherapie.

Aber die Empfehlungen des Dalai Lama gehen darüber hinaus. Während wir psychotherapeutische Techniken, etwa die Verhaltenstherapie, einsetzen, um bestimmte schlechte Gewohnheiten – Rauchen, Trinken, Temperamentsausbrüche – abzubauen, liegt es uns fern, positive Eigenschaften – Liebe, Mitgefühl, Geduld, Großmut – als Waffen gegen alle negativen Gefühle und Geisteszustände zu kultivieren. Die Methode des Dalai Lama zur Erlangung von Glück beruht auf der revolutionären Idee, dass negative Geisteszustände kein unserer Psyche von Natur aus innewohnender Teil sind, sondern nur vergängliche Hindernisse, die unseren natürlichen Zustand der Freude und des Glücks hemmen.

Die meisten traditionellen psychotherapeutischen Schulen im Westen konzentrieren sich eher darauf, dem Patienten beizubringen, wie er mit seiner Neurose leben kann, statt eine Generalüberholung seiner Weltsicht anzustreben. Sie erforschen die Biografie des Patienten, seine Beziehungen und täglichen Erfahrungen (Träume und Fantasien eingeschlossen) und sogar sein Verhältnis zum Therapeuten. So versuchen sie, die inneren Konflikte des Einzelnen zu lösen, wobei auch unbewusste Motive und Psychodynamik berücksichtigt werden, die zu den Problemen und dem Unwohlsein beitragen mögen. Diese Methoden zielen auf gesündere Bewältigungsstrategien, Anpassung und eine Linderung der Symptome ab, nicht aber auf ein zweckgerichtetes Training des Geistes, um glücklich zu werden.

Der wohl herausragende Aspekt der Geistesschulung des Dalai Lama beruht auf der Idee, *dass positive Geisteszustände als direkte Mittel gegen negative Geisteszustände wirken können.* Sucht man nach Parallelen im modernen Behaviourismus, kommt vielleicht die kognitive Therapie diesem Ansatz am nächsten. Diese Form der Psychotherapie ist in den vergangenen Jahrzehnten zunehmend populärer geworden und hat sich bei der Behandlung einer breiten Vielfalt allgemeiner Probleme als sehr effektiv erwiesen, vor allem bei Gemütskrankheiten wie Depression und Angstzuständen. Die moderne kognitive Therapie, die von Psychotherapeuten wie Dr. Albert Ellis und Dr. Aaron Beck entwickelt wurde, beruht auf der Vorstellung, dass unsere aufwühlenden Emotionen und unser Fehlverhalten von Verzerrungen des Denkens und irrationalen Überzeugungen verursacht werden. Die Therapie konzentriert sich darauf, dem Patienten zu helfen, seine verzerrten Denkweisen systematisch zu identifizieren, zu prüfen und zu korrigieren. Die korrekten Denkweisen werden gewissermaßen zu Gegenmitteln für die verzerrten Denkgewohnheiten, die das Leiden des Patienten verursachen.

Nehmen wir zum Beispiel an, dass eine Person von einer anderen zurückgewiesen wird und darauf übermäßig verletzt reagiert. Der kognitive Therapeut hilft der Person nun zunächst, die zugrunde liegende irrationale Überzeugung zu identifizieren, etwa: »Ich muss jederzeit von beinahe jeder bedeutsamen Person in meinem Leben geliebt und anerkannt werden, und wenn nicht, ist alles ganz schrecklich, und ich bin überhaupt nichts wert.«

Danach konfrontiert der Therapeut den Patienten mit Beweismaterial, das diesen unrealistischen Glauben infrage stellt. Obwohl dieser Ansatz oberflächlich wirken mag, haben viele Studien gezeigt, dass die kognitive Therapie funktioniert. Was beispielsweise die Depression betrifft, so argumentieren kognitive Therapeuten, dass es die eigenen negativen, selbstverachtenden Gedanken seien, die der Depression zugrunde liegen. Ähnlich wie die Buddhisten alle Leid verursachenden Emotionen als verzerrt betrachten, bezeichnen auch kognitive Therapeuten die negativen, Depressionen auslösenden Gedanken als »im Wesentlichen verzerrt«.

Bei Depressionen kann das Denken dadurch verzerrt sein, dass alle Ereignisse nur im Sinne eines Entweder-oder oder übermäßig verallgemeinernd gesehen werden (zum Beispiel: Wenn man einen Arbeitsplatz verliert oder das Klassenziel nicht erreicht, denkt man automatisch: »Ich bin ein völliger Versager.«). Oder die Verzerrung entsteht dadurch, dass man selektiv nur ganz bestimmte Ereignisse wahrnimmt (zum Beispiel mögen an einem Tag drei gute und zwei schlechte Dinge passieren, aber die depressive Person ignoriert die guten und konzentriert sich nur auf die schlechten).

Bei der Behandlung der Depression wird der Therapeut den Patienten daher ermutigen, das automatische Auftauchen negativer Gedanken (zum Beispiel: »Ich bin völlig wertlos.«) zu beobachten und diese verzerrten Gedanken aktiv zu korrigieren, indem er Informationen und Beweise sammelt, die dagegen sprechen (zum Beispiel: »Ich habe immerhin zwei Kinder großgezogen.«, »Ich bin eine talentierte Sängerin.«, »Ich bin ein guter Freund.«, »Ich habe einen schwierigen Job erledigt.« etc.). Forscher haben nachgewiesen, dass es die eigenen Gefühle verändern und die Stimmung verbessern kann, wenn man die verzerrten Denkweisen durch zutreffende Gegendarstellungen ersetzt.

Allein die Tatsache, dass wir unsere Gefühle verändern und unseren negativen Gedanken entgegenwirken können, indem wir zu alternativen Denkweisen greifen, erhärtet den Standpunkt des Dalai Lama, dass wir unsere negativen Geisteszustände durch den Einsatz von »Gegenmitteln« oder die entsprechenden positiven Geisteszustände überwinden können. Verbinden wir diese Tatsache mit den aktuellen wissenschaftlichen Belegen dafür, dass sich Struktur und Funktion des Gehirns durch die gezielte Kultivierung neuer Denkweisen verändern lassen, dann scheint die Idee, dass wir durch Geistesschulung Glück erlangen können, eine sehr reale Möglichkeit zu sein.

Der Umgang mit Zorn und Hass

Begegnest du einem Menschen, der von einem Pfeil getroffen wurde, so überlegst du nicht lange, wer den Pfeil abgeschossen hat oder welcher Kaste der Schütze angehört oder aus welchem Holz der Pfeilschaft besteht und welche Technik für die Herstellung der Spitze benutzt wurde. Nein, du solltest dich sofort daranmachen, den Pfeil herauszuziehen.«

Buddha Shakyamuni

Wenden wir uns nun den »Pfeilen«, den negativen Geisteszuständen, die unser Glück beeinträchtigen, und den entsprechenden Gegenmitteln zu. Alle negativen Geisteszustände hindern uns daran, glücklich zu sein. Aber wir wollen mit dem Zorn beginnen, denn er scheint eines der größten Hindernisse zu sein. Einer der Stoiker, der Philosoph Seneca, nannte ihn »das schrecklichste und wahnsinnigste aller Gefühle«. Die destruktive Wirkung von Zorn und Hass wurde in mehreren neueren wissenschaftlichen Studien nachgewiesen. Natürlich bedarf es keiner wissenschaftlichen Indizien, um festzustellen, dass diese Gefühle unsere Urteilsfähigkeit beeinträchtigen, extremes Unbehagen erzeugen und unsere persönlichen Beziehungen zerstören können. Das wissen wir aus eigener Erfahrung.

In den letzten Jahren sind jedoch große Fortschritte bei der Erforschung und Dokumentation der schädlichen Wirkung von Zorn und Feindseligkeit auf den Körper erzielt worden. Dutzende von Studien zeigen, dass diese Gefühle eine signifikante Ursache für schwere Krankheiten und vorzeitigen Tod sind. Forscher wie Dr. Redford Williams von der Duke University oder Dr. Robert Sapolsky von der Stanford University haben demonstriert, dass sich Zorn, Wut und Feindseligkeit ganz besonders schädlich auf das kardiovaskuläre System auswirken. Inzwischen sind die Beweise so zahlreich, dass Feindseligkeit heute als ein Hauptrisikofaktor für Herzkrankheiten gilt – mindestens ebenso schwerwiegend, wenn nicht noch gravierender als die traditionell anerkannten Risikofaktoren wie ein hoher Cholesterinspiegel oder Bluthochdruck.

Akzeptieren wir die schädliche Wirkung von Zorn und Hass, so stellt sich als Nächstes die Frage: Wie überwinden wir sie?

An meinem ersten Arbeitstag als psychiatrischer Berater an einer Therapieeinrichtung zeigte mir eine Kollegin gerade mein neues Büro, als laute Schreie durch den Flur hallten, die mir die Haare zu Berge stehen ließen.

»Ich bin wütend!«

»Lauter!«

»ICH BIN WÜTEND!«

»LAUTER! ZEIGS MIR! LASS ALLES RAUS!«

»ICH BIN WÜTEND!! ICH BIN WÜTEND!! ICH HASSE DICH!! ICH HASSE DICH!!«

Es hörte sich wirklich schrecklich an. »Das klingt nach einer Krise, um die man sich dringend kümmern müsste«, bemerkte ich zu der Kollegin.

»Machen Sie sich keine Sorgen«, lachte sie. »Das ist nur eine Gruppentherapiesitzung. Sie unterstützen eine Patientin dabei, Kontakt mit ihrer Wut aufzunehmen.«

Etwas später am selben Tag sprach ich allein mit der Patientin. Sie wirkte wie ausgelaugt.

»Ich bin *so entspannt*«, sagte sie. »Die Therapiesitzung hat wirklich etwas gebracht. Ich fühle mich, als wäre ich all meine Wut losgeworden.«

In unserer nächsten Einzelsitzung am folgenden Tag berichtete sie jedoch: »Tja, vermutlich ist doch noch nicht alles raus. Als ich gestern hier wegging und gerade vom Parkplatz fuhr, schnitt mir so ein Idiot total den Weg ab ..., *und ich war sofort auf hundertachtzig*. Während der ganzen Heimfahrt habe ich vor mich hin geflucht. Wahrscheinlich brauche ich noch ein paar Sitzungen, um meine restliche Wut loszuwerden.«

Der Dalai Lama begann seine Darlegungen zum Thema »Umgang mit Zorn und Hass«, indem er zunächst die Natur dieser destruktiven Emotionen untersuchte.

»Es gibt viele verschiedene Arten Leid verursachender oder negativer Emotionen«, erklärte er, »zum Beispiel Hochmut, Arroganz, Eifersucht, Begierde, Lust, Starrsinn und so weiter. Zorn und Hass sind jedoch die schlimmsten Übel von allen, weil sie die größten Hindernisse für die Entwicklung von Mitgefühl und Altruismus bilden und die Tugenden und die Ausgeglichenheit einer Person zerstören.

Es gibt zwei Arten von Zorn, eine negative und eine positive, je nachdem, von welcher Motivation ein Mensch geleitet wird. Ist der Zorn von Mitgefühl motiviert, so kann er Antrieb oder Katalysator für eine positive Handlung sein. Unter solchen Umständen können menschliche Gefühle wie Zorn als Kraft wirken, die zu schnellem Handeln befähigt. Er erzeugt eine Energie, die dem Menschen ermöglicht, unverzüglich und wirksam zu handeln. Manchmal kann Zorn also einen kraftvollen, motivierenden Faktor darstellen und insofern positiv sein. Obwohl Zorn Schutz gewähren und Energie spenden kann, verwandelt sich diese Energie jedoch leider allzu oft in blinden Eifer, sodass ungewiss bleibt, ob sie sich letztendlich konstruktiv oder destruktiv auswirkt.

Auch wenn einige Arten von Zorn unter bestimmten Umständen positiv sein können, führt Zorn im Allgemeinen zu feindseligen Gefühlen und zu Hass. Und Hass ist niemals positiv. Er bringt überhaupt keinen Nutzen, sondern ist immer negativ.

Zorn und Hass lassen sich nicht einfach dadurch überwinden, dass wir sie unterdrücken. *Wir müssen aktiv die Gegenmittel gegen den Hass entwickeln: Geduld und Toleranz.*. Entsprechend dem zuvor dargestellten Vorgehen müssen wir, wenn wir Geduld und Toleranz nachhaltig und erfolgreich entwickeln wollen, Enthusiasmus hervorbringen, also den starken Wunsch oder die Sehnsucht nach Geduld und Toleranz. Je größer Ihr Enthusiasmus, desto größer ist auch Ihre Fähigkeit, die Schwierigkeiten zu überwinden, auf die Sie bei Ihren Bemühungen stoßen.

Wer sich bemüht, Geduld und Toleranz zu entwickeln, ist in Wirklichkeit in einen Kampf gegen Hass und Zorn verwickelt. Im Kampf wollen Sie natürlich siegen, aber Sie müssen auch mit einer Niederlage rechnen. Deshalb sollten Sie sich selbst während des Kampfes stets bewusst sein, dass Sie im Laufe dieses Prozesses mit Sicherheit vielen Problemen begegnen werden und dass Sie die Fähigkeit brauchen, mit den Schwierigkeiten fertig zu werden. Wer in dem mühsamen und anstrengenden Prozess den Sieg über Hass und Zorn erringt, ist ein wahrer Held.

Vor diesem Hintergrund gilt es daher, einen starken Enthusiasmus in unserem Geist zu erzeugen. Enthusiasmus resultiert aus dem Lernen und der Reflexion über die heilsame Wirkung von Geduld und Toleranz und über die negativen Folgen von Zorn und Hass. Schon die Erkenntnis dieser Zusammenhänge wird eine Neigung zu Toleranz und Geduld hervorbringen und Sie vorsichtiger gegenüber zornigen und hasserfüllten Gedanken machen. Normalerweise kümmern wir uns nicht gezielt um unseren Zorn und unseren Hass, sodass sie ganz unwillkürlich auftreten. Sobald wir ihnen gegenüber jedoch eine vorsichtige Position beziehen, kann allein schon diese Zurückhaltung als vorbeugende Maßnahme gegen Zorn oder Hass dienen.

Die destruktive Wirkung von Hass liegt auf der Hand; sie ist offensichtlich und tritt sofort ein. Wenn Ihnen zum Beispiel ein sehr starker oder heftiger hasserfüllter Gedanke kommt, überwältigt er Sie im selben Moment völlig und zerstört Ihre emotionale Ausgeglichenheit – Ihre Gemütsruhe löst sich völlig auf. Wenn intensiver Hass oder Zorn in uns aufsteigt, wird der beste Teil des eigenen Geistes verdeckt, nämlich die Fähigkeit, zwischen Recht und Unrecht zu unterscheiden und die kurz- und langfristigen Folgen unserer Handlungen abzuwägen. Unsere Urteilsfähigkeit fällt dann gänzlich aus. Sie funktioniert überhaupt nicht mehr, ja es ist fast, als wäre der Mensch verrückt geworden. Zorn und Hass versetzen uns also in einen Zustand der Verwirrung, der unsere Probleme und Schwierigkeiten nur noch verschlimmert.

Sogar auf der körperlichen Ebene bewirkt Hass eine unvorteilhafte, hässliche Wandlung des Individuums. Sobald heftige Zorn- oder Hassgefühle in einem Menschen entstehen, kann er sich noch so viel Mühe geben, einen würdigen Eindruck zu machen – sein Gesicht wird sich verzerren und hässlich wirken. Abgesehen von diesem ausgesprochen unangenehmen Gesichtsausdruck gibt die Person sehr feindselige Energien ab, die andere spüren können. Es ist fast so, als würde Dampf aus dem Körper des Betreffenden entweichen. Nicht nur Menschen nehmen diese Veränderung wahr, auch Tiere gehen einer solchen Person möglichst aus dem Weg.

Hegt ein Mensch hasserfüllte Gedanken, kann es außerdem geschehen, dass sie sich in ihm aufstauen und dann Appetitlosigkeit oder Schlafstörungen verursachen. Auf jeden Fall fühlt sich der Mensch nervlich sehr angespannt.

Aus solchen Gründen wird der Hass mit einem Feind verglichen. Dieser innere Feind hat keine andere Funktion, als uns zu schaden. Er ist ein wirklicher, definitiver Feind. Sowohl kurzfristig als auch langfristig dient er ausschließlich dazu, uns zu zerstören.

Allerdings unterscheidet er sich ganz wesentlich von einem normalen Feind. Ein Mensch, den wir normalerweise als Feind betrachten, mag sich zeitweise Aktivitäten widmen, die uns Schaden zufügen, aber er hat auch noch andere Aufgaben. Er muss schlafen und essen und vieles mehr und kann daher nicht vierundzwanzig Stunden am Tag damit verbringen, uns zu schaden. Der Hass dagegen hat keine andere Funktion, keinen anderen Zweck, als uns zu zerstören. Wenn wir uns das klar machen, sollten wir den Entschluss fassen, diesem Feind in uns, dem Hass, nie mehr die Gelegenheit zu bieten, sich in uns zu erheben.«

»Was halten Sie von den Methoden der westlichen Psychotherapie, die den Patienten ermutigen, seinem Zorn freien Lauf zu lassen?«

»Das kommt auf die Umstände an«, erwiderte der Dalai Lama. »Manchmal sind Menschen sehr zornig oder verletzt, weil sie misshandelt wurden oder ein sonstiges Unrecht erlitten haben, und sie stauen diese Gefühle in sich auf. Für solche Fälle gibt es ein tibetisches Sprichwort, das sinngemäß lautet: ›Ist das Muschelhorn krank, so blase kräftig hinein, um es zu klären.‹ Mit anderen Worten, ist das Muschelhorn verstopft, kann man das Hindernis wegblasen, sodass das Horn wieder einen klaren Klang hat.

Ebenso lässt sich eine Situation denken, in der jemand bestimmte Gefühle, zum Beispiel Zorn, aufgestaut hat und es besser sein kann, sie herauszulassen und ihnen Ausdruck zu verleihen. Generell glaube ich allerdings, dass Zorn und Hass zu den Gefühlen gehören, die sich verschlimmern und verstärken, wenn wir sie nicht beachten und nicht kontrollieren. Gewöhnen wir uns einfach daran, ihnen freien Lauf zu lassen, werden sie in der Regel nicht ab-, sondern zunehmen. Deshalb meine ich: Je öfter es uns gelingt, eine vorsichtige Haltung zu beziehen und durch aktives Bemühen die Intensität von Hass und Zorn zu verringern, desto besser.«

»Aber wenn Sie es nicht für ratsam halten, unserem Zorn Ausdruck zu verleihen, was ist dann die Lösung?«, wollte ich wissen.

»Zum einen entstehen Zorn und Hass in einem Geist, der durch Unzufriedenheit und Unruhe aufgewühlt ist. Daher können wir rechtzeitig vorbeugen, indem wir ständig daran arbeiten, innere Zufriedenheit aufzubauen und Freundlichkeit und Mitgefühl zu kultivieren. Daraus entsteht eine gewisse Gelassenheit, die den Zorn daran hindern kann, überhaupt aufzukommen. Zum anderen sollten wir, wenn eine Situation eintritt, die uns verärgert, unseren Zorn direkt angehen und analysieren, um festzustellen, ob er eine angemessene Reaktion darstellt und ob er konstruktiv oder destruktiv ist. Außerdem bemühen wir uns um innere Disziplin und Zurückhaltung und bekämpfen den Zorn aktiv, indem wir die passenden Gegenmittel anwenden. Wir begegnen den negativen Gefühlen mit Gedanken über Geduld und Toleranz.«

Der Dalai Lama hielt inne, um dann in seiner gewohnten pragmatischen Art fortzufahren: »Natürlich können wir im Anfangsstadium unserer Übungen zur Überwindung von Zorn und Hass diese Gefühle immer noch erleben, aber es gibt ja verschiedene Intensitätsgrade. Handelt es sich um einen relativ harmlosen Wutanfall, so können wir im selben Moment handeln und ihn direkt bekämpfen. Entwickelt sich jedoch eine sehr starke Emotion, so kann es sehr schwer sein, sich im Moment ihres Auftretens damit zu befassen oder sich dem eigenen Zorn zu stellen. In solchen Fällen ist es oft am besten, wenn wir versuchen, die Angelegenheit einfach zu vergessen. Denken wir an etwas anderes, lenken wir uns ab. Haben wir uns dann wieder beruhigt, können wir die Sache analysieren und vernünftig darüber nachdenken.«

Wie mir schien, empfahl der Dalai Lama: »Mach mal Pause.«

»Wenn wir Zorn und Hass ausschalten wollen«, fuhr er fort, »so ist es unerlässlich, ganz gezielt Geduld und Toleranz zu entwickeln. Ich gebe Ihnen ein Beispiel, an dem Sie den Wert von Geduld und Toleranz ermessen können: Nicht einmal Wohlstand vermag uns vor der destruktiven Wirkung von zornigen und hasserfüllten Gedanken zu schützen. Sogar Millionäre sind den zerstörerischen Folgen von Zorn und Hass ausgeliefert. Auch Bildung ist keine Garantie dagegen. Gesetze bieten keinen Schutz davor, und selbst Atomwaffen oder hoch entwickelte Verteidigungssysteme können uns vor diesen Folgen nicht bewahren ...«

Der Dalai Lama hielt kurz inne, um seinem Schlusssatz mehr Gewicht zu verleihen, und fasste dann mit klarer, fester Stimme zusammen: *»Der einzige Faktor, der Zuflucht oder Schutz vor den destruktiven Folgen von Zorn und Hass gewähren kann, ist die eigene Praxis von Toleranz und Geduld.«*

Wieder einmal stimmt die traditionelle Weisheit des Dalai Lama völlig mit den wissenschaftlichen Daten überein. Dr. Dolf Zillmann führte an der University of Alabama Experimente durch, die nachweisen, dass zornige Gedanken einen physiologischen Zustand der Aufregung erzeugen, der unsere Neigung zum Zorn verstärkt. Zorn erzeugt Zorn, und während unser Erregungsniveau steigt, reagieren wir immer rascher auf Zorn auslösende Umwelteinflüsse.

Wenn wir nichts dagegen unternehmen, wird sich der Zorn verstärken. Was können wir also tun, um ihn zu zerstreuen? Wie der Dalai Lama erläutert, hat es nur einen sehr begrenzten Nutzen, unserem Zorn und unserer Wut einfach freien Lauf zu lassen. Der therapeutische Ausdruck von Zorn im Sinne einer Katharsis scheint auf Freuds Triebtheorie zurückzugehen, die unser Gefühlsleben als hydraulisches Modell betrachtet: Sobald sich Druck aufstaut, muss er abgelassen werden. Die Vorstellung, dass wir unseren Zorn loswerden, indem wir ihn zum Ausdruck bringen, hat eine gewisse dramatische Anziehungskraft – und ein solches Vorgehen könnte sogar Spaß machen –, aber das Problem ist, dass diese Methode einfach nicht funktioniert.

In den letzten vier Jahrzehnten haben viele Studien immer wieder gezeigt, dass der verbale und körperliche Ausdruck von Zorn ihn nicht auflöst, sondern unser Unbehagen eher noch verstärkt. Dr. Aaron Siegman, Psychologe und »Zornexperte« an der University of Maryland, glaubt zum Beispiel, dass ebendiese Art des wiederholten Ausdrucks von Zorn und Wut unser inneres Erregungsniveau anhebt und biochemische Prozesse in Gang setzt, die wahrscheinlich unsere Arterien schädigen.

Dem eigenen Zorn nachzugeben ist offensichtlich keine Lösung, aber es hilft auch nicht, ihn zu ignorieren oder so zu tun, als wäre er nicht vorhanden. Wie in Teil III dieses Buches bereits erörtert, verschwinden unsere Probleme nicht, wenn wir sie ignorieren. Was also wäre der beste Ansatz? Interessanterweise stimmen moderne Forscher zur Psychologie des Zorns wie Dr. Zillmann und Dr. Williams darin überein, dass Methoden, die denen des Dalai Lama ähneln, am effektivsten sind. Da unsere Bereitschaft, zornig zu werden, mit dem Stress wächst, muss der erste Schritt vorbeugend sein: Innere Zufriedenheit und ruhige Geisteszustände zu kultivieren, wie es der Dalai Lama empfiehlt, ist ohne Zweifel von Nutzen.

Außerdem haben Forschungen ergeben, dass es sinnvoll ist, den Zorn, wenn er dann doch auftritt, aktiv anzugehen und die Gedanken, die ihn auslösen, logisch zu analysieren, was dazu beitragen kann, ihn zu zerstreuen. Experimente zeigen, dass Techniken, wie wir sie bereits besprochen haben, wie etwa die Betrachtung der Situation aus einer veränderten Perspektive oder aus verschiedenen Blickwinkeln, sehr effektiv sein können.

Natürlich fällt es oft leichter, solche Methoden anzuwenden, wenn der Zorn nur schwach oder gemäßigt ist. Daher kann das Einüben frühzeitiger Interventionen ein sehr wichtiger Faktor sein, damit Gedanken von Hass und Zorn gar nicht erst eskalieren können.

Da Geduld und Toleranz so bedeutsam für das Überwinden von Zorn und Hass sind, ging der Dalai Lama detailliert auf die Bedeutung und den Wert dieser beiden Eigenschaften ein.

»Für unser Alltagsleben sind Toleranz und Geduld sehr nützlich. Wenn wir sie entwickeln, wird es uns zum Beispiel gelingen, unsere Geistesgegenwart zu wahren und zu fördern. Wer Toleranz und Geduld besitzt, wird, selbst wenn er in einer sehr hektischen und angespannten Umgebung lebt, seine Gemütsruhe bewahren.

Ein weiterer Vorteil, der sich daraus ergibt, dass wir in schwierigen Situationen Geduld aufbringen, statt uns dem Zorn zu überlassen, ist der Schutz vor unerwünschten Konsequenzen des Zorns. Reagieren wir mit Hass und Zorn auf schwierige Situationen, so schützt uns das nicht nur nicht vor Schaden und Verletzung, denn diese sind bereits eingetreten, sondern wir schaffen noch zusätzliche Ursachen für unser eigenes zukünftiges Leid. Wenn wir dagegen einer Verletzung mit Geduld und Toleranz begegnen, vermeiden wir möglicherweise gefährliche langfristige Konsequenzen, obwohl wir vielleicht vorübergehend Unannehmlichkeiten in Kauf nehmen müssen. Verzichten wir auf kleine Vorteile, finden wir uns mit relativ harmlosen Problemen oder geringer Mühsal ab, so verhindern wir Leid oder negative Erfahrungen, die in der Zukunft noch viel schlimmer sein könnten.

Nehmen wir an, ein zum Tode Verurteilter könnte sein Leben retten, indem er zur Strafe nur einen Arm opferte. Wäre dieser Mensch nicht dankbar für die Chance? Denn indem er die Schmerzen und das Leid, einen Arm zu verlieren, in Kauf nähme, würde er sich vor dem Tod retten, der sicher das größere Leid bedeutet.«

»Auch im Westen gelten Geduld und Toleranz als Tugenden«, warf ich ein, »aber wenn wir direkt angegriffen werden, wenn uns jemand aktiv Schaden zufügen will, dann haftet Geduld und Toleranz doch ein Beigeschmack von Schwäche und Passivität an.«

Der Dalai Lama schüttelte den Kopf. »Da Geduld und Toleranz auf der Fähigkeit beruhen, standhaft und fest zu bleiben und sich nicht von widrigen Situationen oder Umständen überwältigen zu lassen, sollten Sie Geduld oder Toleranz nicht als Zeichen von Schwäche oder Nachgiebigkeit, sondern vielmehr als Zeichen der Stärke und Standhaftigkeit betrachten. Auf eine schwierige Situation mit Geduld und Toleranz statt mit Zorn und Hass zu reagieren, erfordert aktive Zurückhaltung, die einem starken, disziplinierten Geist entspringt.

Wenn wir nun über den Begriff der Geduld sprechen, so muss ich erwähnen, dass Geduld, wie die meisten Dinge, positiv und auch negativ sein kann. Ungeduld ist nicht immer schlecht. Zum Beispiel kann sie dabei helfen, aktiv zu werden und Schwierigkeiten anzupacken. Zu viel Geduld kann selbst in alltäglichen Dingen wie dem Säubern des Zimmers dazu führen, dass man sich zu langsam bewegt und wenig schafft.

Andererseits kann das ungeduldige Streben nach dem Weltfrieden zweifellos positiv sein. Aber in wirklich anspruchsvollen Situationen hilft Geduld, die Willenskraft zu bewahren und uns zu stärken.«

Der Dalai Lama wurde immer lebhafter, während er sein Thema entwickelte: »Ich meine, dass zwischen Demut und Geduld eine enge Beziehung besteht. Demut schließt ein, dass ein Mensch über die Fähigkeit zur Konfrontation verfügt und zurückschlagen könnte, sich aber bewusst dagegen entscheidet. Das würde ich wahrhafte Demut nennen. Auch wahre Toleranz oder Geduld enthält ein Element der Selbstdisziplin und Zurückhaltung – die Erkenntnis, dass man sich anders, aggressiver, hätte verhalten können, jedoch darauf verzichtet hat. Wenn sich jemand aus dem Gefühl der Hilflosigkeit oder Unfähigkeit heraus genötigt fühlt, passiv zu bleiben, so würde ich das nicht wahre Demut nennen. Das mag eine Art Nachgiebigkeit sein, aber es ist keine echte Toleranz.

Wenn ich nun davon spreche, dass wir denjenigen gegenüber, die uns schaden, Toleranz entwickeln sollen, dürfen Sie mich nicht missverstehen. Damit meine ich nicht, dass wir demütig alles hinnehmen sollen, was uns angetan wird.« Der Dalai Lama hielt inne. Dann lachte er. »Wenn nötig, kann es die optimale, die weiseste Lösung sein, einfach davonzulaufen – meilenweit davonzulaufen.«

»Man kann Schaden nicht immer dadurch vermeiden, dass man davonläuft ...«

»Das stimmt«, antwortete er. »Manchmal erfordert die Situation stärkere Maßnahmen. Ich glaube allerdings, dass es möglich ist, statt aus Zorn auch aus Mitgefühl einen festen Standpunkt zu vertreten und notfalls härter durchzugreifen. Einer der Gründe, warum eine stärkere Reaktion angebracht sein kann, ist der, dass die Person, die Ihnen Schaden zufügen will oder Ihnen gegenüber kriminelle Absichten hegt, sich dies zur Gewohnheit machen könnte. Irgendwann wird das zum Untergang des Betreffenden führen, hat also langfristig sehr destruktive Folgen für ihn. Deshalb ist eine stärkere Gegenmaßnahme notwendig, aber vor dem Hintergrund von Mitgefühl und Sorge um den anderen.

Betrachten wir zum Beispiel die Gefühle der Tibeter gegenüber China: Wo immer in diesem Zusammenhang Hass auftritt, gehen wir in uns und versuchen ihn abzubauen. Wir bemühen uns, den Chinesen gegenüber Mitgefühl zu entwickeln. Ich bin davon überzeugt, dass Gegenmaßnahmen ohne Hass und Zorn letztlich effektiver sind.

Nun haben wir einige Methoden untersucht, welche die Entwicklung von Geduld und Toleranz fördern: Methoden wie die verstandesmäßige Analyse der Situation, die Einnahme einer umfassenderen Perspektive und die Betrachtung der Situation aus verschiedenen Blickwinkeln. *Ein Endresultat oder ein Produkt von Geduld und Toleranz ist Vergebung. Wenn man wirklich geduldig und tolerant ist, entsteht die Bereitschaft zur Vergebung wie von selbst.*

Auch wenn Sie in der Vergangenheit sehr viele negative Erfahrungen gemacht haben, ist es durch die Entwicklung von Geduld und Toleranz möglich, Ihre Gefühle des Zorns und der Feindseligkeit auszuschalten. Analysieren Sie die Situation, und Sie werden feststellen, dass die Vergangenheit vorüber ist. Daher hat es keinen Zweck, Zorn und Hass aufrechtzuerhalten, denn diese können das Geschehene nicht mehr ändern, sondern sie versetzen im Gegenteil Ihren Geist in Aufruhr und bewirken, dass Sie unglücklich bleiben. Natürlich können Sie sich trotzdem weiterhin an das Geschehene erinnern. Vergessen und Vergeben sind zwei verschiedene Dinge. Es ist völlig in Ordnung, sich an negative Ereignisse zu erinnern – wenn Sie ein gutes Gedächtnis haben, werden Sie diese ohnehin nie vergessen.« Er lachte. »Ich glaube, der Buddha erinnerte sich an alles, aber mit der Entwicklung von wahrer Geduld und Toleranz ist es möglich, die mit den Ereignissen verknüpften negativen Gefühle zu überwinden.«

Meditationen über den Zorn

Laut vielen dieser Gespräche besteht die Methode des Dalai Lama, den Zorn zu überwinden, hauptsächlich darin, die Ursachen des Zorns mithilfe von Vernunft und Analyse anzugehen, also die schädlichen Geisteszustände durch Einsicht zu bekämpfen. In gewissem Sinne setzt er Logik ein, um Zorn und Hass zu neutralisieren und Toleranz und Geduld zu fördern. Aber darin erschöpfen sich die Techniken des Dalai Lama nicht. In seinen Vorträgen ergänzte er die Gespräche durch Instruktionen zu den beiden folgenden, ebenso einfachen wie wirksamen Meditationen zur Überwindung von Zorn.

Meditation über den Zorn: Übung 1

»Stellen Sie sich ein Szenario vor, in dem ein Mensch, den Sie sehr gut kennen, der Ihnen nahe steht und sehr vertraut ist, die Beherrschung verliert. Sie können sich vorstellen, dass der Betreffende entweder eine schwierige Beziehung durchmacht oder dass etwas passiert ist, das ihn persönlich sehr beunruhigt. Er strahlt negative Energie ab, ist vor Wut völlig außer sich und sogar fähig, sich selbst zu verletzen oder Gegenstände zu zerstören.

Als Nächstes denken Sie über die direkten Folgen der Wut nach. Sie werden sehen, wie sich die Person physisch verwandelt. Dieser Mensch, der Ihnen nahe steht, den sie mögen, dessen bloßer Anblick Sie oft erfreut hat, wird nun sogar körperlich sehr abstoßend. Ich rate Ihnen deshalb, sich diese Szene mit einem anderen Menschen vorzustellen, weil wir die Fehler anderer leichter erkennen als unsere eigenen. Benutzen Sie nun bitte Ihre Vorstellungskraft, und führen Sie die Meditation durch, indem Sie visualisieren, was ich beschrieben habe.

Am Ende der Visualisierung analysieren Sie die Szene und beziehen die Umstände auf Ihre eigenen Erfahrungen. Machen Sie sich klar, dass Sie selbst sich sehr häufig in der gleichen Situation befunden haben. Dann fassen Sie den Entschluss: Ich selbst will nie mehr wieder unter den Einfluss eines solchen Zorns und Hasses geraten, denn dann wird es mir genauso ergehen wie dieser Person. Ich werde die gleichen Folgen erleiden: meine Gemütsruhe und meine Ausgeglichenheit verlieren, eine hässliche Fratze machen und so weiter. Sobald Sie diesen festen Entschluss gefasst haben, konzentrieren Sie sich in den letzten Minuten der Meditation ohne weitere Analyse darauf. Lassen Sie einfach Ihren Geist auf dem Vorsatz verweilen, nie wieder unter den Einfluss von Zorn und Hass zu geraten.«

Meditation über den Zorn: Übung 2

»Lassen Sie uns noch eine weitere Meditation durchführen, die sich ebenfalls auf Visualisierung stützt. Stellen Sie sich eine Person vor, die Sie nicht mögen, die Sie immer wieder ärgert, die Ihnen viele Probleme verursacht oder Ihnen einfach auf die Nerven geht. Dann malen Sie sich ein Szenario aus, in dem diese Person Sie reizt oder etwas tut, das Sie beleidigt oder aufbringt. Lassen Sie in Ihrer Vorstellung nun Ihren Gefühlen freien Lauf; überlassen Sie sich einfach Ihrer natürlichen Reaktion. Anschließend stellen Sie fest, wie Sie sich fühlen, ob sich Ihr Puls beschleunigt hat etc. Untersuchen Sie, ob Sie sich wohl fühlen oder eher unwohl, ob Sie sofort ruhiger werden oder Unbehagen verspüren. Beurteilen Sie es selbst, erforschen Sie sich. Das tun Sie bitte einige Minuten, vielleicht drei oder vier Minuten lang – forschen Sie nach, und urteilen Sie selbst. Wenn Sie am Ende dieser Untersuchung entdecken: ›Ich darf nicht zulassen, dass sich meine Gereiztheit ausbreitet, denn ich verliere sofort die Gemütsruhe‹, dann sagen Sie sich selbst: ›In Zukunft will ich es nie wieder so weit kommen lassen.‹ Bekräftigen Sie diesen Entschluss. Schließlich richten Sie Ihren Geist während der letzten Minuten der Meditation pointiert auf Ihre Absicht.«

Der Dalai Lama ließ den Blick schweigend durch den Saal schweifen, in dem sich viele Zuhörer bereit machten, die Meditation durchzuführen. Dann fügte er lachend hinzu: »Ich glaube, wenn ich die kognitiven Fähigkeiten oder den Scharfsinn hätte, die Gedanken anderer zu lesen, dann wäre hier einiges los!«

Gelächter erscholl aus dem Publikum, legte sich aber rasch wieder, als die Zuhörer mit der Meditation begannen und sich ernsthaft der Bekämpfung ihres Zorns widmeten.

Der Umgang mit der Angst und die Stärkung des Selbstwertgefühls

Neueren Schätzungen zufolge erleidet mindestens jeder vierte Amerikaner im Laufe seines Lebens schwere Angstzustände, welche die medizinischen Kriterien einer Angstneurose erfüllen. Sogar jene, die niemals unter pathologischen oder schwächenden Ängsten leiden, müssen dann und wann quälende Sorgen durchstehen, die keinem sinnvollen Zweck dienen, sondern nur ihr Glück und ihre Fähigkeit untergraben, ihre Ziele zu erreichen.

Das menschliche Gehirn ist mit einem ausgefeilten System ausgestattet, das unsere Sorgen und Ängste registriert. Dieses System erfüllt eine wichtige Aufgabe: Es löst eine Reaktion auf Gefahr aus, indem es eine komplexe Serie biochemischer und physiologischer Abläufe in Gang setzt. Einerseits dient Angst der Anpassung, da sie uns hilft, Gefahren vorherzusehen und ihnen vorzubeugen. Manche Arten von Furcht und ein gewisses Maß an Sorge können also gesund sein. Angst und Furcht jedoch, die anhalten und ohne eine reale Bedrohung eskalieren, haben eine mangelhafte Adaptation zur Folge. Übertriebene Angst und Sorge können ebenso wie Zorn und Hass eine katastrophale Wirkung auf Körper und Geist haben und viel emotionales Leid, ja sogar physische Krankheiten auslösen.

Auf der geistigen Ebene können chronische Angstzustände die Urteilsfähigkeit beeinträchtigen, die Reizbarkeit erhöhen und die allgemeine Handlungsfähigkeit eines Menschen verringern. Sie können auch zu körperlichen Problemen führen, die Wirksamkeit des Immunsystems herabsetzen,

Herzkrankheiten und Störungen des Verdauungstrakts sowie Müdigkeit, Muskelkrämpfe und Schmerzen verursachen. Zum Beispiel haben Angstneurosen bei jungen Mädchen nachweislich ein verzögertes Wachstum zur Folge.

Wenn wir nach Strategien für den Umgang mit der Angst suchen, müssen wir zunächst erkennen, wie der Dalai Lama hervorheben wird, dass viele verschiedene Faktoren zur Entstehung von Angst beitragen. In einigen Fällen mag sogar eine wesentliche biologische Komponente im Spiel sein. Manche Menschen scheinen bereits eine gewisse neurologische Anfälligkeit für Zustände von Angst und Sorge mitzubringen. Wissenschaftler entdeckten unlängst ein Gen, das Menschen eigen ist, die besonders stark zu ängstlichen und negativen Denkweisen neigen. Aber nicht alle Fälle krankhafter Angst haben genetische Ursachen, und es besteht wenig Zweifel daran, dass Lernen und Konditionierung entscheidend zur Ätiologie der Angst beitragen.

Unabhängig davon, ob die Angst eines Menschen vorwiegend körperlich oder seelisch bedingt ist, lautet die gute Nachricht, dass wir etwas dagegen unternehmen können. Bei schwersten Angstzuständen kann eine medikamentöse Behandlung sinnvoll sein. Aber die meisten, die sich mit nagenden Alltagssorgen und Ängsten herumplagen, brauchen keine pharmakologische Intervention. Experten aus dem Bereich des Angst-Managements empfehlen gewöhnlich einen multidimensionalen Ansatz. Das bedeutet, dass zunächst eine der Angst zugrunde liegende körperliche Krankheit ausgeschlossen werden muss. Die Verbesserung der körperlichen Gesundheit durch geeignete Ernährung und durch Bewegung kann ebenfalls hilfreich sein. Und wie der Dalai Lama betont, können die Entwicklung von Mitgefühl und die Vertiefung der Kontakte zu anderen die geistige Hygiene fördern und dazu beitragen, Angstzustände zu lindern.

Unter den praktischen Strategien zur Überwindung von Angstzuständen gibt es eine ganz besonders effektive Technik: die kognitive Intervention. Dies ist eine der Hauptmethoden des Dalai Lama, um die Alltagssorgen und -ängste zu bekämpfen. Es handelt sich um das gleiche Vorgehen wie bei der Überwindung von Hass und Zorn, das heißt, die angstauslösenden Gedanken werden aktiv infrage gestellt und dann durch wohlbegründete positive Gedanken und Einstellungen ersetzt.

Aufgrund der Allgegenwärtigkeit der Angst in unserer Kultur war ich besonders interessiert daran, dieses Thema im Gespräch mit dem Dalai Lama anzuschneiden und zu erfahren, wie er damit umgeht. An jenem Tag hatte er einen besonders vollen Terminkalender, und ich spürte, wie mein eigener Unruhepegel stieg, als mir sein Sekretär vor unserem Treffen mitteilte, dass wir die Unterhaltung abkürzen müssten. Da ich das Gefühl hatte, unter Zeitdruck zu stehen und den Dalai Lama nicht zu allen geplanten Themen befragen zu können, versuchte ich wie schon einige Male zuvor, ihm möglichst einfache Antworten zu entlocken.

»Wie Sie wissen, können Furcht und Angst Haupthindernisse für das Erreichen unserer äußeren oder inneren Ziele darstellen«, begann ich. »In der Psychiatrie kennen wir viele Methoden für den Umgang mit Ängsten, aber mich interessiert, welches aus Ihrer Sicht die beste Technik ist.«

Der Dalai Lama widerstand meiner Anregung, die Sache zu vereinfachen, und antwortete auf seine gewohnt gründliche Art.

»Wenn wir von Angst sprechen, müssen wir zunächst feststellen, dass es viele verschiedene Arten von Angst gibt. Manche davon sind angemessen und basieren auf guten Gründen. Zum Beispiel die Angst vor Gewalt oder vor Blutvergießen, zwei offensichtlich sehr schlechten Dingen. Hinzu kommen die Furcht vor den langfristigen negativen Konsequenzen unserer Fehlhandlungen, die Furcht vor Leid oder die Furcht vor den eigenen negativen Emotionen wie zum Beispiel Hass. Das sind die angemessenen Varianten der Angst, denn sie führen uns auf den rechten Weg. Sie helfen uns, warmherzigere Menschen zu werden.«

Er überlegte und fuhr dann nachdenklich fort: »Obwohl alle diese Zustände Arten von Furcht sind, muss man vielleicht doch einen Unterschied machen zwischen der Angst an sich und der geistigen Erkenntnis ihrer destruktiven Natur ...«

Während er innehielt, warf ich verstohlene Blicke auf meine Uhr. Anscheinend verspürte er nicht den gleichen Zeitdruck wie ich. Schließlich sprach er gelassen weiter:

»Andererseits sind einige unserer Ängste nichts als unsere eigenen geistigen Schöpfungen. Solche Ängste können fast ausschließlich auf Projektionen beruhen. Es gibt zum Beispiel ganz kindliche Ängste«, meinte er lachend, »Ängste, die entstanden, als wir in unserer Jugend dunkle Räume durchqueren mussten – vor allem einige der düsteren Zimmer des Potala ... Sie beruhten zu hundert Prozent auf Projektionen. Als ich klein war, warnten mich die Raumpfleger und meine Betreuer häufig vor einer Eule, die angeblich Kinder fängt und auffrisst!« Der Dalai Lama lachte noch herzlicher. »Und ich habe das tatsächlich geglaubt!

Aber es gibt noch andere Ängste, die auf Projektion beruhen«, fuhr er fort. »Wenn Sie zum Beispiel negative Gefühle haben, kann es sein, dass Sie diese aufgrund Ihrer geistigen Situation auf jemand anderen projizieren, der dadurch negativ und feindselig auf Sie wirkt. Und dann haben Sie Angst vor ihm. Diese Art der Angst ist dem Hass verwandt, meine ich, und sie ist eine geistige Schöpfung. Daher sollten Sie im Umgang mit Angst zunächst Ihren Verstand benutzen, um herauszufinden, ob eine gültige Basis für Ihre Angst vorhanden ist oder nicht.«

»Viele Menschen quält heute eine diffuse, unbestimmte Sorge um alltägliche Probleme, keine spezifische Angst vor einer Person oder Situation. Haben Sie vielleicht irgendwelche Vorschläge, wie man darauf reagieren könnte?« fragte ich.

Er nickte. »Für die Verminderung solcher Sorgen erscheint es mir sehr nützlich, folgenden Gedanken zu entwickeln: *Wenn die Situation bereinigt ist oder das Problem gelöst werden kann, brauche ich mir keine Sorgen zu machen.* Das heißt, sofern ich weiß, dass es einen Ausweg aus meiner Schwierigkeit gibt, sollte ich mich davon nicht überwältigen lassen. Dann gilt es eher, auf die Lösung hinzuwirken, denn in einem solchen Fall ist es sinnvoller, seine Energie auf die Lösung zu richten, statt sich unnötige Sorgen zu machen. *Wenn ich dagegen keinen Ausweg, keine Lösung sehe, hat es ebenfalls keinen Zweck, mich aufzuregen, denn es gibt ja ohnehin keine Lösung.* Und je schneller wir diese Tatsache akzeptieren, desto besser werden wir die Situation verkraften. Ein solches Rezept setzt natürlich voraus, dass wir das Problem direkt angehen, denn sonst können wir nicht herausfinden, ob eine Lösung vorliegt oder nicht.«

»Und wenn das Nachdenken nicht dazu führt, dass sich unsere Sorgen verringern?«

»Dann kann es sein, dass Sie sich mehr Zeit zum Nachdenken nehmen und Ihre Ideen bekräftigen müssen, indem Sie sich diese wiederholt in Erinnerung rufen. Zwar bin ich davon überzeugt, dass eine derartige Methode helfen kann, Sorgen und Ängste abzubauen, aber sie wirkt natürlich nicht immer. Im Falle von chronischen Ängsten muss man sich die spezielle Situation anschauen. Es gibt ganz unterschiedliche Ängste und Ursachen. Zum Beispiel könnten etliche Arten von Angst oder Nervosität auf biologischen Ursachen beruhen; manche Menschen neigen etwa dazu, feuchte Hände zu bekommen, was gemäß der tibetischen Medizin auf ein Ungleichgewicht der subtilen Energieebenen hinweist. Einige Formen der Angst, genau wie manche Typen der Depression, mögen biologische Ursachen haben und könnten mit medizinischen Mitteln behandelt werden.

Wenn man Ängste also effektiv behandeln will, sollte man die Art der Angst identifizieren und nach der Ursache suchen. Eine Angst beispielsweise, die ich für weit verbreitet halte, ist die Furcht, sich vor anderen zu blamieren oder sich in ein schlechtes Licht zu setzen ...«

»Haben Sie selbst diese Art der Angst jemals erlebt?«, unterbrach ich ihn.

Der Dalai Lama lachte und antwortete ohne Zögern: »O ja!«

»Können Sie ein Beispiel dafür nennen?«

Er dachte einen Moment nach. »Ja, zum Beispiel anlässlich meines ersten Treffens mit dem Vorsitzenden Mao Zedong in China 1954 und dann noch einmal bei einem Gespräch mit Zhou Enlai. Damals war ich in Protokollfragen und diplomatischen Gepflogenheiten noch nicht sehr bewandert. Gewöhnlich begann solch ein Treffen mit etwas Smalltalk, ehe man die wesentlichen Fragen diskutierte. Bei dieser Gelegenheit war ich so nervös, dass ich, kaum hatte ich Platz genommen, sogleich zur Tagesordnung überging. Ich erinnere mich, dass mich mein Dolmetscher, ein zuverlässiger tibetischer Kommunist und sehr, sehr guter Freund von mir, hinterher ansah, sich vor Lachen ausschütten wollte und mich immer wieder damit neckte.

Ich glaube, dass ich sogar heutzutage noch kurz vor Beginn eines öffentlichen Vortrags oder einer Unterweisung etwas nervös bin. Meine Begleiter sagen dann gewöhnlich:

›Warum haben Sie denn dann die Einladung zu der Veranstaltung angenommen?‹«

»Und wie gehen Sie persönlich mit dieser Art Angst um?«, fragte ich.

»Ich weiß nicht …«, antwortete er gleichmütig. Wir schwiegen eine Weile, während er seine Antwort zu erwägen schien. Schließlich sagte er: »Ich glaube, die Schlüssel zur Überwindung dieser Art von Furcht und Sorge sind Aufrichtigkeit und eine gute Motivation. Wenn ich also nervös werde, bevor ich eine Rede halte, rufe ich mir ins Gedächtnis zurück, dass mein Hauptanliegen darin besteht, den Menschen wenigstens ein bisschen zu nützen – und nicht darin, mit meinem Wissen zu prahlen. Das bedeutet, dass ich die Punkte, mit denen ich mich auskenne, erläutere. Wenn ich etwas nicht bis in die Einzelheiten verstanden habe, gebe ich zu: ›Dieser Punkt ist sehr schwierig für mich.‹ Ich habe nichts zu verbergen und brauche nichts vorzutäuschen. Von diesem Standpunkt aus, mit dieser Motivation, muss ich mir dann keine Sorgen mehr darüber machen, ob ich dumm dastehe oder was die Zuhörer von mir denken. *Ich habe herausgefunden, dass eine aufrichtige Motivation Furcht und Sorge deutlich verringert.*«

»Manchmal umfasst diese Angst aber auch mehr, als sich vor anderen lächerlich zu machen. Dann ist es eher eine Angst zu versagen, das Gefühl, inkompetent zu sein …« Ich überlegte einen Moment lang, wie viel persönliche Details ich erzählen wollte.

Der Dalai Lama lauschte aufmerksam und nickte schweigend, als ich weitersprach. Ich weiß nicht, woran es lag, vielleicht an seiner verständnisvollen, freundlichen Haltung – ehe ich mich versah, ging ich von einer Diskussion allgemeiner Themen dazu über, dass ich seinen Rat für meine eigenen Sorgen und Ängste suchte.

»Ich weiß manchmal nicht weiter ..., zum Beispiel mit meinen Patienten ... Manche sind sehr schwer zu behandeln. Das sind Fälle, die keine eindeutige Diagnose wie die der Depression oder irgendeiner leicht zu behandelnden Krankheit erlauben. Zum Beispiel gibt es Patienten mit sehr schweren Persönlichkeitsstörungen, die auf Medikamente nicht ansprechen und trotz größter Anstrengungen kaum Fortschritte in der Psychotherapie machen. Manchmal bin ich bei diesen Menschen am Ende meiner Weisheit. Ich weiß einfach nicht, wie ich ihnen helfen soll, und kann nicht einmal eine klare Vorstellung davon entwickeln, was ihnen fehlt. Das macht mich hilflos, es bremst mich«, klagte ich. »Schließlich fühle ich mich inkompetent, und das erzeugt dann wirklich eine Art Angst.«

Er hörte mir mit ernster Miene zu und fragte dann freundlich: »Würden Sie sagen, dass Sie etwa siebzig Prozent Ihrer Patienten helfen können?«

»Ja, mindestens«, antwortete ich.

Sanft berührte er meine Hand und sagte: »Dann haben Sie eigentlich kein Problem. Wenn Sie nur dreißig Prozent Ihrer Patienten helfen könnten, würde ich Ihnen vielleicht vorschlagen, den Beruf zu wechseln. Aber ich glaube, Sie machen Ihre Sache gut. Zu mir kommen die Menschen ebenfalls, um sich Rat zu holen. Viele erwarten Wunder oder Wunderkuren, und natürlich kann ich nicht jedem helfen. Aber ich glaube, das wichtigste ist die Motivation, der aufrichtige Wunsch zu helfen. Dann tun Sie einfach Ihr Bestes und brauchen sich darüber hinaus keine Sorgen zu machen.

Am schlimmsten ist es, wenn die Menschen zu viel Vertrauen in mich setzen, und das vor allem in Situationen, die meine Fähigkeiten überschreiten. In solchen Fällen entsteht natürlich manchmal Angst. Hier sind wir wieder bei der Bedeutung der Motivation angelangt. Ich versuche mir dann wieder klar zu machen, dass ich, was meine Motivation betrifft, aufrichtig bin und mein Bestes getan habe. Solange meine Motivation ehrlichem Mitgefühl entspringt, habe ich nichts zu bereuen, selbst wenn ich einen Fehler gemacht oder versagt habe. Ich habe mein Bestes gegeben. Wenn ich trotzdem versagt habe, lag es daran, dass die Situation eben meine Möglichkeiten überstieg. Auf diese Weise nimmt uns eine ehrliche Absicht die Angst und verleiht uns Selbstvertrauen. Wenn wir insgeheim aber jemanden täuschen wollen, müssen wir im Falle eines Versagens natürlich nervös werden. Entwickeln wir dagegen eine von Mitgefühl geleitete Motivation, so brauchen wir, wenn wir versagen, nichts zu bereuen.

Daher denke ich immer wieder, dass eine einwandfreie Motivation ein Schutz vor Gefühlen wie Angst und Sorge sein kann. Die Motivation ist so wichtig. Wir können nämlich jede menschliche Handlung als einen Akt der Bewegung betrachten, und das, was alle Bewegungen in Gang setzt, ist unsere Motivation. Wenn wir eine reine und aufrichtige Motivation entwickeln, wenn wir auf der Grundlage von Freundlichkeit, Mitgefühl und Respekt helfen wollen, ist es gleichgültig, in welchem Bereich wir arbeiten– wir werden in jedem Fall effektiver und weniger ängstlich handeln. Wir brauchen uns nicht darum zu sorgen, was andere von uns denken oder ob wir unser Ziel erreichen. Auch wenn uns das nicht gelingt, können wir uns noch darüber freuen, wenigstens den Versuch gemacht zu haben. Mit einer schlechten Motivation dagegen werden wir unglücklich sein, selbst wenn man uns Lob spendet und wir unser Ziel erreichen.«

Bei der Behandlung der Angst zeigt der Dalai Lama zwei Möglichkeiten auf, die jeweils auf verschiedenen Ebenen wirken. Die erste dient zur Bekämpfung chronischer Grübeleien und Sorgen, indem man aktive Gedanken fördert und sich immer wieder in Erinnerung ruft: *Wenn es eine Lösung für mein Problem gibt, besteht kein Grund zur Sorge. Gibt es keine Lösung, ist es ebenfalls unnötig, sich aufzuregen.*

Das zweite Gegenmittel hilft bei einem breiten Spektrum von Problemen. Es erfordert die Umwandlung der zugrunde liegenden Motivation. Hier wird ein interessanter Kontrast zwischen dem Ansatz des Dalai Lama und dem der westlichen Wissenschaft und Psychologie zur Erforschung des menschlichen Verhaltens deutlich. Wie bereits erwähnt, haben Wissenschaftler die normale menschliche Motivation untersucht: sowohl die Instinkte als auch angelernte Bedürfnisse und Stimuli. Auf dieser Ebene konzentriert sich der Dalai Lama auf die Entwicklung und den Gebrauch angelernter sozialer Verhaltensweisen, um »den Enthusiasmus und die Entschlossenheit« zu stärken. In mancher Hinsicht ähnelt dieses Verfahren dem vieler westlicher Motivationsexperten, die ebenfalls danach streben, Begeisterung und Entschlossenheit zu fördern, um dann bestimmte Ziele zu erreichen.

Ein Unterschied liegt darin, dass sich der Dalai Lama bemüht, Enthusiasmus und Entschlossenheit für die Entwicklung positiver Verhaltensweisen und den Abbau negativer geistiger Gewohnheiten zu fördern, statt auf weltlichen Erfolg wie das Erlangen von Geld oder Macht hinzuarbeiten. Aber der vielleicht auffälligste Unterschied ist wohl der, dass die westlichen Motivationsforscher die Flamme der bereits existierenden, nach weltlichem Erfolg strebenden Motive schüren und sich überwiegend mit der Kategorisierung allgemein menschlicher Verhaltensweisen beschäftigen. Den Dalai Lama hingegen interessiert bei der Frage nach den Motiven für das menschliche Verhalten zuallererst die *Umformung und Umwandlung* der zugrunde liegenden Motivation in Richtung Liebe und Mitgefühl.

Das System der Geistesschulung zum Erlangen von Glück, das der Dalai Lama vertritt, geht davon aus, dass wir, *je näher wir der Motivation durch wahren Altruismus kommen, sogar angesichts extrem beunruhigender Umstände angstfreier werden.* Dieses Prinzip gilt aber auch auf einem weniger idealen Niveau, wenn die Motivation keine rein altruistische ist. Sobald wir von einer Situation Abstand nehmen und uns vergewissern, dass unsere Motivation aufrichtig ist, kann sich unsere Angst im Alltag ganz erheblich verringern.

Kurz nach meinem Gespräch mit dem Dalai Lama saß ich mit einer Gruppe beim Lunch zusammen; darunter war ein junger Student, den ich noch nicht kannte. Während des Essens fragte mich jemand nach meinen Gesprächen mit dem Dalai Lama, und ich erläuterte seine Methode zur Überwindung der Angst. Nachdem der Student meinen Ausführungen darüber, dass »eine aufrichtige Motivation ein Gegenmittel für die Angst« sei, schweigend zugehört hatte, vertraute er mir an, er sei schon immer überaus schüchtern und bei Begegnungen mit anderen sehr gehemmt gewesen. Er überlegte, wie er diese Methode nutzen könne, um seine eigene Schüchternheit zu überwinden, und murmelte: »Tja, das ist alles sehr interessant. Aber vermutlich liegt das Problem darin, immer eine abgehobene Motivation durch Liebe und Mitgefühl zu erreichen.«

»Da haben Sie wohl Recht«, musste ich zugeben.

Das Gespräch wandte sich anderen Themen zu, und schließlich beendeten wir unseren Lunch. Zufällig begegnete ich dem Studenten in der folgenden Woche im selben Lokal.

Gut gelaunt kam er auf mich zu. »Erinnern Sie sich noch daran, dass wir neulich über Angst und Motivation sprachen? Ich habs ausprobiert, und es klappt tatsächlich! Im Supermarkt drüben im Einkaufszentrum arbeitet ein Mädchen, das ich schon häufig gesehen habe. Ich wollte mich schon immer mal mit ihr verabreden, aber da ich sie nicht kannte und zu schüchtern und ängstlich war, hatte ich sie noch nicht einmal angesprochen. Neulich ging ich wieder dort einkaufen, aber diesmal dachte ich vorher über meine Motivation nach, warum ich mit ihr ausgehen wollte. Der Grund ist natürlich, dass ich gern mit ihr gehen würde. Aber dahinter steckt der Wunsch, jemanden zu finden, den ich liebe und der mich liebt. Als ich darüber nachdachte, wurde mir klar, dass daran nichts auszusetzen ist. Meine Motivation war völlig aufrichtig. Ich wollte weder ihr noch mir etwas Böses, sondern nur Gutes. Das führte ich mir vor Augen und erinnerte mich einige Male bewusst daran, und nun war ich mutig genug, sie anzusprechen. Mein Herz schlug immer noch heftig, aber ich bin so froh, dass ich endlich den Mumm hatte, mit ihr zu reden.«

»Das freut mich«, antwortete ich. »Wie hat sie reagiert?«

»Na ja, sie hat schon einen festen Freund. Ich war zwar ein bisschen enttäuscht, aber das macht nichts. Ich bin so zufrieden, dass ich meine Schüchternheit überwinden konnte. Und nun weiß ich, wenn ich sicherstelle, dass meine Motivation in Ordnung ist, wird es mir beim nächsten Mal in einer ähnlichen Situation vielleicht helfen.«

Ehrlichkeit als Mittel gegen mangelndes Selbstwertgefühl oder Dünkel

Ein gesundes Selbstvertrauen ist ein wichtiger Faktor beim Erreichen unserer Ziele – ob wir einen Universitätsabschluss, den Aufbau einer erfolgreichen Firma oder eine erfüllende persönliche Beziehung anstreben oder unseren Geist schulen wollen, um glücklicher zu werden. Minderwertigkeitsgefühle hemmen unseren Fortschritt und lassen uns vor Herausforderungen und Risiken zurückschrecken. Doch Dünkel – ein übertriebenes Selbstvertrauen – kann genauso gefährlich sein. Diejenigen, die eine übertriebene Vorstellung von ihren eigenen Fähigkeiten und Leistungen hegen, sind ständig Frustration, Enttäuschung und Wut ausgesetzt, wenn die Realität zeigt, dass sie ihrem idealisierten Selbstbild nicht entsprechen. Außerdem führt die Selbstüberschätzung dieser Menschen oft dazu, dass sie hohe Ansprüche und eine gewisse Arroganz entwickeln, was sie von anderen isoliert und die Aufnahme emotional befriedigender Beziehungen verhindert. Und schließlich kann solcher Dünkel auch dazu führen, dass jemand gefährlich hohe Risiken eingeht. Wie uns Inspektor »Dirty Harry« in dem Film *Calahan (Magnum Force)* in einem nachdenklichen Moment (während er zuschaut, wie sich der allzu selbstsichere Bösewicht in die Luft jagt) mitteilt: »Ein Mann muss seine Grenzen kennen.«

Die Theoretiker der westlichen Psychotherapie führen sowohl ein zu niedriges als auch ein überzogenes Selbstvertrauen auf Störungen des Selbstbildes zurück, deren Wurzeln in der frühen Kindheit liegen. Viele halten beide Phänomene für zwei Seiten einer Medaille.

Das aufgeblähte Selbstbild wird zum Beispiel als unbewusste Abwehr gegen Unsicherheiten und negative Gefühle in Bezug auf die eigene Persönlichkeit begriffen. Vor allem psychoanalytisch orientierte Therapeuten haben ausführliche Theorien über die Ursachen von Verzerrungen des Selbstbildes formuliert: Unser Selbstbild entstehe dadurch, dass wir das Feedback unserer Umgebung verinnerlichten. Die Menschen entwickelten ihr Selbstverständnis, indem sie die ausgesprochenen und unausgesprochenen Botschaften über sich selbst von ihren Eltern übernähmen. Zu Verzerrungen könne es kommen, wenn die frühen Interaktionen mit den Erziehenden weder gesund noch formend seien.

Sind die Störungen des Selbstbilds schwer genug, um ernsthafte Probleme zu verursachen, suchen viele Menschen Hilfe bei der Psychotherapie. Einsichtorientierte Psychotherapeuten konzentrieren sich darauf, ihrem Patienten Verständnis dafür zu vermitteln, wie die dysfunktionalen Muster von frühen Beziehungen das Problem verursacht haben. Außerdem bieten sie ein angemessenes Feedback und eine therapeutische Umgebung an, in der der Patient sich allmählich umzustrukturieren und sein negatives Selbstbild zu beheben vermag.

Der Dalai Lama hingegen konzentriert sich darauf, »den Pfeil herauszuziehen«, statt darüber nachzudenken, wer ihn abgeschossen hat. Er fragt nicht, warum jemand unter Dünkel oder Minderwertigkeitsgefühlen leidet, sondern präsentiert eine Methode zur direkten Bekämpfung dieser negativen Geisteszustände.

In den vergangenen Jahrzehnten war die Natur des »Selbst« eines der am gründlichsten erforschten Themen auf dem Gebiet der Psychologie. Im »Ich-Jahrzehnt« der Achtziger zum Beispiel erschienen jedes Jahr Tausende von Artikeln, die sich mit Selbsteinschätzung, Selbstvertrauen und ähnlichen Fragen befassten.

Vor diesem Hintergrund schnitt ich das Thema gegenüber dem Dalai Lama an: »In einem unserer Gespräche erwähnten Sie die Demut im Zusammenhang mit der Förderung von Geduld und Toleranz als eine positive Eigenschaft. In der westlichen Psychologie und allgemein in unserer Kultur spielt Demut anscheinend nur eine untergeordnete Rolle, während die Entwicklung einer hohen Selbsteinschätzung und eines gesunden Selbstvertrauens sehr wichtig genommen wird. Meinen Sie, dass die Menschen im Westen dem Selbstvertrauen manchmal zu viel Bedeutung beimessen und sich egozentrisch verhalten?«

»Nein, nicht unbedingt«, antwortete der Dalai Lama. »Allerdings kann die Sache sehr kompliziert sein. Zum Beispiel legen die großen spirituellen Praktiker ein Gelübde ab oder fassen den Vorsatz, all ihre negativen Geisteszustände zu beseitigen, um sämtlichen Lebewesen zu helfen und ihnen das höchste Glück zu verschaffen. Das ist ihre Vision, ihr Ziel. Die Voraussetzung dazu ist ein enormes Selbstvertrauen, denn es verleiht dem Menschen den nötigen Mut zum Erreichen großer Ziele. Diese Einstellung mag arrogant erscheinen, aber sie ist es nicht im negativen Sinne, denn dafür gibt es sehr gute Gründe. Solche Praktiker halte ich für überaus mutig, ja sogar für Helden.«

»Na schön, bei einem spirituellen Meister kann das, was äußerlich wie Arroganz wirkt, in Wirklichkeit eine Form von Selbstvertrauen und Mut sein«, räumte ich ein. »Aber für normale Menschen unter ganz alltäglichen Umständen gilt meistens eher das Gegenteil: Jemand, der ein starkes Selbstvertrauen vorschützt, ist häufig nur arrogant.

Wenn ich mich nicht irre, gehört die Arroganz im Buddhismus zur Kategorie der ›Leid verursachenden Emotionen‹. Ich habe gelesen, dass in einem System sogar sieben verschiedene Arten der Arroganz aufgeführt werden. Also hält man das Vermeiden oder die Überwindung der Arroganz für sehr wichtig. Ebenso wichtig ist jedoch ein gesundes Selbstvertrauen. Manchmal ist die Grenze zwischen beiden äußerst schmal. Wie unterscheiden wir zwischen ihnen und kultivieren das eine, während wir das andere abbauen?«

»Manchmal ist es wirklich schwer, zwischen Arroganz und Selbstvertrauen zu unterscheiden«, erwiderte er. »Vielleicht sollte man feststellen, ob die Haltung gegenüber einer anderen Person eine solide Basis hat oder nicht. Ein Mensch kann zum Beispiel ein Gefühl der Überlegenheit haben, das angemessen und durchaus gerechtfertigt ist. Andererseits kann jemand über ein aufgeblähtes Selbstbild verfügen, das jeder Grundlage in der Realität entbehrt. Dann würde es sich um Arroganz handeln. Die beiden können zwar ähnlich wirken, doch ...«

»Aber ein arroganter Mensch ist *immer* davon überzeugt, dass seine Haltung realistisch ist ...«

»Ja, das stimmt«, bestätigte der Dalai Lama.

»Worin besteht dann der Unterschied?«

»Manchmal kann man das nur im Nachhinein entscheiden, glaube ich, oder indem man die Meinung eines Dritten einholt.« Der Dalai Lama schwieg einen Moment und scherzte dann: »Vielleicht sollte man vor Gericht gehen, um herauszufinden, ob es sich um einen Fall von übermäßigem Stolz oder Arroganz handelt.« Er lachte.

»Ein wichtiges Kriterium zur Unterscheidung von Dünkel und Selbstvertrauen ergibt sich, wenn wir die Folgen der jeweiligen Haltung untersuchen«, fuhr er fort. »Hochmut hat gewöhnlich negative, ein gesundes Selbstvertrauen dagegen positive Folgen. Wenn wir von ›Selbstvertrauen‹ sprechen, müssen wir daher herausfinden, welche Art von ›Selbst‹ dem zugrunde liegt. Ich glaube, wir haben es mit zwei Kategorien zu tun:

Die eine Art des ›Selbst‹ oder ›Ego‹ konzentriert sich ausschließlich auf die Erfüllung der eigenen Interessen, der eigenen egoistischen Wünsche und kümmert sich überhaupt nicht um das Wohlergehen der anderen. Die zweite Art des Ego widmet sich der aufrichtigen Sorge um die anderen und dem Wunsch, von Nutzen zu sein. Um diesen Wunsch zu erfüllen, braucht man ein starkes Selbstbewusstsein. Diese Art von Selbstvertrauen führt zu positiven Resultaten.«

»Sie haben bereits erwähnt, dass ein Weg, Stolz oder Arroganz zu verringern – vorausgesetzt, man erkennt Stolz als einen Fehler –, darin besteht, sich das eigene Leid vor Augen zu führen, indem man darüber nachdenkt, auf welche Arten man für Leid anfällig ist. Gibt es außer der Kontemplation über das eigene Leid noch andere Techniken oder Mittel zur Bekämpfung des Stolzes?«

»Eine weitere Möglichkeit ist die Kontemplation der vielen Themen oder Interessengebiete, über die wir nichts wissen«, antwortete er. »Zum Beispiel weist das moderne Erziehungs- und Bildungssystem eine Vielzahl an Fächern auf. Indem wir also darüber nachdenken, was wir alles nicht wissen, können wir unseren Stolz einschränken.«

Der Dalai Lama schwieg, und da ich annahm, das sei alles, was er zu diesem Gegenstand sagen wollte, begann ich in meinen Notizen zu blättern, um ein neues Thema anzuschneiden. Plötzlich fuhr er dann doch nachdenklich fort: »Wir haben über die Entwicklung eines gesunden Selbstvertrauens gesprochen – *ich glaube, dass Ehrlichkeit und Selbstvertrauen vielleicht sehr viel miteinander zu tun haben.*«

»Meinen Sie, dass man sich selbst ehrlich Rechenschaft über die eigenen Fähigkeiten und Grenzen geben sollte? Oder geht es Ihnen um die Ehrlichkeit anderen gegenüber?«, fragte ich.

»Um beides«, antwortete er. »Je ehrlicher und offener wir sind, desto weniger Angst haben wir, denn wir brauchen uns nicht darum zu sorgen, dass wir bloßgestellt werden könnten. Deshalb denke ich, dass wir umso mehr Selbstvertrauen gewinnen, je offener wir sind ...«

»Ich würde gern noch etwas mehr über Ihren persönlichen Umgang mit dem Thema Selbstvertrauen erfahren«, sagte ich. »Sie haben erwähnt, dass viele Menschen Sie aufsuchen, die offenbar Wunder von Ihnen erwarten. Dadurch scheint man Sie stark unter Druck zu setzen. Verlieren Sie da nicht manchmal das Vertrauen in die eigenen Fähigkeiten, obwohl Sie eine einwandfreie Motivation haben?«

»Hier ist es wichtig, genau zu definieren, was wir meinen, wenn wir von ›mangelndem Vertrauen‹ oder von ›Zuversicht‹ in Bezug auf eine bestimmte Handlung oder Situation sprechen. Das eigene Selbstvertrauen gerät ja nur ins Wanken, wenn wir zuvor angenommen haben, dass wir die beabsichtigte Handlung ausführen können, dass sie sozusagen im Rahmen unserer Möglichkeiten liegt. Erst wenn es uns trotzdem nicht gelingt, denken wir plötzlich: ›Ach, vielleicht bin ich nicht gut genug oder kompetent genug‹ oder Ähnliches.

Die Einsicht, dass ich keine Wunder vollbringen kann, schwächt mein eigenes Selbstvertrauen jedoch nicht, denn ich habe noch nie geglaubt, derartige Fähigkeiten zu besitzen. Ich erwarte von mir nicht, dass ich zu Taten wie der erleuchtete Buddha imstande bin – das hieße ja, alles zu wissen, alles wahrzunehmen oder jederzeit und unter allen Umständen richtig zu handeln. Wenn Menschen mich bitten, sie zu heilen oder Wunder zu vollbringen oder Ähnliches, verliere ich nicht mein Selbstvertrauen, sondern fühle mich nur ein wenig verlegen.

Ich glaube, dass Aufrichtigkeit hinsichtlich der eigenen Fähigkeiten und Grenzen einem niedrigen Selbstwertgefühl entgegenwirken kann.

Aber im Umgang mit China zum Beispiel empfinde ich hin und wieder einen Mangel an Selbstvertrauen. Doch gewöhnlich berate ich mich dann mit Politikern oder gelegentlich auch mit Personen, die keine offizielle Funktion bekleiden. Außerdem bitte ich Freunde um ihre Meinung und diskutiere die Angelegenheit mit ihnen. Da zahlreiche Entscheidungen erst nach langen Gesprächen mit vielen Menschen und nicht voreilig getroffen werden, habe ich Vertrauen zu den gefällten Urteilen und brauche den einmal eingeschlagenen Kurs nicht zu bereuen.«

Eine furchtlose und ehrliche Selbsteinschätzung kann eine kraftvolle Waffe gegen Selbstzweifel und Minderwertigkeitsgefühle sein. Die Auffassung des Dalai Lama, dass diese Art Ehrlichkeit als Gegenmittel gegen die erwähnten negativen Geisteszustände wirkt, ist von mehreren kürzlich durchgeführten Studien bestätigt worden. Sie zeigen deutlich, dass Menschen mit einem realistischen und zutreffenden Selbstbild mehr Zuversicht an den Tag legen als solche mit einer begrenzten oder ungenauen Selbsterkenntnis.

Im Laufe der Jahre war ich oft Zeuge, wenn der Dalai Lama veranschaulichte, dass Selbstvertrauen aus der klaren, ehrlichen Einsicht in die eigenen Fähigkeiten hervorgeht. Als ich ihn zum ersten Mal vor einem großen Publikum eine Frage mit »Ich weiß nicht« beantworten hörte, war ich sehr überrascht. Anders als ich es aus Vorträgen von Hochschullehrern oder so genannten Autoritäten gewohnt war, gab der Dalai Lama seine Unkenntnis zu, ohne verlegen zu werden, ohne seine Wissenslücke zu beschönigen oder dem Thema auszuweichen.

Vielmehr schien er sich sogar zu freuen, wenn er mit einer schwierigen Frage konfrontiert wurde, auf die er keine Antwort wusste, und witzelte darüber. Zum Beispiel gab er einmal Unterweisungen zu der Schrift des tibetischen Gelehrten Shantideva *Der Eintritt in das Leben zur Erleuchtung. Anleitung zur Lebensweise eines Bodhisattva*. Der Vers, den er erläutern wollte, war durch eine besonders komplexe Logik geprägt. Der Dalai Lama mühte sich eine Weile damit ab, verhaspelte sich und fing schließlich an zu lachen. »Ich bin verwirrt«, sagte er, »ich glaube, es ist besser, ich lasse diesen Punkt auf sich beruhen. Im nächsten Vers …«

Als aus dem Publikum verständnisvolles Lachen erscholl, bemerkte er noch heiterer: »Dieser Ansatz ist vergleichbar mit einem alten Menschen beim Essen. Da er sehr schlechte

Zähne hat, isst er die weichen Stücke und lässt die harten einfach liegen.« Immer noch belustigt sagte er: »Das reicht also für heute.« Sein souveränes Selbstvertrauen war während dieser Szene nicht im Geringsten erschüttert worden.

Das Nachdenken über unser Potenzial als Mittel gegen Selbsthass

Auf einer Indien-Reise 1991, zwei Jahre vor dem Besuch des Dalai Lama in Arizona, kam ich in Dharamsala zu einer kurzen Begegnung mit ihm zusammen. In jener Woche hatte er sich täglich mit einer Reihe herausragender westlicher Wissenschaftler, mit Ärzten, Psychologen und Meditationslehrern getroffen, um den Zusammenhang von Körper und Geist zu untersuchen und die Beziehung zwischen emotionaler Erfahrung und physischer Gesundheit zu verstehen. Ich suchte den Dalai Lama am späten Nachmittag nach einer seiner Sitzungen mit den Wissenschaftlern auf. Gegen Ende des Gesprächs fragte er mich: »Sie wissen, dass ich mich in dieser Woche mit einigen Wissenschaftlern getroffen habe?«

»Ja …«

»Dabei kamen wir auf ein Thema zu sprechen, das mich sehr überraschte: den ›Selbsthass‹. Ist Ihnen dieses Phänomen ein Begriff?«

»Ja, sicher. Etliche meiner Patienten leiden darunter.«

»Als die Wissenschaftler darauf eingingen, wusste ich zuerst nicht, ob ich sie richtig verstanden hatte«, meinte er. »Ich dachte, natürlich lieben wir uns selbst. Wie kann sich ein Mensch denn selbst hassen? Obwohl ich annahm, einiges über die Funktionsweise des menschlichen Geistes zu wissen, war mir die Vorstellung, sich selbst zu hassen, völlig neu. Sie erschien mir deshalb so unglaublich, weil sich praktizierende Buddhisten sehr intensiv bemühen, ihre egozentrische Haltung, ihre selbstsüchtigen Gedanken und Motive aufzugeben. Von diesem Standpunkt aus scheinen wir uns eher zu sehr zu lieben und zu schätzen.

Die Möglichkeit, dass jemand sich selbst nicht nur nicht schätzt, sondern sich sogar hasst, kam mir ganz unglaublich vor. Können Sie als Psychiater mir dieses Phänomen und seine Entstehung erklären?«

Ich beschrieb ihm die Hintergründe des Selbsthasses kurz aus psychologischer Sicht. So erklärte ich, wie Eltern und Erziehung unser Selbstbild formen und wie wir, während wir aufwachsen und uns entwickeln, von den Eltern implizite Botschaften über uns erhalten. Dann vermittelte ich ihm einen Überblick über die spezifischen Bedingungen, die zu einem negativen Selbstbild führen, und über die Faktoren, die den Selbsthass verschlimmern, zum Beispiel das Unvermögen, unserem idealisierten Selbstbild gerecht zu werden. Anschließend erläuterte ich, wie der Selbsthass vor allem bei manchen Frauen und Minderheiten kulturell verfestigt werden kann. Der Dalai Lama nickte nachdenklich, und ich entnahm seiner Miene, dass er immer noch Schwierigkeiten hatte, dieses ungewohnte Phänomen zu begreifen.

Groucho Marx scherzte einmal: »Ich würde nie einem Verein beitreten, der mich als Mitglied akzeptiert.« Mark Twain weitete diese negative Selbstsicht zu einer Beobachtung über die menschliche Natur aus: »Im tiefsten Herzen hat kein Mensch besonders viel Respekt vor sich selbst!« Der Psychologe Carl Rogers bezog die pessimistische Einsicht der Menschheit in seine Theorien ein und behauptete einmal: »Die meisten Menschen verachten sich selbst, betrachten sich als wertlos und abstoßend.«

In unserer Gesellschaft herrscht die von den meisten zeitgenössischen Psychotherapeuten geteilte populäre Ansicht, dass der Selbsthass in der westlichen Zivilisation grassiere. Zwar existiert er unzweifelhaft, aber zum Glück ist er wohl nicht so weit verbreitet, wie viele glauben. Ganz sicher ist Selbsthass unter den Patienten der Psychotherapie ein häufiges Problem, aber manchmal haben Psychotherapeuten mit klinischer Praxis eine verzerrte Sicht, eine Tendenz, ihre Gesamtschau der menschlichen Natur von den wenigen Individuen abzuleiten, die sich ihrer Behandlung unterziehen.

Die meisten experimentellen Daten beweisen jedoch, dass sich die Menschen oft in einem günstigen Licht sehen (oder zumindest sehen wollen), da sie sich in Befragungen zu subjektiven und sozial erwünschten Eigenschaften als »überdurchschnittlich« einstufen.

Während der Selbsthass vielleicht nicht so allgegenwärtig ist wie allgemein angenommen, stellt er doch für viele Menschen ein erhebliches Hindernis dar. Ich war ebenso überrascht über die Reaktion des Dalai Lama wie er über das Phänomen des Selbsthasses. Allein sein erster spontaner Reflex darauf kann erhellend und heilsam sein.

Im Zusammenhang mit seiner bemerkenswerten Reaktion verdienen zwei Punkte eine genauere Untersuchung. Erstens die Tatsache, dass er von der Existenz des Selbsthasses nichts wusste. Da der Selbsthass als weit verbreitetes Problem gilt, entsteht der Eindruck, er sei tief in der menschlichen Psyche verwurzelt. Die Tatsache dagegen, dass er in ganzen Kulturen, in diesem Fall der tibetischen, praktisch unbekannt ist, gemahnt uns daran, dass dieser ungemein quälende Geisteszustand – ebenso wie alle anderen negativen Geisteszustände, die wir untersucht haben – *kein der menschlichen Psyche innewohnender Bestandteil ist.* Wir werden weder damit geboren, noch sind wir unwiderruflich damit behaftet, noch handelt es sich um eine unauslöschliche Eigenschaft unserer Natur. Selbsthass lässt sich beseitigen. Allein diese Erkenntnis kann seine Kraft schwächen, uns Hoffnung verleihen und unsere Bereitschaft erhöhen, ihn auszumerzen.

Der zweite interessante Punkt war die Aussage des Dalai Lama: »Sich selbst *hassen*? Natürlich *lieben* wir uns selbst.« Für diejenigen, die an Selbsthass leiden oder einen davon befallenen Menschen kennen, mögen diese Worte auf den ersten Blick unglaublich naiv klingen. Bei näherer Betrachtung könnten sie jedoch eine fundamentale Wahrheit enthalten. Liebe ist schwer zu definieren, und vielleicht gibt es mehrere Definitionen.

Aber eine Definition der Liebe in ihrer vielleicht reinsten und erhabensten Form ist der totale, absolute und bedingungslose Wunsch nach Glück für einen anderen – unabhängig davon, ob dieser andere uns vielleicht verletzen wird oder ob wir ihn überhaupt mögen. Im tiefsten Herzen wünscht sich ohne Zweifel jeder von uns, glücklich zu sein. *Wenn sich unsere Definition von Liebe also auf den aufrichtigen Wunsch nach jemandes Glück stützt, dann lieben wir uns auch selbst – denn wir alle möchten glücklich sein.*

In meiner klinischen Praxis bin ich manchmal extremen Fällen von Selbsthass begegnet; das ging so weit, dass die Betroffenen wiederholt an Selbstmord dachten. Aber auch in solchen Fällen beruht der Gedanke zu sterben letztlich auf dem Wunsch des Individuums (wie verzerrt und fehlgeleitet er auch sein mag), *sich selbst vom Leid zu erlösen, und nicht darauf, es zu versuchen.*

Vielleicht hatte der Dalai Lama gar nicht so Unrecht mit seiner Meinung, dass wir alle uns im Grunde selbst lieben. Hier verbirgt sich ein effektives Mittel gegen Selbsthass: Wir können den selbstverachtenden Gedanken entgegenwirken, indem wir uns vor Augen führen, dass wir uns bei aller Ablehnung mancher unserer Eigenschaften gleichwohl wünschen, glücklich zu sein. Und das ist eine profunde Art der Liebe.

Bei einem späteren Besuch in Dharamsala griff ich das Thema Selbsthass erneut auf. Inzwischen hatte sich der Dalai Lama mit dem Begriff vertraut gemacht und begonnen, Methoden zur Bekämpfung des Phänomens zu entwickeln.

»Aus buddhistischer Sicht ist das Verweilen in einem entmutigten oder depressiven Zustand ein Extrem, das die Verwirklichung der eigenen Ziele eindeutig behindert«, erklärte er. »Selbsthass ist sogar noch weit extremer als bloße Entmutigung und sehr, sehr gefährlich. Für praktizierende Buddhisten wäre das Mittel gegen Selbsthass die Reflexion über die Tatsache, dass alle Wesen, auch wir selbst, die Buddha-Natur besitzen, das heißt den Samen oder das Potenzial zur Vollkommenheit, zur vollständigen Erleuchtung – unabhängig davon, wie schwach, armselig oder benachteiligt unsere gegenwärtige Situation sein mag.

Praktizierende Buddhisten, die an Selbsthass oder Selbstverachtung leiden, sollten es vermeiden, über die leidhafte Natur der Existenz zu meditieren, und sich stattdessen auf die positiven Aspekte des eigenen Lebens konzentrieren, etwa auf das ungeheure Potenzial, das in allen Menschen angelegt ist.«

Wieder einmal stellte ich meine nun üblich gewordene Frage aus der Perspektive des Nicht-Buddhisten: »Und was wäre das Gegenmittel für jemanden, der nie von der Buddha-Natur gehört hat oder der kein Buddhist ist?«

»Allgemein gesprochen könnte ich zum Beispiel darauf hinweisen, dass wir alle mit unserer wunderbaren menschlichen Intelligenz begabt sind. Außerdem verfügen wir über eine Entschiedenheit, die wir in jede beliebige Richtung lenken können. Daran besteht kein Zweifel. Wenn wir uns dieses Potenzial immer wieder bewusst machen, bis es in unsere gewohnte Betrachtungsweise der menschlichen Natur übergeht, können Entmutigung, Hilflosigkeit und Selbstverachtung abgebaut werden.«

Der Dalai Lama schwieg eine Weile und fuhr dann in einem Tonfall fort, der erkennen ließ, dass sein Erkenntnisprozess nicht abgeschlossen war.

»Wir haben es hier möglicherweise mit einer Parallele zur Behandlung körperlicher Krankheiten zu tun. Wenn die Ärzte einen Patienten wegen einer bestimmten Krankheit behandeln, geben sie ihm nicht einfach Antibiotika, sondern sie vergewissern sich zuerst, ob seine Konstitution Antibiotika verträgt. Sie überzeugen sich zum Beispiel, ob der Patient gut genährt ist, und verabreichen häufig noch Vitamine oder andere Stoffe, die den Körper stärken. Wenn der Patient über eine gute Konstitution verfügt, hat der Körper das Potenzial oder die Fähigkeit, sich mithilfe von Medikamenten zu heilen. *Ebenso sind wir im Prinzip gesund, solange wir unsere menschliche Intelligenz und unsere positiv verwertbare Entschiedenheit besitzen. Diese fundamentale Stärke entspringt der Erkenntnis, dass wir über ein großartiges menschliches Potenzial verfügen.* Eine solche Erkenntnis kann wie eine Automatik wirken, die uns gestattet, mit jeder Schwierigkeit oder Situation fertig zu werden, ohne dass wir die Hoffnung verlieren oder in Selbsthass verfallen.«

Indem wir uns daran erinnern, über welche Qualitäten wir als Menschen verfügen, neutralisieren wir den Impuls, uns für schlecht oder unwürdig zu halten. Viele Tibeter praktizieren dies in ihrer täglichen Meditation. Vielleicht ist das der Grund dafür, dass der Selbsthass in der tibetischen Kultur nie einen fruchtbaren Boden gefunden hat.

V

Abschließende Betrachtungen über grundlegende spirituelle Werte

Grundlegende spirituelle Werte

Die Kunst des Glücklichseins hat viele Fassetten. Als Erstes gilt es, ein Verständnis für die wahren Quellen des Glücks zu entwickeln und unsere Prioritäten im Leben auf die Erschließung dieser Quellen zu verlagern. Dazu gehören innere Disziplin und die schrittweise Beseitigung unserer destruktiven Geisteszustände, um sie durch positive, konstruktive Geisteszustände wie Freundlichkeit, Toleranz und Nachsicht zu ersetzen. Die Erörterung der Faktoren, die zu einem erfüllten und befriedigenden Leben führen, schließt mit jener der Spiritualität.

Wir neigen dazu, Spiritualität mit Religion zu assoziieren. Der Dalai Lama hat seine Methode zur Erlangung von Glück durch die jahrelange strikte Praxis als ordinierter buddhistischer Mönch entwickelt; auch steht er im Ruf eines herausragenden buddhistischen Gelehrten. Viele fühlen sich jedoch weniger durch sein Verständnis komplexer philosophischer Fragen zu ihm hingezogen als durch seine persönliche Wärme, seinen Humor und seine bodenständige Lebensart. Bei unseren Gesprächen schien seine eigentliche Rolle als buddhistischer Mönch neben seiner überwältigenden Menschlichkeit sogar zu verblassen. Trotz seines rasierten Kopfes und seiner auffallenden kastanienbraunen Roben, trotz seiner Position als einer der prominentesten Religionsführer der Welt sprachen wir wie zwei gewöhnliche Menschen über die von uns allen geteilten Probleme.

Um uns die wahre Bedeutung der Spiritualität zu verdeutlichen, begann der Dalai Lama mit der Unterscheidung von Spiritualität und Religion.

»Wesentlich ist, dass wir unser Potenzial als Menschen hoch schätzen und die Wichtigkeit der inneren Transformation erkennen. Das erreichen wir durch eine Art geistigen Entwicklungsprozess, den ich manchmal auch als spirituelle Dimension unseres Lebens bezeichne.

Es gibt zwei Stufen der Spiritualität. Die erste hat mit unseren religiösen Überzeugungen zu tun. Auf dieser Welt leben etwa fünf Milliarden Menschen mit unterschiedlichen Veranlagungen, weshalb ich manchmal den Eindruck habe, dass wir auch fünf Milliarden Religionen benötigen. Jeder sollte den spirituellen Pfad beschreiten, der seiner geistigen Veranlagung und natürlichen Neigung, seinem Temperament und Glauben, seiner Familie und seinem kulturellen Hintergrund am besten entspricht.

Als buddhistischer Mönch bin ich zu dem Schluss gelangt, dass der Buddhismus für mich persönlich am geeignetsten ist. Aber das braucht natürlich nicht auf jeden anderen zuzutreffen. Es wäre dumm zu denken, dass der Buddhismus für jedermann am besten sei, denn unterschiedliche Menschen haben auch unterschiedliche Veranlagungen. Daher benötigen wir eine Vielfalt von Religionen. Der Zweck der Religion besteht darin, den Menschen zu nützen.

Hätten wir nur eine Religion, würde sie nach einer Weile wohl aufhören, vielen Menschen Nutzen zu bringen. Servierte man beispielsweise in einem Restaurant nur ein einziges Gericht – Tag für Tag, zu jeder Mahlzeit –, so würden sich nach einer Weile nur noch wenige Gäste einfinden. Die Menschen brauchen und schätzen Abwechslung beim Essen, weil es so viele verschiedene Geschmäcker gibt.

Auf ähnliche Weise dienen Religionen dazu, den menschlichen Geist zu nähren. Daher sollten wir die Mannigfaltigkeit der Religionen zu würdigen wissen. Für die einen ist der Judaismus am sinnvollsten, für die anderen das Christentum oder

der Islam. Alle großen religiösen Traditionen der Welt verdienen unseren Respekt, denn sie können erheblich zum Wohl der Menschheit beitragen. Sie haben den Zweck, das Individuum glücklicher und die Welt angenehmer zu machen.

Damit eine Religion sich jedoch weltverbessernd auswirkt, muss sich jeder Gläubige aufrichtig an seine religiöse Lehre halten. Das heißt, wir müssen die Lehren in unser Leben integrieren, wo immer wir auch sind, sodass wir sie als innere Kraftquelle nutzen können. Und wir brauchen ein tieferes, nicht nur intellektuelles, sondern gefühlsmäßiges Verständnis der religiösen Ideen, damit wir fähig sind, solche Werte zu verinnerlichen.

Wir sollten einen tiefen Respekt für alle religiösen Traditionen entwickeln, weil diese einen ethischen Rahmen liefern können, der unser Verhalten positiv beeinflusst. In der christlichen Tradition zum Beispiel sorgt der Glaube an Gott für ein zusammenhängendes ethisches System, an dem die Menschen ihre Handlungen und ihre Lebensweise orientieren können. Das ist ein sehr kraftvoller Ansatz, da eine gewisse Intimität in der eigenen Beziehung zu Gott entsteht. Und wie könnte man seine Liebe zu dem Gott, der einen erschaffen hat, besser beweisen als durch Liebe und Mitgefühl für die Mitmenschen.

Es gibt wohl noch viele solcher Gründe für den Respekt vor anderen Religionen. Viele Jahrhunderte lang haben Millionen Menschen Beistand durch eine der großen religiösen Traditionen erhalten, und noch heute lassen sich unzählige Menschen durch eine der verschiedenen Religionen inspirieren. Das Gleiche gilt auch für künftige Generationen. Diese Realität zu erkennen und andere Religionen zu respektieren, ist deshalb sehr wichtig.

Ein Weg zur Stärkung des gegenseitigen Respekts besteht meiner Meinung nach im engeren Kontakt zwischen den einzelnen religiösen Glaubensrichtungen – im persönlichen Kontakt. Ich selbst habe beispielsweise in den vergangenen Jahren immer wieder mit christlichen oder jüdischen Gemeinden Dialoge geführt, was einige wirklich positive Resultate erbracht hat. Durch solche Kontakte erfahren wir nicht nur, wie diese Religionen der Menschheit dienen, sondern entdecken vielleicht auch nützliche Aspekte, von denen wir lernen können. Wir könnten sogar auf Methoden und Techniken stoßen, die sich in unsere eigene Praxis übernehmen lassen.

Es ist also wichtig, dass wir engere Bande zwischen den Religionen knüpfen, um eine gemeinsame Anstrengung zum Wohle der Menschheit unternehmen zu können. So vieles trennt die Menschen, es gibt so viele Probleme auf der Welt. Die Religion sollte ein Mittel zur Verringerung der Konflikte und des Leidens sein – keinesfalls eine weitere Quelle des Zwiespalts.

Wenn wir erklären, dass alle Menschen gleich sind, meinen wir damit, dass jeder den offensichtlichen Wunsch nach Glück hegt. Jeder hat das Recht, glücklich zu sein und das Leid zu überwinden. Zieht also jemand Glück und Nutzen aus einer religiösen Tradition, hat er unseren Respekt verdient. Wir müssen lernen, alle Weltreligionen zu achten. Das liegt auf der Hand.«

Während der einwöchigen Vorträge des Dalai Lama in Tucson war der Geist des gegenseitigen Respekts mehr als bloßes Wunschdenken. Hier trafen sich Anhänger der verschiedensten Traditionen, darunter viele christliche Geistliche. Trotz der religiösen Unterschiede war der Saal von einer friedlichen und harmonischen Atmosphäre erfüllt. Man tauschte sich offen aus, und die Nicht-Buddhisten waren sehr interessiert daran, etwas über die tägliche spirituelle

Praxis des Dalai Lama zu erfahren. Zum Beispiel stellte ein Zuhörer folgende Frage: »Ob im Buddhismus oder in anderen Religionen, die Gebetspraxis scheint überall betont zu werden. Warum ist das Gebet wichtig für ein spirituelles Leben?«

Der Dalai Lama antwortete: »Ich meine, das Gebet ist vorwiegend eine tägliche Erinnerung an unsere Prinzipien und Überzeugungen. Ich für meinen Teil rezitiere jeden Morgen bestimmte buddhistische Verse. Sie mögen wie Gebete aussehen, dienen mir aber eher als Erinnerung daran, wie ich mit anderen sprechen, wie ich mich ihnen gegenüber verhalten und wie ich mit meinen Alltagsproblemen umgehen sollte. Meine Praxis besteht also größtenteils aus Appellen an mich selbst, bei denen ich Mitgefühl, Nachsicht und andere positive Eigenschaften Revue passieren lasse.

Hinzu kommen natürlich gewisse buddhistische Meditationen über das Wesen der Realität und einige Visualisationspraktiken. Wenn ich ganz gemächlich vorgehe, verwende ich auf meine tägliche Praxis und meine Gebete etwa vier Stunden. Das ist ziemlich lang.«

Die Vorstellung, vier Stunden am Tag im Gebet zu verbringen, veranlasste eine andere Zuhörerin zu der Frage: »Ich bin berufstätige Mutter mit kleinen Kindern und habe sehr wenig Freizeit. Wie soll jemand, der wirklich sehr beschäftigt ist, die Zeit finden, all diese Gebete und Meditationspraktiken durchzuführen?«

»Auch ich könnte mich dauernd über Zeitmangel beklagen«, bemerkte der Dalai Lama. »Aber mit etwas Anstrengung können wir immer eine Möglichkeit finden, vielleicht am frühen Morgen oder am Wochenende. Man kann ja etwas von seinen Vergnügungen opfern«, meinte er lachend. »Sagen wir also, wenigstens eine halbe Stunde täglich. Oder wenn man sich wirklich Mühe gibt, kann man vielleicht dreißig Minuten am Morgen und dreißig am Abend erübrigen. Man braucht nur gründlich über einen Weg nachzudenken.

Die wahre Bedeutung spiritueller Praktiken liegt, ernsthaft betrachtet, darin, dass wir unsere geistige Einstellung, unseren psychologischen und emotionalen Zustand und unser Wohlbefinden entwickeln und trainieren. Wir sollten unsere spirituelle Praxis nicht nur auf bestimmte körperliche oder verbale Handlungen – etwa auf Gebete oder Rezitationen – beschränken. Wer sein Verständnis der spirituellen Übung auf solche Aktivitäten einengt, braucht für seine Übungen natürlich spezifische Zeiten. Denn meist kann man nicht seine tägliche Arbeit verrichten und dabei Mantras rezitieren. Das wäre sehr störend für die Umgebung.

Verstehen wir die spirituelle Praxis jedoch in ihrem eigentlichen Sinne, dann können wir sämtliche vierundzwanzig Stunden des Tages für sie nutzen. *Wahre Spiritualität ist eine geistige Haltung, die wir jederzeit praktizieren können.* Sind wir beispielsweise gerade im Begriff, jemanden zu beleidigen, treffen wir sofort Vorsorge, um diese Handlung zu verhindern. Oder wenn wir in eine Situation geraten, in der wir die Beherrschung verlieren könnten, sollten wir jetzt auf der Hut sein und sagen: ›Nein, das ist nicht der angemessene Weg.‹ Auch das ist eine spirituelle Übung. So gesehen, wird man immer Zeit haben.

Das erinnert mich an die Worte Potowas, eines der tibetischen Kadampa-Meister: ›Für einen Meditierenden, der über einen bestimmten Grad an innerer Stabilität und Erkenntnis verfügt, ist jedes Ereignis, jede Erfahrung eine Art Belehrung – eine Möglichkeit zum Lernen.‹ Das halte ich für sehr wahr.

Auf dieser Basis können wir beispielsweise sogar beunruhigende Gewalt- und Sexszenen im Kino oder Fernsehen anschauen und uns dabei unterschwellig der schädlichen Auswirkungen solcher Extreme bewusst sein. Statt uns durch die Szenen völlig aus der Fassung bringen zu lassen, können wir sie als Anzeichen für den destruktiven Charakter ungehemmter negativer Emotionen betrachten – und daraus eine Lehre ziehen.«

Aber Lehren aus Wiederholungen von *Das A-Team* oder *Melrose Place* zu ziehen, reicht vermutlich nicht aus. Die spirituelle Lebensweise eines praktizierenden Buddhisten wie des Dalai Lama ist zudem gewiss noch durch Merkmale geprägt, die einzig den buddhistischen Pfad auszeichnen. Bei der Beschreibung seiner täglichen Praxis erwähnte er beispielsweise, sie enthalte buddhistische Meditationen über das Wesen der Realität und bestimmte Visualisationsübungen. Im Laufe der Jahre hatte ich Gelegenheit, mehr von ihm über solche Praktiken zu hören.

Und nicht nur darüber – seine Ausführungen waren manchmal komplexer als alles, was mir zu *irgendeinem* Thema je zu Ohren gekommen war. Seine Vorträge über das Wesen der Realität enthielten labyrinthische philosophische Schlussfolgerungen und Analysen; seine Schilderungen der tantrischen Visualisationen waren unvorstellbar ausgefeilt: Diese schienen das Ziel zu haben, in der Fantasie eine Art holographischen Atlas des Universums zu entwerfen. Der Dalai Lama hatte sein ganzes Leben mit dem Studium und der Ausübung solcher buddhistischen Meditationen verbracht. Unter diesem Gesichtspunkt fragte ich ihn: »Können Sie den praktischen Nutzen der spirituellen Praktiken für Ihren Alltag beschreiben?«

Er schwieg ein paar Sekunden lang und antwortete dann leise: »Meine eigene Erfahrung mag sehr gering sein, aber eines kann ich mit Sicherheit sagen: Durch die buddhistische

Übung habe ich das Gefühl, dass mein Geist sehr viel ruhiger geworden ist. Das steht fest. Auch wenn der Wandel allmählich kam, vielleicht zentimeterweise, meine ich doch, dass sich meine Haltung mir selbst und anderen gegenüber geändert hat. Es ist schwierig, die genauen Ursachen dieses Wandels aufzuzeigen, aber ich glaube, dass er durch die Erkenntnis des Wesens der Realität bewirkt wurde – vielleicht durch keine vollständige Erkenntnis, aber durch eine gewisse Einfühlung. Auch die Kontemplation von Themen wie Unbeständigkeit, unsere Leidensnatur und die Bedeutung von Mitgefühl und Altruismus hat eine bedeutende Rolle gespielt.

So hege ich, wenn ich an die kommunistischen Chinesen denke, die den Tibetern großen Schaden zugefügt haben, infolge meiner buddhistischen Übung ein gewisses Mitgefühl für die Folterer. Denn ich begreife, dass sie in Wirklichkeit unter dem Einfluss anderer negativer Kräfte stehen. Aufgrund dieser Sichtweise und meines Bodhisattva-Gelübdes[8] kann ich, selbst wenn Menschen Gräueltaten begangen haben, einfach nicht fühlen oder denken, dass sie wegen ihrer Handlungen nur noch Leid und keinen Moment des Glücks erfahren sollten. Das Bodhisattva-Gelübde hat mir geholfen, diese Haltung zu entwickeln, und deshalb ist es mir sehr wertvoll.

Das erinnert mich an einen hohen Zeremonienmeister, der die religiösen Gesänge im Namgyal-Kloster leitete. Er verbrachte zwanzig Jahre als politischer Häftling in chinesischen Gefängnissen und Arbeitslagern. Einmal fragte ich ihn, was im Gefängnis das schwierigste für ihn gewesen sei.

[8] Beim Bodhisattva-Gelübde bekräftigt der spirituelle Adept seine Absicht, ein Bodhisattva zu werden. Ein Bodhisattva, wörtlich übersetzt »erwachter Krieger«, ist jemand, der aus Liebe und Mitgefühl heraus die Verwirklichung von Bodhicitta erlangt hat, einem geistigen Zustand, der sich durch das spontane und echte Bestreben auszeichnet, die volle Erleuchtung zum Wohle aller Wesen zu erreichen.

Zu meiner Überraschung erwiderte er, die größte Gefahr habe darin bestanden, sein Mitgefühl für die Chinesen zu verlieren!

Es gibt viele solcher Geschichten. Zum Beispiel traf ich vor drei Tagen einen Mönch, der ebenfalls viele Jahre in chinesischen Gefängnissen durchlitten hatte. Er erzählte mir, dass er zur Zeit des tibetischen Aufstands von 1959 vierundzwanzig Jahre alt war. Damals schloss er sich den tibetischen Streitkräften im Norbulingka an. Er wurde von den Chinesen zusammen mit drei Brüdern ins Gefängnis gesteckt. Seine Brüder gingen dort zugrunde, und zwei weitere wurden ebenfalls umgebracht. Dann starben seine Eltern in einem Arbeitslager. Im Gefängnis kam er zu dem Schluss, dass er, obwohl er sein ganzes Leben als Mönch im Kloster Drepung verbracht hatte, kein guter, sondern ein dummer Mönch gewesen sei. Er schwor sich, im Gefängnis nun ein aufrichtiger Mönch zu werden. Infolge seiner buddhistischen Übung und Geistesschulung war er fähig, sich im Geiste wahrhaft glücklich zu fühlen, selbst wenn er körperlichen Schmerz durchmachte. Sogar Folter und schwere Schläge konnte er überleben und sich dabei immer noch glücklich fühlen, da er sie als Reinigung von seinem früheren negativen Karma ansah.

Anhand dieser Beispiele können wir ermessen, wie wertvoll es ist, spirituelle Praktiken in unser tägliches Leben einzubinden.«

So fügte der Dalai Lama die letzte Komponente eines glücklichen Lebens hinzu: die spirituelle Dimension. In den Lehren des Buddha haben der Dalai Lama und viele andere eine sinnvolle Unterstützung gefunden, die ihnen ermöglicht, die Schmerzen und das Leid des Lebens zu ertragen und sogar zu transzendieren. Und wie der Dalai Lama betont:

Jede der großen Weltreligionen bietet uns die gleiche Chance zum Erlangen eines glücklicheren Lebens.

Die umfassende Kraft des Glaubens, die von den Religionen hervorgebracht wird, trägt Millionen Menschen durch schwierige Zeiten. Manchmal kommt diese Kraft ganz unauffällig, manchmal in tief greifenden Erfahrungen und Wandlungen zum Ausdruck. Jeder hat die Auswirkungen eines solchen Glaubens zweifellos schon einmal in der eigenen Familie, bei Freunden oder Bekannten erlebt. Gelegentlich gelangen Beispiele sogar auf die Titelseiten von Magazinen und Zeitungen.

Wer kennt nicht das Martyrium von Terry Anderson, einem Mann, der 1985 in Beirut eines Morgens plötzlich auf offener Straße gekidnappt wurde. Man warf eine Decke über ihn, stieß ihn in ein Auto und hielt ihn für die nächsten sieben Jahre als Geisel der islamischen Extremistengruppe Hisbollah gefangen. Bis 1991 war er in feuchten, schmutzigen Kellern und winzigen Zellen eingesperrt, lange sogar mit verbundenen Augen und in Ketten, wobei er regelmäßigen Schlägen ausgesetzt war. Als er schließlich freigelassen wurde, richteten sich die Augen der ganzen Welt auf ihn. Sie sahen einen Mann, der überglücklich war, wieder bei seiner Familie zu sein, aber überraschend wenig Bitterkeit und Hass gegenüber jenen empfand, die ihn gefangen genommen hatten. Als die Reporter ihn nach der Quelle seiner bemerkenswerten Kraft befragten, gab er Glauben und Gebet als die entscheidenden Faktoren an.

Die Welt ist voller Beispiele dafür, dass der Glaube in schwierigen Zeiten eine konkrete Hilfe bietet. Neuere Statistiken bestätigen die Annahme, dass Religiosität wesentlich zu einem glücklicheren Leben beitragen könne. Solche von unabhängigen Forschern und Organisationen (wie dem Galupinstitut) durchgeführten Umfragen machen deutlich, dass sich religiöse Menschen eigenen Angaben zufolge in ihrem Leben oft viel glücklicher und zufriedener fühlen als nichtreligiöse. Nach diesen Studien beeinflusst der Glaube nicht nur das Wohlbefinden, sondern er hilft den Menschen anscheinend auch dabei, effektiver auf das Altern sowie persönliche Krisen und traumatische Ereignisse zu reagieren. Überdies zeigen Statistiken, dass Familien mit einem starken religiösen Glauben oft niedrigere Kriminalitäts-, Alkohol- und Drogenmissbrauchs- sowie Ehescheidungsraten aufweisen.

Einiges deutet auch darauf hin, dass der Glaube sich positiv auf die körperliche Gesundheit der Menschen auswirkt. In Hunderten von wissenschaftlichen und epidemiologischen Untersuchungen hat man eine Verbindung zwischen einem starken religiösen Glauben und niedrigeren Sterblichkeitsziffern sowie stabiler Gesundheit festgestellt. Einer Studie zufolge konnten ältere Frauen mit starkem Glauben nach einer Hüftoperation eine größere Entfernung zurücklegen als jene ohne religiöse Überzeugungen – und sie waren nach der Operation auch weniger deprimiert.

Eine von Ronna Casar Harris und Mary Amanda Dew am Medical Center der University of Pittsburgh durchgeführte Studie ergab, dass gläubige Patienten nach einer Herztransplantation weniger Schwierigkeiten mit der Einhaltung postoperativer medizinischer Vorschriften hatten und langfristig über eine stabilere physische und emotionale Gesundheit verfügten. In einer anderen, von Dr. Thomas Oxman und seinen Kollegen an der Dartmouth Medical School vorgenommenen Studie trat zutage, dass bei über Fünfundfünfzigjährigen, die sich Operationen am offenen Herzen unterzogen und Zuflucht in ihrem Glauben gefunden hatten, die Überlebenschance dreimal so hoch lag wie bei ungläubigen Patienten.

Der Nutzen eines solchen Glaubens ergibt sich manchmal ganz direkt aus den spezifischen Lehren und Glaubenssätzen einer religiösen Tradition. Vielen Buddhisten zum Beispiel half ihr Glaube an das Karma-Gesetz, Leid besser zu ertragen. Auch mit einem unerschütterlichen Glauben an Gott vermögen wir großer Not oft leichter standzuhalten: an einen allwissenden und liebenden Gott, dessen Pläne für uns vielleicht im Dunkeln liegen, aber der in Seiner Weisheit letztlich Seine Liebe zu uns offenbaren wird. Auch die Bibel kann Trost spenden, wie im Brief an die Römer 8,28: »Wir wissen, dass Gott bei denen, die ihn lieben, alles zum Guten führt, bei denen, die nach seinem ewigen Plan berufen sind.«

Zwar sind manche Glaubensvorteile bestimmten religiösen Lehren vorbehalten, doch andere stärkende Züge eines spirituellen Lebens sind allen Religionen gemeinsam. Das Engagement in *jedweder* religiösen Tradition kann ein Gefühl der Zugehörigkeit, der Gemeinsamkeit und liebevollen Verbindung zu den Mitpraktizierenden schaffen. Es bietet einen sinnvollen Rahmen, in dem wir auf andere zugehen und mit ihnen in Kontakt treten, und verschafft uns das Gefühl, angenommen zu sein. Ein intensiver religiöser Glaube vermittelt ein tiefes Empfinden für den Sinn und Wert des eigenen Lebens. Angesichts von Widrigkeiten, Leid und Tod bietet er Hoffnung, und wenn wir von unseren Alltagsproblemen überwältigt werden, verhilft er uns zu einer auf das Ewige gerichteten Perspektive, die uns über uns selbst hinauswachsen lässt.

Obwohl dieser potenzielle Nutzen jedem zugänglich ist, der sich zu den Lehren einer etablierten Religion bekennt, ist religiöser Glaube allein natürlich noch kein Garant für Glück und Frieden. Während Terry Anderson angekettet in seiner Zelle saß und die besten Eigenschaften seines Glaubens unter

Beweis stellte, tobte zur selben Zeit außerhalb seines Gefängnisses der Hass der Massen und offenbarte die allerschlimmsten Seiten des religiösen Fanatismus. Jahrelang bekriegten sich im Libanon muslimische Sekten mit Christen und Juden; der Konflikt wurde durch den abgrundtiefen Hass auf allen Seiten angefacht, und man beging im Namen des Glaubens unaussprechliche Grausamkeiten. Es ist eine alte Geschichte, die sich leider viel zu oft bis in die heutige Zeit wiederholt.

Da Trennung und Hass von Seiten religiöser Institutionen so häufig geschürt werden, kann man leicht den Glauben an sie verlieren. Diese Tatsache hat zum Beispiel den Dalai Lama veranlasst, ebenjene Elemente eines spirituellen Lebens herauszuarbeiten, die universell und von jedem zur Förderung seines Glücks herangezogen werden können – unabhängig von einer spezifischen religiösen Tradition oder Glaubensrichtung.

Mit folgender Vision eines wahrhaft spirituellen Lebens schloss der Dalai Lama im Grundton völliger Überzeugung: »Wenn wir von einer spirituellen Dimension in unserem Leben sprechen, setzen wir unseren Glauben zumeist mit einer bestimmten Ebene der Spiritualität gleich. Es ist von Vorteil, irgendeiner Religion anzuhängen. Aber auch ohne religiösen Glauben können wir uns zurechtfinden, oft sogar noch besser. Das ist unser individuelles Recht: Wenn wir glauben wollen, in Ordnung! Wenn nicht, ist ebenfalls nichts einzuwenden. Aber es gibt noch eine andere Ebene der Spiritualität, nämlich das, was ich *Grundspiritualität* nenne: die grundlegenden menschlichen Qualitäten der Güte, der Freundlichkeit, des Mitgefühls und der liebevollen Zuwendung. Für Gläubige wie Ungläubige ist diese Art Spiritualität unverzichtbar.

Ich persönlich halte die zweite Ebene der Spiritualität für wichtiger als die erste. Denn gleichgültig, wie wunderbar eine bestimmte Religion sein mag, sie wird immer nur von einer begrenzten Zahl von Menschen, nur von einem Teil der Menschheit angenommen werden. Aber als Menschen brauchen wir *alle* diese grundlegenden spirituellen Werte. Ohne sie bleibt die menschliche Existenz sehr beschwerlich und öde. Keiner von uns kann glücklich sein, und unsere Familien leiden, bis schließlich die ganze Gesellschaft immer kränker wird. Es liegt auf der Hand, dass die Pflege dieser grundlegenden spirituellen Werte entscheidend ist.

Bei der Entwicklung solcher Werte sollten wir uns vergegenwärtigen, dass von den etwa fünf Milliarden Menschen auf unserem Planeten höchstens ein oder zwei Milliarden aufrichtige, echte Gläubige sind. Wenn ich von aufrichtigen Gläubigen spreche, meine ich nicht jene Menschen, die sich zum Beispiel einfach deshalb als Christen bezeichnen, weil sie christlicher Herkunft sind, die sich aber im täglichen Leben keine großen Gedanken über den christlichen Glauben machen und ihn nicht aktiv praktizieren. Wenn man diese Menschen ausnimmt, gibt es vielleicht eine Milliarde, die ihre Religion aufrichtig ausüben. Das heißt, vier Milliarden, der Großteil der Menschheit, sind Ungläubige. Also müssen wir einen Weg finden, um das Leben der vier Milliarden Menschen, die keiner Religion angehören, zu verbessern – in dem Sinne, dass sie auch ohne Religion gute und moralisch hoch stehende Individuen werden. Entscheidend ist hierbei die Erziehung, die den Menschen vermitteln muss, dass Werte wie Mitgefühl, Freundlichkeit grundlegende menschliche Qualitäten sind und nicht bloß religiöse Themen.

Wir haben bereits den Vorrang von menschlicher Wärme, von Zuneigung und Mitgefühl für die physische Gesundheit, das Glück und die Gemütsruhe der Menschen angesprochen. Das ist eine ganz praktische Frage, keine religiöse Theorie oder philosophische Spekulation. Und es ist die Essenz aller religiösen Lehren der verschiedenen Traditionen. Sie gilt aber auch für diejenigen, die sich zu keiner Religion bekennen. Jenen Menschen muss durch Erziehung klargemacht werden, dass es völlig in Ordnung ist, nicht religiös zu sein, solange man ein guter und empfindsamer Mensch mit einem Gefühl der Verantwortung und der Verpflichtung für eine bessere, glücklichere Welt ist.

Im Allgemeinen können Sie Ihre spezifische Religion oder spirituelle Lebensweise durch Äußerlichkeiten wie eine bestimmte Kleidung, einen Hausaltar oder irgendwelche Rezitationen und Gebete demonstrieren. Diese äußerlichen Praktiken und Handlungsweisen sind jedoch zweitrangig gegenüber einem wahrhaft spirituellen Leben – einem Leben auf der Grundlage spiritueller Werte. Denn hinter all den äußerlichen religiösen Handlungen kann sich natürlich immer noch ein sehr negativer Geisteszustand verbergen. Wahre Spiritualität hingegen sollte bewirken, dass der Mensch ruhiger, glücklicher und friedvoller wird.

Alle edlen Geisteszustände wie Mitgefühl, Geduld, Nachsicht und liebevolle Zuwendung sind echtes Dharma oder echte spirituelle Qualitäten, die sich nicht mit bösem Willen oder negativen Geisteszuständen vertragen.

Die Einübung von innerer geistiger Disziplin ist daher die Essenz eines religiösen Lebens – einer Disziplin, die darauf abzielt, die positiven Geisteszustände zu entwickeln. Der Grad Ihres spirituellen Lebens hängt also davon ab, wie erfolgreich Sie solche disziplinierten Geisteszustände hervorbringen und auf Ihre alltäglichen Handlungen übertragen.«

Der Dalai Lama sollte einen kleinen Empfang zu Ehren einer Gruppe von Wohltätern abhalten, die sich sehr für die tibetische Sache eingesetzt hatten. Vor dem Empfangssaal drängte sich in Erwartung seines Auftritts eine große Menschenmenge. Unter den Schaulustigen sah ich einen Mann, den ich während der Woche bereits einige Male bemerkt hatte. Er war unbestimmten Alters, vielleicht Mitte zwanzig oder Anfang dreißig, hochgewachsen und sehr hager. Der Mann war mir nicht wegen seiner etwas ungepflegten Erscheinung, sondern wegen seines Gesichtsausdrucks aufgefallen, den ich von meinen Patienten her kannte: geprägt von Angst, tiefer Niedergeschlagenheit und Schmerz. Und ich meinte, leichte, unwillkürliche Muskelzuckungen um seinen Mund zu entdecken. »Schleichend zunehmende motorische Fehlfunktion«, diagnostizierte ich für mich. Das ist ein neurologischer Zustand, der durch die chronische Einnahme antipsychotischer Medikamente verursacht wird. Armer Kerl, dachte ich – und vergaß ihn fürs Erste.

Als der Dalai Lama eintraf, nahm das Gedränge zu, und alle strebten nach vorn, um ihn zu begrüßen. Das Sicherheitspersonal, das überwiegend aus Freiwilligen bestand, gab sich Mühe, die Menschenmassen zurückzuhalten und eine Schneise zum Empfangssaal zu bahnen. Der junge Mann wurde nun mit einem etwas bestürzten Ausdruck von der Menge bis hin an den Rand der Fläche vorgeschoben, die das Sicherheitsteam frei gemacht hatte. Der Dalai Lama nahm den Mann wahr, ging durch die Absperrung hindurch und hielt an, um mit ihm zu sprechen. Der Mann war zunächst verblüfft, begann dann aber sehr schnell auf den Dalai Lama einzureden, der seinerseits ein paar Worte erwiderte. Ich konnte nicht hören, was sie sagten, aber ich merkte, wie der Mann beim Sprechen zusehends aufgeregter wurde. Statt einer Antwort nahm der Dalai Lama spontan die Hand des Mannes, streichelte sie liebevoll und blieb einige Sekunden lang einfach nur kopfnickend stehen. Während er die Hand des Mannes festhielt und ihm in die Augen schaute, schien er die Menschenmenge um sich herum vergessen zu haben. Der Ausdruck von Schmerz und Unruhe verschwand aus dem Gesicht des Mannes, und Tränen rannen ihm über die Wangen. Obwohl das Lächeln, das sich langsam auf seinen Gesichtszügen ausbreitete, schwach war, ließ sich doch eine gewisse Erleichterung und Freude in seinen Augen erkennen.

Der Dalai Lama betont immer wieder die Bedeutung der inneren Disziplin als Basis eines spirituellen Lebens und als Methode zum Erlangen von Glück. Wie in diesem Buch ausgeführt, geht innere Disziplin mit der Bekämpfung negativer Geisteszustände wie Zorn, Hass und Gier und der Entwicklung positiver Zustände wie Freundlichkeit, Mitgefühl und Geduld einher. Weiterhin stützt sich ein glückliches Leben auf einen ruhigen, stabilen Geisteszustand. Die Übung der inneren Disziplin kann formale Meditationstechniken umfassen, die auf die Stabilisierung des Geistes und Gemütsruhe abzielen. Die meisten spirituellen Traditionen verfügen über Techniken, die unseren Geist beruhigen und uns enger mit unserer tiefen spirituellen Natur in Kontakt bringen sollen. Zum Abschluss seiner öffentlichen Vortragsreihe in Tucson stellte der Dalai Lama eine Meditationsanweisung vor, die uns dabei helfen kann, unsere Gedanken zu besänftigen, die Natur des Geistes zu beobachten und so »geistige Ruhe« zu entwickeln.

Der Dalai Lama ließ den Blick über die Zuhörerschaft schweifen und begann seine Unterweisungen in der für ihn charakteristischen Art, als würde er persönlich zu jedem Einzelnen im Publikum statt zu einer großen Menge sprechen. Manchmal blieb er ruhig und konzentriert, manchmal wurde er etwas lebhafter und untermalte seine Belehrungen mit sanften Kopf- und Handbewegungen oder einem sanften Schaukeln des Körpers.

»Der Zweck dieser Übung liegt darin, dass wir die Natur unseres Geistes erkennen und ein Gefühl für uns bekommen – zumindest auf einer konventionellen Ebene. Wenn wir von unserem ›Geist‹ sprechen, meinen wir meistens ein abstraktes Konzept. Sollen wir ihn identifizieren, verweisen wir – ohne eine direkte Erfahrung unseres Geistes – nur auf unser Gehirn. Oder wenn wir ihn definieren sollen, sagen wir vielleicht, dass er die Fähigkeit besitzt zu ›wissen‹, dass er ›klar‹ und ›erkennend‹ ist. Aber solange wir den Geist nicht durch Meditationspraktiken direkt erfasst haben, sind diese Definitionen nichts als bloße Worte.

Es kommt darauf an, den Geist durch direkte Erfahrung zu identifizieren, nicht nur als abstrakte Vorstellung. Daher zielt diese Übung darauf ab, dass wir die konventionelle Natur des Geistes *direkt* fühlen oder erfassen lernen. Wenn Sie also sagen, dass der Geist die Qualitäten der ›Klarheit‹ und ›Erkenntnis‹ hat, werden Sie das durch Ihre Erfahrung wahrnehmen können, nicht nur als abstraktes Konzept.

Die Übung hilft Ihnen, Ihre Gedanken nicht abschweifen zu lassen und allmählich immer länger in diesem Zustand zu verweilen. Sie werden irgendwann nichts als ein Gefühl der Leere spüren. Aber wenn Sie weiter vordringen, werden Sie schließlich die grundlegende Natur des Geistes erkennen, die Eigenschaften der ›Klarheit‹ und des ›Wesens‹. Das lässt sich mit einem Wasserglas aus Kristall vergleichen: Wenn das Wasser klar ist, können Sie auf den Grund des Glases blicken, doch Sie sind sich der Existenz des Wassers immer noch bewusst.

Daher wollen wir heute über die Nichtbegrifflichkeit meditieren. Das ist keineswegs ein Zustand der Dumpfheit oder der Auslöschung des Geistes. Vielmehr sollten Sie zunächst einmal die Entschlossenheit entwickeln, einen von Gedanken freien Zustand aufrechtzuerhalten, und zwar folgendermaßen:

Im Allgemeinen ist unser Geist vorrangig auf äußere Objekte gerichtet, denn unsere Aufmerksamkeit folgt einfach den Sinneswahrnehmungen. Sie bleibt zumeist auf einer sinnlichen und konzeptuellen Ebene. Bei dieser Übung geht es jedoch darum, den Geist nach innen zu richten. Lassen Sie ihn nicht irgendwelchen Sinnesobjekten nachhängen; gleichzeitig aber darf er sich nicht so sehr zurückziehen, dass Trägheit oder Unachtsamkeit entsteht. Sie sollten Ihre Wachsamkeit bewahren und dann versuchen, den natürlichen Zustand Ihres Bewusstseins zu sehen. Es ist ein Zustand, in dem Ihr Bewusstsein weder durch Gedanken an die Vergangenheit, durch Rückschau und Erinnerungen, noch durch Gedanken an die Zukunft, durch Pläne, Erwartungen, Ängste und Hoffnungen, beeinträchtigt wird. Bemühen Sie sich, in einem natürlichen und neutralen Zustand zu verweilen.

Das ist wie bei einem Fluss mit starker Strömung, dessen Flussbett Sie nicht klar erkennen können. Könnten Sie die Strömung jedoch anhalten, das Wasser also zum Stillstand bringen, dann wäre der Grund ganz deutlich zu sehen. Ebenso werden Sie durch die Gedankenturbulenz hindurchschauen können, wenn Sie Ihren Geist davon abhalten, Sinnesobjekten nachzujagen oder sich ständig mit Vergangenheit und Zukunft zu beschäftigen – wobei sie ihn jedoch nicht völlig ›ausschalten‹ dürfen. Dort herrschen eine elementare Stille, eine elementare Klarheit des Geistes. Sie sollten versuchen, dies zu beobachten oder zu erfahren …

Das kann im Anfangsstadium sehr schwierig sein. Lassen Sie uns daher gemeinsam beginnen. Zunächst erleben Sie den elementaren natürlichen Bewusstseinszustand vielleicht als eine Art ›Abwesenheit‹. Das geschieht, weil wir so daran gewöhnt sind, unserem Geist äußere Objekte zuzuordnen. Wir neigen dazu, die Welt mit Hilfe unserer Ideen und Vorstellungen zu betrachten. Wenn Sie also Ihren Geist von den äußeren Objekten zurückziehen, können Sie ihn kaum wiedererkennen. Da ist eine Art Abwesenheit, eine Art Leere. In dem Maße jedoch, wie Sie fortschreiten und sich allmählich daran gewöhnen, werden Sie eine Klarheit, ein Leuchten bemerken. Dann beginnen Sie den natürlichen Zustand des Geistes zu erkennen.

Viele tiefe Meditationserfahrungen kommen auf der Grundlage dieser Stille im Geist zustande …« Der Dalai Lama lachte. »Ich sollte Sie davor warnen, dass diese Art Meditation – da sie ja auf kein spezielles Objekt gerichtet ist – die Möglichkeit mit sich bringt, dass Sie einschlafen.

Lassen Sie uns also meditieren …

Zu Beginn atmen Sie dreimal ein und aus und richten Ihre Aufmerksamkeit einfach auf den Atem. Seien Sie sich nur dessen bewusst, dass Sie einatmen und ausatmen, wieder einatmen und ausatmen – und das dreimal. Dann fangen Sie mit der Meditation an.«

Der Dalai Lama nahm seine Brille ab, faltete die Hände im Schoß und verharrte regungslos in der Meditation. Absolute Stille erfüllte den Saal, während sich fünfzehnhundert Menschen in der Einsamkeit von fünfzehnhundert privaten Welten nach innen richteten und versuchten, ihre Gedanken ruhig zu halten, um vielleicht einen Blick auf die wahre Natur ihres eigenen Geistes zu erhaschen. Nach fünf Minuten der Stille begann der Dalai Lama sanft zu rezitieren; mit leiser und melodischer Stimme führte er seine Zuhörer behutsam aus der Meditation.

Am Ende der Sitzung faltete der Dalai Lama wie an jedem Tag die Hände, verbeugte sich voller Zuneigung und Respekt vor dem Publikum, erhob sich und bahnte sich einen Weg durch die Menge. Mit immer noch verschränkten Händen verneigte er sich mehrere Male so tief, dass alle, die ein paar Meter entfernt waren, ihn nicht mehr sehen konnten. Er schien in einem Meer von Köpfen verschwunden zu sein. Aus der Distanz allerdings konnte man seinen Weg an den leichten Bewegungen der Menge verfolgen. Es war, als hätte er sein Dasein als sichtbares Objekt aufgegeben und wäre zu einer nur noch fühlbaren Präsenz geworden.

Danksagung

Dieses Buch hätte ohne die Bemühungen und die Freundlichkeit vieler Menschen nicht zustande kommen können. Als Erstes möchte ich Tenzin Gyatso, dem XIV. Dalai Lama, meinen Dank für seine grenzenlose Güte, Großzügigkeit, Inspiration und Freundschaft aussprechen. Und ich danke in liebevollem Andenken meinen Eltern, James und Bettie Cutler, die den Grundstein für meinen eigenen Weg zu einem glücklichen Leben legten.

Mein aufrichtiger Dank gilt weiterhin folgenden Personen:

Dr. Thupten Jinpa für seine Freundschaft, seine Hilfe bei der Redaktion der Passagen des Dalai Lama, seine Rolle als Dolmetscher bei den öffentlichen Vorträgen des Dalai Lama und in vielen unserer Privatgespräche; ebenso Lobsang Jordhen, dem Ehrwürdigen Lhakdor, für seine Dolmetschertätigkeit bei einer Reihe von Geprächen mit dem Dalai Lama in Indien;

Tenzin Geshe Tethong, Rinchen Dharlo und Dawa Tsering für ihre vielseitige Unterstützung und ihren Beistand im Laufe der Jahre;

den zahlreichen Personen, die mit größtem Fleiß dafür sorgten, dass der Besuch des Dalai Lama 1993 in Arizona zu einer lohnenden Erfahrung für so viele Menschen wurde: Claude d'Estree, Ken Bacher sowie dem Vorstand und Lehrkörper von Arizona Teachings, Inc., Peggy Hitchcock und dem Vorstand der Arizona Friends of Tibet, Dr. Pam Willson und denen, die die Ansprache des Dalai Lama an der Arizona State University organisierten, sowie den Dutzenden freiwilliger Helfer für ihren unermüdlichen Einsatz zugunsten aller Besucher der Vorträge des Dalai Lama in Arizona; meinen außergewöhnlichen Literaturagenten Sharon Friedman und Ralph Vicinanza und ihrem wundervollen Team für ihren Ansporn, ihre Freundlichkeit, Hingabe und Hilfe bei vielen Aspekten dieses Buches und ihren großartigen, jegliche Erwartungen übersteigenden Einsatz. Ihnen schulde ich ganz besonderen Dank.

Für ihre unschätzbare redaktionelle Mitarbeit, ihre Einsicht und Erfahrung ebenso wie für ihre persönliche Unterstützung während des langwierigen Schreibprozesses geht mein Dank außerdem an: Ruth Hapgood für ihre kluge Bearbeitung früherer Manuskriptversionen; Barbara Gates und Dr. Ronna Kabatznick für ihre unverzichtbare Hilfe bei der Durchsicht riesiger Materialberge und bei der Auswahl und sinnvollen Strukturierung dieses Materials; meine talentierte Lektorin bei Riverhead, Amy Hertz, für ihren Glauben an das Projekt und ihre Hilfe dabei, das Buch in seine endgültige Fassung zu bringen; und Jennifer Repo sowie die unermüdlichen Redakteure und das Team von Riverhead Books.

Außerdem danke ich den Mitarbeitern, die die öffentlichen Vorträge des Dalai Lama in Arizona protokolliert und die Aufzeichnungen meiner Gespräche mit dem Dalai Lama sowie die ersten Manuskriptversionen niedergeschrieben haben.

Abschließend geht mein inniger Dank an meine Lehrer sowie an meine Familie und die vielen Freunde, die mein Leben mehr bereichert haben, als ich es auszudrücken vermag: an Gina Beckwith Eckel, Dr. David Weiss und Daphne Atkeson, Dr. Gillian Hamilton, Helen Mitsios, David Greenwalt, Dale Brozosky, Kristi Ingham Espinasse, Dr. David Klebanoff, Henrietta Bernstein, Tom Minor, Ellen Wyatt Gothe, Dr.

Gail McDonald, Larry Cutler, Randy Cutler sowie besonders an Candee und Scott Brierley. Das Gleiche gilt für andere Freunde, die ich hier nicht namentlich genannt habe, aber mit fortwährender Liebe, Dankbarkeit und Achtung in meinem Herzen behalte.

Und ich danke Lori, in Liebe.

Weitere Bücher Seiner Heiligkeit des Dalai Lama

Logik der Liebe. Aus den Lehren des tibetischen Buddhismus für den Westen. München: Wilhelm Goldmann Verlag 1991.

Der Schlüssel zum Mittleren Weg. Weisheit und Methode im tibetischen Bud-dhismus. Hamburg: Dharma Edition 1991.

Eine Politik der Güte. Schriften von und über das religiöse und politische Oberhaupt des tibetischen Volkes. Hrsg. v. Sidney Piburn. Olten: Walter Verlag 1992.

A Flash of Lightning in the Dark of Night – A Guide to the Bodhisattva's Way of Life. Boston: Shambhala Publications 1994.

Das Herz aller Religionen ist eins. Die Lehre Jesu aus buddhistischer Sicht. Hamburg: Hoffmann und Campe 1997.

Die Lehren des tibetischen Buddhismus. Hamburg: Hoffmann und Campe 1998.

Gesang der inneren Erfahrung. Die Stufen auf dem Pfad zur Erleuchtung. Hamburg: Dharma Edition 1998.

Die Vier Edlen Wahrheiten. Die Grundlagen des Buddhismus. Frankfurt/Main: Krüger 1999.

Einführung in den Buddhismus. Die Harvardvorlesungen, 23. Auflage. Freiburg i. Br. : Herder 2011.

Das Herz der Religionen. Freiburg i. Br. : Herder 2011.

(mit Howard C. Cutler) *Glücksregeln für eine verunsicherte Welt.* Freiburg i. Br. : Herder 2011.

(mit Howard C. Cutler) *Glücksregeln für den Alltag.* Freiburg i. Br.: 2011.

Über Liebe, Glück und was im Leben wichtig ist. Buch der Antworten. Freiburg i. Br.: 2. Auflage 2011.